모빌리티 테크놀로지와
텍스트 미학

K.B074054

이 저서는 2018년 대한민국 교육부와 한국연구재단의 지원을 받아 수행된 연구임 (NRF-2018S1A6A3A03043497)

이진형 한의정 강수미 김순배 남수영 안경희 김주영 양명심 우연희

모빌리티 테크놀로지와 텍스트 미학

앨피

모빌리티인문학은 기차, 자동차, 비행기, 인터넷, 모바일 기기 등 모빌리티 테크놀로지의 발전에 따른 인간, 사물, 관계의 실재적 · 가상적 이동을 인간과 테크놀로지의 공-진화co-evolution라는 관점에서 사유하고, 모빌리티가 고도화됨에 따라 발생하는 현재와 미래의 문제들에 대한 해법을 인문학적 관점에서 제안함으로써 생명, 사유, 문화가 생동하는 인문-모빌리티 사회 형성에 기여하는 학문이다.

모빌리티는 기차, 자동차, 비행기, 인터넷, 모바일 기기 같은 모빌리티 테크놀로지에 기초한 사람, 사물, 정보의 이동과 이를 가능하게 하는 테크놀로지를 의미한다. 그리고 이에 수반하는 것으로서 공간(도시) 구성과 인구 배치의 변화, 노동과 자본의 변형, 권력 또는 통치성의 변용 등을 통칭하는 사회적 관계의 이동까지도 포함한다.

오늘날 모빌리티 테크놀로지는 인간, 사물, 관계의 이동에 시간적 · 공간적 제약을 거의 남겨두지 않을 정도로 발전해 왔다. 개별 국가와 지역을 연결하는 항공로와 무선 통신망의 구축은 사람, 물류, 데이터의 무제약적 이동 가능성을 증명하는 물질적 지표들이다. 특히 전 세계에 무료 인터넷을 보급하겠다는 구글Google의 프로젝트 룬Project Loon이 현실화되고 우주 유영과 화성 식민지 건설이 본격화될 경우 모빌리티는 지구라는 행성의 경계까지도 초월하게 될 것이다. 이 점에서 오늘날은 모빌리티 테크놀로지가 인간의 삶을 위한 단순한 조건이나 수단이 아닌 인간의 또 다른 본성이 된 시대, 즉 고-모빌리티high-mobilities 시대라고 말할 수 있다. 말하자면, 인간과 테크놀로지의 상호보완적 · 상호구성적 공-진화가 고도화된 시대인 것이다.

고-모빌리티 시대를 사유하기 위해서는 우선 과거 '영토'와 '정주' 중심 사유의 극복이 필요하다. 지난 시기 글로컬화, 탈중심화, 혼종화, 탈영토화, 액체화에 대한 주장은 글로벌과 로컬, 중심과 주변, 동질성과 이질성, 질서와 혼돈 같은 이분법에 기초한 영토주의 또는 정주주의 패러다임을 극복하려는 중요한 시도였다. 하지만 그 역시 모빌리티 테크놀로지의 의의를 적극적으로 사유하지 못했다는 점에서, 그와 동시에 모빌리티 테크놀로지를 단순한 수단으로 간주했다는 점에서 고-모빌리티 시대를 사유하는 데 한계를 지니고 있었다. 말하자면, 글로컬화, 탈중심화, 혼종화, 탈영토화, 액체화를 추동하는 실재적 · 물질적 행위자agency로서의 모빌리티 테크놀로지를 인문학적 사유의 대상으로서 충분히 고려하지 못했던 것이다. 게다가 첨단 웨어러블 기기에 의한 인간의 능력 향상과 인간과 기계의 경계 소멸을 추구하는 포스트-휴먼 프로젝트, 또한 사물 인터넷과 사이버 물리 시스템 같은 첨단 모빌리티 테크놀로지에 기초한 스마트 도시 건설은 오늘날 모빌리티 테크놀로지를 인간과 사회, 심지어는 자연의 본질적 요소로 만들고 있다. 이를 사유하기 위해서는 인문학 패러다임의 근본적 전환이 필요하다.

이에 건국대학교 모빌리티인문학 연구원은 '모빌리티' 개념으로 '영토'와 '정주'를 대체하는 동시에 인간과 모빌리티 테크놀로지의 공-진화라는 관점에서 미래세계를 설계하기 위한 사유 패러다임을 정립하려고 한다.

2부
체현된 모빌리티 또는 이동하는 문화

3부
모빌리티의 역사지리학과 그 텍스트적 재현

테크놀로지의 진화와 텍스트의 이동적 존재론

_ 이진형

우리는 이동movement의 시대에 살고 있다. 역사상 그 어떤 시대보다도 더 많은 사람과 사물이 그 어떤 때보다도 더 먼 거리를 이동하고, 자주 이동하고, 빨리 이동한다. 모든 견고한 것은 오래전에 공기 속으로 녹아 버렸고, 이제는 세계 곳곳을 떠돌고 있다. 마치 민들레 씨앗이 소용돌이 바람을 타고 표류하듯이 말이다. 21세기 초 우리는 인간 행위의 모든 주요 영역이 점점 더 움직임motion에 의해서 규정되는 세계에 살고 있음을 자각한다(Thomas Nail, *Being and Motion*).

미국 철학자 토마스 네일Thomas Nail은 21세기를 "인간 행위의 모든 주요 영역이 점점 더 움직임에 의해서 규정"되는 시대, 말하자면 인간과 사물의 이동이 고도화된 고-모빌리티 시대로 이해한다. 물론 이동 또는 움직임에 의한 시대 이해는 21세기 들어 갑자기 등장한 게 아니다. 네일의 말처럼, 이 시대는 모든 견고한 것이 공기 속으로 녹아 버리면서 시작되었고, 그 녹아 버린 잔해들이 세계 곳곳을 떠돌게 되면서 진지하게 자각되었을 뿐이다. 그리고 당연하게도, 이와 같은 과정은 모빌리티 테크놀로지의 진화와 병행한다고 말할 수 있다. 기차, 자동차, 비행기, 그리고 오늘날 초고속 인터넷에 이르는 모빌리티 테크놀로지의 진화야말로 "먼 거리"를 "자주" "빨리" 이동하기 위한 필수 조건이다.

모빌리티 테크놀로지의 진화, 그리고 그를 매개로 한 인간과 사물의 고도화된 이동은 근대 이후 인간의 삶을 규정하는 중요한 특징인 만큼 근대 예술가들의 주요 관심거리였다. 의식적으로든 무의식적으로든 말이다. 근대 초기 한국문학의 대표 작품들, 예를 들어 이인직의 《혈의 누》라든가 이광수의 《무정》에서 기차라는 교통수단이 서사 구조에서 수행하는 결정적 역할을 부인하기란 불가능하다. 20세기 초중반 미래주의자들이 비행기 같은 당시 최첨단 이동 수단에 매료된 나머지, 유토피아적 희망을 품은 채 그를 찬양하고 심미화하고자 했음은 잘 알려진 사실이다. 여기에 이동 그 자체를 작품의 구성 원리로 활용하는 양식으로서 로드무비까지 덧붙일 필요는 없을 것이다. 중요한 점은, 근대 이후 21세기 고-모빌리티 시대에 이르는 동안 이동(성)을 재현하고자 했던 수많은 텍스트들이 이동(성) 또는 모빌리티라는 관점에서 충분한 주목을 받지 못했다는 데 있다.

이와 더불어 간과해서는 안 될 것은, 테크놀로지의 진화가 텍스트의 형태 또는 존재 방식에 가져온 변화다. 전통적으로 문학을 포함한 대부분의 텍스트는 인쇄, 전시, 공연, 상연 등의 형태로, 정해진 장소에서 한정된 기간 동안 존재하고 또 소비되었다. 이는 고정된 텍스트 또는 시공간적으로 제한된 텍스트에 신화적 특권을 부여하는 한편, 그에 대한 감상을 특별한 경험으로 만드는 역할을 했다. 하지만 이동(성)의 거리 · 속도 · 빈도 증가는 예술작품의 권위와 존재 방식 자체를 근본적으로 바꾸어 놓았다. 무엇보다도 오늘날 모빌리티 테크놀로지의 진화는 문학 · 예술작품에 대한 청중의 접근 가능성을 비약적으로 증가시켰고, 청중의 증가된 이동 능력은 텍스트의 시공간적 제한성을 무력화함으로써 그로부터 신화적 특권을 제거해 버렸다. 그와 동시에 지적할 수 있는 것은, 예술작품의 시간적·공간적 제한성을 근본적으로 부정하는 요인으로서 복제 기술의 발달과 초고속 인터넷의 광범위한 활용이다. 즉, 1930년대 벤야민Walter Benjamin이 복제 기술을 예술의 새로운 조건으로서 주목했다면, 오늘날 복제 기술과 초고속 인터넷의 결합은 예술의 존재 방식 그 자체가 되어 버렸다. 데리다Jacques Derrida의 표현을 응용하자면, 모빌리티 네트워크 밖에는 어떤 텍스트도 존재하지 않게 된 것이다. 이는 오늘날 텍스트가 그 자체로서 모빌리티를 체현하게 되었음을 의미한다.

　이 책은 모빌리티 테크놀로지의 진화와 그에 따른 이동(성) 증가가 텍스트의 미학에 가져온 변화를 살펴보려는 시도다. 정확하게 말하면, 모든 견고한 것이 녹아 버리면서 시작된 근대 초기부터 21세기 고-모빌리티 시대에 이르기까지 문학·예술 텍스트들을 모빌리티 개념을 중심으로 (재)조명하려는 것이다. 이를 위해 이 책은 '테크놀로지의 진화와 텍스트 구성의 동력학', '체현된 모빌리티, 또는 이동하는 문화', '모빌리티의 역사지리학과 그 텍스트적 재현' 등 세 부분으로 나누어 논의를 전개하려고 한다. 이동 수단의 발달과 이동(성)의 고도화가 텍스트 구성의 수준에서 어떤 식으로 작동하는지, 모빌리티 테크놀로지가 텍스트를 어떻게 이동적이게 만드는지, 그리고 특정한 지역에서 모빌리티는 어떻게 역사적으로 재현되어 왔는지 등은 그 주요 내용이다.

◆ ◆ ◆

제1부 '테크놀로지의 진화와 텍스트 구성의 동력학'은 모빌리티의 증가 또는 그 테크놀로지의 진화가 텍스트 구성의 수준에서 어떤 식으로 작동하는지 탐구하는 세 편의 글로 이루어져 있다. 구체적으로는, 모빌리티 시스템의 발전과 그에 따른 사이공간의 등장이 문학 텍스트 구성에 가져온 변화, 20세기 초중반 아방가르드 예술에서 테크놀로지의 발전이 가져온 심미적 효과로서의 기계미학, 그리고 21세기 글로벌리즘의 가속화와 더불어 중요한 미학적 제도로 자리 잡게 된 비엔날레의 힘과 그 파급 효과 등을 다루고 있다.

우선, 〈식민지 모빌리티와 사이공간의 생명정치〉는 어리John Urry와 셸러Mimi Sheller가 제안안 새 모빌리티 패러다임new mobilities paradigm의 관점에서 김남천의 세 작품, 〈철령까지〉(1938. 10), 〈포화泡花〉(1938. 11), 〈길 위에서〉(1939. 7) 등을 살펴본다. 특히 기차, 자동차, 철도, 도로처럼 모빌리티 테크놀로지와 인프라가 발전함에 따라 등장한 '사이공간interspace'을 중심으로 모빌리티 시스템이 일종의 장치dispositif로서 제국주의 생명정치의 수단으로 작동함과 동시에 그를 내부에서 침식하는 잠재력의 원천으로서 기능할 수도 있음을 주장한다.

일본 제국주의는 1910년 이전부터 경인선 부설을 비롯한 조선의 모빌리티 인프라 구축에 적극적으로 참여했고, 식민 통치 이후에는 조선 전 지역에서 도로와 철도를 부설하는 데 전력을 기울였다. 그 일차적 목적은 물론 조선의 경제를 일본의 경제에 예속시키고 대륙 침략을 용이하게 하려는 데 있었다. 그렇지만 모빌리티 시스템 구축 작업은 영토를 재편성하고 인구를 통제함으로써 조선 지역의 식민 통치를 실질화하는 데도 꼭 필요한 일이었다. 피식민지인의 이동을

'예측 가능'하고 '반복 가능'하게 만드는 것, 그럼으로써 모빌리티 통제를 매개로 식민 권력을 지역화하고 일상화하는 것은 제국주의 생명정치의 안정과 지속을 위해서 필수불가결한 일이었다. 이에 대해 이진형은 교차로, 버스 정류장, 기차 객실처럼 사람들의 이동으로 채워진 공간, 즉 '집단들이 함께 모이는 간헐적 이동 장소'로서의 '사이공간'에 주목한다. 정체성이 가정, 고향, 직장 같은 정해진 장소들을 토대로 형성되는 것이라면, 사이공간은 그 장소들 '사이'에 있는 공간이라는 점에서 '정체성'을 유동적 또는 과정적 상태로 만들 수 있는 문제적 장소라는 것이 그 이유다.

이 글에서 김남천의 〈포화〉, 〈길 위에서〉, 〈철령까지〉는 '사이공간'을 중심으로 제국주의 생명정치의 문제를 다룬 대표적 작품들로서 제시된다. 말하자면, 〈포화〉는 종로 네거리 빌딩 옥상에서 전차, 자동차 등이 만들어 내는 "요란한 소음"에 압도된 주인공의 모습을 통해서 모빌리티 테크놀로지의 힘(권력)이 생물학적 신체의 수준에서 작동하는 방식을 보여 준 작품이고, 〈길 위에서〉는 버스 정류장이라는 사이공간에서 이루어지는 인물들 간 '인도주의적 교류' 장면을 통해서 제국주의 생명정치의 역설을 폭로한 작품이다. 그리고 〈철령까지〉는 기차 객실에서 발생하는 정동적 사건(피식민지인들 간 공통된 감정의 형성)을 통해서 식민지 모빌리티(의 사이공간)가 제국주의 생명정치를 내부에서 침식하는 힘으로 기능할 수 있음을 보여 준 작품이다. 이와 같은 논의는 발전된 모빌리티 테크놀로지가 텍스트 구성의 수준에서 어떤 식으로 작동할 수 있는지 잘 보여 준다. 무엇보다도, 유동적 사이공간을 배경으로 이동적 인간들 사이에서 형성되는 우발적 또는 일시적 관계는 모빌리티가 근대적 서사를 구성하는 요인으로서 기능하는 전형적 방식일 것이다.

한의정의 〈아방가르드 예술의 기계인간 연구〉는 주로 미술의 순수성 또는 자율성 추구라는 측면에서 이해되었던 '추상'을 테크놀로지와 기계미학의 영향이라는 관점에서 논의한 글이다. 특히 20세기 초중반 아방가르드 작가들이 내세웠던 '기계인간'의 경우 정치적, 사회적, 문화적 이데올로기로 충만해 있었다는 점을 주장하고는, 미래주의와 순수주의의 기계 찬미, 다다이즘의 기계형상, 바우하우스 무대의 기계인간, 들뢰즈의 추상기계 등에 대한 논의를 통해서 그 주장을 논증한다.

우선, 미래주의자와 순주주의자는 기계화된 세계에서 낙관적 이상을 발견하고는 기계의 아름다움을 미술로 구현하고자 했다. 마리네티Filippo Tommaso Marinetti의 〈미래주의 선언〉과 보치오니Umberto Boccioni의 〈미래주의 조각 선언〉에서 표명된 바 있는 낙관주의적 기계 이해는 특히 역동성과 속도의 표현으로서 구체화되었다. 그에 반해 다다이즘은 기계를 전통적인 예술적 가치를 거부하는 표현 수단으로 이용했다. 예컨대, 베를린 다다이즘 작가들은 인간과 기계를 병치함으로써 반反예술적 태도를 표현하였고, 피카비아Francis Picabia나 뒤샹Marcel Duchamp 같은 뉴욕 다다이즘 작가들은 기계와 기계 이미지를 적극적으로 활용함으로써 기존 예술의 미적 편견을 조롱하고자 했다. 이때 예술은 더 이상 신이 창조한 자연의 모방이 아니라 인간이 제작한 기계의 모방으로 간주되었다. 특히 순수미술과 응용미술의 교류를 강조한 바우하우스 예술가들은 '기계인간'을 새로운 시대의 새로운 인간으로 내세우면서 기계적 움직임으로 인간의 움직임을 대체하고자 했다. 그래서 슐레머Oskar Schlemmer 같은 작가는 동시대 예술의 특징을 추상과 기계화에 두면서 공간이란 하나의 거대한 기계인간이고 인간 신체란 작은 기계 부품들의 조합이라고 주장했다.

한의정의 글에서 들뢰즈Gilles Deleuze의 기계론은 '기계인간'을 옹호하는 예술에 대한 철학적 표현으로서 호출된다. 예술에서 표현된 기계형상은 들뢰즈의 '추상기계abstract machine,' 즉 "언제나 새로운 접속을 하는, 항상 창조적인 것으로 이행하는 기계"의 작동으로 볼 수 있다는 것이다. 이에 기초해 미래주의, 순수주의, 다다이즘, 바우하우스 등으로 이어지는 아방가르드 운동들은 "도래할 현실, 다른 종류의 실재를 건설하려는 유토피아적인 야망"에 기초한 것으로서 새로운 것들과 끊임없이 접속하며 새로운 형상을 만들어 내려는 시도들로 이해된다. 이와 같은 논의는 테크놀로지의 진화가 작품 구성뿐만 아니라 새로운 예술적 흐름의 생성과도 긴밀하게 관련되어 있음을 잘 보여 준다. 이때 테크놀로지는 예술적 재현의 대상이나 수단에 그치는 것이 아니라 새로운 미적 원리의 수준까지 격상된다.

〈유동하는 예술: 비엔날레 문화와 현대미술의 미학적 특수성〉은 현대미술의 핵심 현상으로서 '비엔날레 문화biennial culture'를 분석한 글이다. 이 글은 특히 바우만Zygmunt Bauman의 '유동성liquidity' 개념과 벤야민의 역사철학적 예술이론을 빌어 동시대 문화에서 비엔날레가 행사하는 제도적 힘과 파급 효과에 대해 논의한다. 오늘날 글로벌리즘이 세계의 상이한 지역들, 현존의 차이들, 원천과 맥락의 이질성을 상호 교통시키는 이념 역할을 하는 동시에 패권적 주체들을 더욱더 우세하게 만드는 기제라면, 비엔날레는 그 기제의 전략과 전술을 부드럽게 만드는 완충장치 역할을 하고 있다는 것이다.

이 글에서 강수미는 '유동성'이라는 바우만의 동시대 규정과 비엔날레의 '이동성'(2년을 주기로 한 작가, 작품, 미술 전문가, 관객 등의 반복된 집결과 분산)을 교차해서 이해할 것을 요구한다. 그리고는 세계

150여 개 비엔날레 전체를 놓고 보면, 오늘날 미술의 집합적 이동성이란 미술의 구조와 작용을 항구적 불안정 상태에 처하게 하고, 심지어는 미술 그 자체를 항구적 유동적 상태에 놓이게 만든다고 주장한다. 이때 비엔날레 중심의 동시대 미술은 '유동하는 예술Liquid Art'로 규정된다. 이는 오늘날 세계 도처에서 2년 계약으로 시작과 끝을 반복하며 유랑하는 미술문화가 만연하게 되었음을 잘 보여 준다. 한편, 강수미는 비엔날레에 대한 다른 이해의 가능성을 모색한다. 비엔날레를 현재를 종합적으로 '표현'하는 제도로서, 그래서 우리가 동시대성 또는 동시대적 진면모를 지각·통찰하게 해 주는 미학적 시공간이자 비판성을 지닌 집단적 구성물로서 이해할 가능성 말이다.

그와 같은 대안적 이해에 의하면, 비엔날레는 글로벌리즘이라는 조건 아래 "개인에서 집단 주체와 공동체의 현존에 이르기까지, 자아에서 정체성 문제에 이르기까지" 비판적으로 탐색하고 새로운 가능성을 타진하는 실천으로 간주된다. 말하자면, "동시대 유동하는 예술의 다이너미즘, 인터액션 및 네트워킹 능력, 확장성과 잠재력을 인정하는 미학적 판단"으로 읽힐 수 있는 것이다. 그리고 이는 다시금 "세계의 살아있음 및 환경과 지속적이고 유연하게 상호작용하면서 스스로를 구현하는 예술"로 표현된다. 이와 같은 강수미의 논의는 비단 미술에만 해당하는 것이 아니다. 비록 비엔날레의 형식은 아니지만 문학, 영화, 공연 등 다른 예술 역시 매년 전 세계적으로 개최되는 도서전, 시상식, 영화제, 페스티벌 등을 통해서 이동적이게 존재하기 때문이다. 이 점에서 이동(성)이란 오늘날 모든 예술작품의 존재 조건에 그치지 않고 예술의 존재 그 자체를 구성하는 특성이라고 말할 수 있다.

◆ ◆ ◆

　　제2부 '체현된 모빌리티 또는 이동하는 문화'에서는 모빌리티 테
크놀로지의 진화와 병행하는 텍스트의 변형 사례를 구체적으로 검
토한다. 디지털 문학 또는 전자 문학을 대상으로 인터넷의 발전이
인간의 신체와 텍스트의 생산·유통·소비 간 관계에 가져온 변화를
연구하고, '번역' 개념을 중심으로 뉴미디어 시대 영상 이미지의 복
제가 갖는 의미를 탐구한다. 그리고 20세기 이후 전자 매체의 발달
과 테크놀로지의 발전을 배경으로 트랜스미디어적 경향을 가진 장
소특정적 공연의 가능성과 그 방향을 가늠한다.

　　〈디지털 문학과 미학적 존재론〉에서 김순배는 디지털 문학에서
존재의 핵심적 경험 양식이란 "몸을 매개로 하는 독서embodied reading"
임을 주장한다. 말하자면, 키보드, 마우스, 게임기, 조이스틱 같은 도
구를 몸으로 사용하는 수용자의 능동적 행위가 텍스트의 서사를 완
성하는 결정적 계기라는 것이다. 그리고는 기술문명 시대 기계와 인
간의 상호작용을 통해 구성되는 만남의 방정식 또는 알고리즘을 해
체하면서 구체적인 존재론적 관계성의 원리를 해명한다. 이 작업을
위해서 그는 언어의 물성materiality과 몸body의 관계적 상호작용, 현재
성의 수행과 공간의 문제, 매체와 매개성, 비인간, 소통의 네트워크
등의 문제를 다룬다.

　　이 글은 우선 '유동적 텍스트fluid text'를 하이퍼텍스트의 핵심적 특
징으로 간주하면서, 독자가 기계와 조우할 때 소리, 색깔, 이미지, 텍
스트, 터치, 비디오, 오디오 등을 통한 무수히 다양한 조합이 가능함
을 지적한다. 앤드루스Jim Andrews와 마수렐Pauline Masurel이 만들어 낸
하이퍼텍스트 〈블루 히아신스Blue Hyacinth〉는 각기 다른 네 가지 명암

을 가진 텍스트가 독자의 마우스 움직임 또는 모바일 기기에 손을 터치하는 방식에 따라 전혀 다른 텍스트의 조합으로 존재하게 됨을 보여 주는 대표적 사례다. 이때 중요한 것은, 텍스트의 서사에 참여하는 독자의 체험이 즉시적이고 역동적인 체험의 장을 형성한다는 점이다. 와드립-프루인Noah Wardrip-Fruin의 〈대화치료Talking Cure〉는 디지털 빔프로젝터를 이용해 스크린에 빛을 쏘아 만들어 낸 언어 기반 텍스트가 의자에 앉아 텍스트를 읽는 독자의 행위를 통해 살아 움직이는 언어 이미지word picture로 변형되는 과정을 보여 준다. 이는 독자가 몸을 개입하고 움직임으로써 새로운 독서를 만들어 내는 방식으로 텍스트의 층위에 개입함을 보여 주는 사례다. 여기서 인간과 기계는 서로 '피드백을 주고받는' 쌍방향적 관계를 맺는다. 디지털 공간에서 독자가 상호작용하는 대상은 단순한 기계가 아니라 컴퓨터 스크린과 키보드라는 기계적 물성의 차원 너머, 즉 전통적 텍스트의 정형화된 장르적 범주 저편에 있는 또 다른 의식의 구조인 것이다. 이는 다양한 독자의 참여로 구성되는 디지털 텍스트의 관계 지형이 일종의 개방적 네트워크임을 보여 준다.

결국 디지털 문학에서는 물화된 텍스트와 몸이 그에 개입하는 방식이 서사가 되고, 그럼으로써 텍스트를 축으로 탈중심화되고 비선형적으로 구조화되는 존재의 네트워크가 작동하게 된다. 김순배는 이와 같은 존재 관계 구성의 경험을 미학적 숭고함으로 규정한다. 〈디지털 문학과 미학적 존재론〉은 인터넷이라는 모바일 테크놀로지가 텍스트를 이동적이게 구성하는 방식, 그리고 그 결과로 텍스트가 일종의 개방적 네트워크로서 항상 이동적이게 존재하게 되는 방식을 잘 보여 준다. 이 점에서 디지털 문학은 텍스트가 모빌리티를 체현하는 대표적 사례라고 말할 수 있다.

〈복제 이미지의 낯선 초상〉에서 남수영은 '복수의 시간성', 즉 청중이 다양한 시간성을 '현재형'으로서 경험하게 하는 한편 동시대의 사건들을 '역사'로서 서사화하게 해 주는 시간성이 뉴미디어 시대 영상 이미지의 기능임을 지적한다. 그리고는 그것이 '복제reproduction' 라는 그 영상 이미지의 본질적 특성과 밀접한 관계에 있음을 주장한다. 오늘날 더 이상 익숙하지 않은 것을 다시 낯익게 하는 것re-familiarization이자, 이전에 없던 것을 반복을 통해 새롭게 (재)인식하게 하는 것으로서의 복제 말이다. 이때 영화 이미지의 복제적 성격은 사라져 가는 것들을 환기시켜서 익숙하게 하는 재-현의 문화를 포스트모던적 비역사의 공간으로부터 되살리고, 그래서 그것이 지금-여기 그리고 앞으로 실현될 가능성을 지시할 수 있다.

남수영은 우선 번역, 복제, 리메이크 등에 관한 얌폴스키Rachel Yampolsky의 이해를 제시한다. 그에 의하면, 번역은 과거의 것이 현재에도 살아 있게 함으로써 두 가지 시간성의 공존을 허용하는 것(현존의 재건 지향)이고, 복제는 과거의 것이 현재에 불가능함을 증명하는 것(현존의 상실 표현)이다. 이와 관련해서 영화는 모순적 지위를 누리는데, 그 구성 요소로서 복제 이미지를 갖고 있으면서도 현존성을 지닌 재현으로 재생되기 때문이다. 리메이크는 바로 이러한 모순을 해결하기 위한 방편으로서 등장했다. 리메이크는 과거의 것을 모두 당대적인 것, 현재에 가까운 것으로 바꾸어 놓음으로써 그렇게 하는 것이다. 하지만 리메이크는 과거에 속했던 것을 '오마주'의 형태로 현재의 맥락 안에 그대로 옮겨 놓기도 한다. 이는 복제를 통한 번역의 수행으로서 궁극적으로 번역과 복제 사이의 경계가 모호함을 보여 준다. 이와 관련해서 남수영은 영화가 다양한 방식의 번역과 복제를 수행해 온 매체라는 점, 그래서 가장 적극적으로 (기존 매체의) '재매개remediation'를 수행해 온 매체라는 점에 주목한다. '복제로서의 영화'는 매체의 성질 자체를 두드러지게 하며 오늘날 매체 간 리메이크, 즉 재매개 현상을 특히 잘 설명해 준다는 것이다.

이 글은 궁극적으로 오늘날 리메이크가 지닌 문화적 함의를 강조한다. 말하자면, 리메이크의 반복과 그를 통한 새로운 스타일 또는 새로운 양식의 생산은 이미 알고 있던 것의 확인이 아니라 이전에 보지 못했던 것의 새로운 인식을 가능하게 해 준다는 것이다. 이 점에서 리메이크는 '창조적 반복'의 중요한 사례로 간주된다. 이와 같은 남수영의 논의는 반복을 시간과 매체를 횡단하는 텍스트의 이동으로서 이해하게 해 준다. 특히 오늘날 영상 테크놀로지의 발달은 바로 그 이동을 더욱 용이하게 해 주는 조건이 된다. 그렇다면 리메이크를 통한 영상 이미지의 (재)생산이란, 모빌리티의 체현이 문화의 이동을 통한 새로운 문화의 형성을 보여 주는 중요한 사례라고 말할 수 있다.

다음으로, 〈트랜스미디어적 경향을 가진 장소특정적 공연의 융·복합 예술 사례〉는 동시대 트랜스미디어적 경향을 가진 연극 장르로서 '장소특정적 공연'에 주목한다. 이 장르의 공연에서 공간은 일반 공연장이 아닌 공공건물, 대형 창고 같은 대안적 장소로 확장되고, 관객은 원하는 공간을 자유롭게 돌아다니며 관람함으로써 일종의 배우 역할을 수행하게 된다. 말하자면, 장소특정적 공연은 객석과 무대의 경계가 흐려지고 관객과 배우의 구분이 사라진 참여 형태의 공연인 것이다. 이 글에서 안경희는 트리스탄 샵스Tristan Sharps의 〈페이스 투 페이스face to face〉(2014)와 수잔느 커스텐Suzanne Kersten 외 3인의 〈앙 루트En Route〉(2010)에 대한 사례 연구를 통해서 그에 대한 논의를 전개한다.

이 글에서 트랜스미디어의 특징은 미디어, 소비자, 디자인 등 세 가지 측면에서 제시된다. 미디어 측면에서는 진화하는 상호작용EI: Evolving Interaction, 소비자 측면에서는 협력적 창조CC: Collaborative Creation 와 체계적·다차원 경험SM: Systematic Multi-experience, 그리고 디자인 측면에서는 지속가능한 아이덴티티SI: Sustainable Identity가 그것이다. 그리고 '장소특정성site-specific'이라는 개념은 기본적으로 작품과 사회적 공간의 연결, 즉 표현 공간의 확장을 추구하는 관계성을 의미하는 것으로서 관객과 오브제가 존재하는 새로운 공간을 가리킨다. 이때 주목해야 할 것은, 새롭게 창출된 공간이란 단순히 퍼포먼스가 행해지는 장소가 아니라 그만이 갖고 있는 '특유성'과 함께 끊임없이 변화하는 관객의 '이동성'을 결합함으로써 새로운 의미를 부여 받게 된 장소site라는 점이다. 예컨대, 트리스탄 샵스의 〈페이스 투 페이스〉는 관객들이 문화역 서울 284의 구석구석을 이동하면서 그 특유성을 탐색하는 동시에 늘 감시당하고 있음을 경험하는 과정으로 이루어져 있다. 그리고 수잔느 커스텐 외 3인의 〈앙 루트〉는 관객들이 디지털 디바이스를 들고 거리를 횡단하는 가운데, 거리 풍경, 빌딩 로비, 카페 등을 지나면서 그것들과의 '진화하는 상호작용'을 끊임없이 경험하는 과정으로 구성되어 있다.

〈페이스 투 페이스〉나 〈앙 루트〉 같은 장소특정적 공연은 관객의 인터랙티브한 능동적 참여도 향상, 예술 공간의 확장을 통한 사회 곳곳의 잉여 공간 활용, 연극 외 다른 예술 장르들과의 융·복합 가능성 등의 의미를 갖는다. 특히 이동하는 관객의 존재에 의존하는 공연, 더 나아가 관객의 이동(성)과 최신 모바일 기기와의 융합은 모빌리티의 미학적 체현 양상을 실감나게 보여 주는 사례일 것이다. 디지털 미디어와 모바일 기기가 텍스트 생산·유통·소비의 주요 요인이 된 오늘날, 장소특정적 공연은 디지털 문학이나 리메이크 작품과 함께 고-모빌리티 시대의 특성을 전형적으로 구현한 심미적 형식이라고 말할 수 있다.

◆ ◆ ◆

제3부 '모빌리티의 역사지리학과 그 텍스트적 재현'에서는 근대 이후 일본 문학작품들을 사례로 모빌리티가 특정한 시기와 장소에서 특수하게 재현되는 양상을 검토한다. 근대문학 초기 일본 남성 작가와 여성 작가의 상이한 모빌리티 재현 양상, 1945년 일본의 패전 무렵 모빌리티 시스템을 매개로 한 재일 일본인의 형성 문제, 근대 일본에서 모빌리티 인프라가 발전함에 따라 형성된 공간으로서 '교외'의 표상 등은 그 구체적인 탐구 대상들이다.

〈모빌리티 표현의 일본 근대소설론 서설〉에서 김주영은 모빌리티 테크놀로지에 기반한 이동과 접촉이 일본 근대 질서 형성의 결정적 요인이었다는 점과 서양의 문명과 기술을 배우기 위해서 유학을 떠났던 지식인들 대다수가 남성이었다는 점을 지적한 후, 모빌리티/임모빌리티의 견지에서 일본 근대소설의 초기 풍경을 재구성한다. 이를 위해서 근대 초기 대표 작가인 모리 오가이森鷗外와 나쓰메 소세키夏目漱石를 호출하고, 그들로 대표되는 남성 중심 근대문학의 풍경을 보충하기 위해서 미야모토 유리코宮本百合子를 불러들인다.

일본 근대소설의 시작으로 알려져 있는 모리 오가이의 소설 〈무희舞姬〉(1890)는 독일(=유럽)을 매개로 일본 최초의 근대소설 주체를 제시한다. 특히 "실제 동東으로 돌아오는 지금의 나는 서西로 향해 항해하는 옛날의 내가 아니라"고 서술할 때, 이 작품은 동/서의 모빌리티 경험에 기반한 새로운 주체의 탄생을 보여 준다. 나쓰메 소세키의 〈런던 소식倫敦消息〉(1901)은 런던에서 영국과 일본을 비교하는 서술자를 등장시킴으로써 국가의 운명을 짊어진 공동체적 주체의 탄생을 묘사한다. 일본과 영국 사이의 모빌리티 체험에 기초한 근대적 주체의 탄생에서 주목할 점은, 두 작품 모두 일본의 모빌리티 네트워크에 연루되어 있다는 것이다. 한편, 미야모토 유리코의 소설 〈노부코伸子〉(1924)는 해외에 체류하면서도 철저하게 일본의 네트워크 안에 머물러 있는 어린 여성을 등장시킨다. 이 여성은 미국에서 유학 생활을 하지만 아버지의 기존 네트워크에 의해 다방면에서 보호를 받는다. 이는 일본 근대문학 초기 남성 작가와 여성 작가 모두 임모빌리티에 기반해 있음을 보여 준다. 남성 작가는 일본이라는 국가에, 여성 작가는 일본 기반 네트워크에 내적으로 연루되어 있었던 것이다.

이와 같은 논의를 통해서 〈모빌리티 표현의 일본 근대소설론 서설〉은 일본 근대문학이 수많은 이동(성)들로 채워져 있는 것처럼 보이지만, 실질적으로는 일본 국가에 정박해 있음을 지적한다. 그리고는 일본 근대문학이란 기본적으로 임모빌리티의 견지에서 이해되어야 함을 주장한다. 이 점에서 이 글은 모빌리티/임모빌리티의 관점이 문학사를 이해하는 또 다른 시점으로 기능할 수 있음을 보여 주는 사례라고 할 수 있다.

양명심의 〈해방 직후 일본의 모빌리티 시스템과 '자이니치'의 형성〉은 이회성의 소설 《백년 동안의 나그네百年の旅人たち》(1994)를 중심으로 1945년 무렵 일본의 모빌리티 시스템이 기능하는 방식을 탐구한다. 이를 위해서 이 글은 특히 모빌리티 시스템이 피식민 주체를 훈육하는 과정과 이 과정에서 피식민 주체가 겪는 심리적 고뇌의 표출 방식에 초점을 맞춘다.

《백년 동안의 나그네》는 식민지 시기 사할린으로 끌려갔던 조선인이 1945년 해방을 맞아 일본의 모빌리티 시스템을 통해 조선으로 돌아오던 중, 결국 일본에 남기로 결정하는 과정을 담고 있다. 이 글에서 특히 초점을 맞추는 것은 사할린에서 조선으로 귀국하는 과정에서 조선인이 이용해야 했던 일본의 모빌리티 시스템이 조선인을 일본에 남게 만드는 힘으로서 기능하는 방식이다. 작품 속에서 이는 조선인이 정해진 노선과 항로, 기차 시간표 등에 의해서 통제되는 상황, 더 나아가서는 그 모빌리티 시스템을 통해서 스스로를 훈육하는 과정으로 묘사된다. 물론 이 과정은 순조롭게 진행되지 않는다. 그래서 충치 소리, 절뚝거리며 걷기, 발작 증세, 간질병 같은 비일상적인 신체적 징후들이 조선인들이 겪는 심리적 고뇌의 징후로서 등장한다. 일본의 규율에 맞게 자신의 신체를 변형할 수밖에 없었음을, 또한 신체와 모빌리티 시스템 사이의 불일치를 경험할 수밖에 없었음을 보여 주는 징후로서 말이다. 이 맥락에서 볼 때, 작품 말미에서 인물들이 겪던 신체적 이상 징후들이 모두 사라진 것은 조선인이 그 시스템에 적합한 존재로서 재형성된 데 따른 결과라고 할 수 있다. 말하자면, '자이니치'의 탄생이 이루어진 것이다.

이 글은 대표적인 재일 작가 이회성의 작품을 통해서 특정한 시기에 모빌리티 시스템이 기능하는 특수한 방식, 즉 새로운 주체(자아니치) 형성의 장치로서 기능하는 방식을 포착하고 있다. 말하자면, 모빌리티 시스템에 집중함으로써 자이니치의 형성 문제를 민족이나 국가의 견지에서만이 아닌 신체의 규율과 훈육이라는 견지에서도 접근할 필요가 있음을 유력하게 보여 주는 것이다.

우연희의 〈모빌리티 테크놀로지의 발달과 교외의 등장〉은 오오카 쇼헤이大岡昇平의 〈머나먼 단지遥かなる団地〉(1966)를 사례로 전후 일

본에서 모빌리티 인프라가 발전함에 따라 등장한 '교외'의 형태, 그 가운데서도 '단지團地'(초고층 아파트를 중심으로 상가, 공원, 학교 등을 갖춘 대규모 주택지)의 형성과 그 의미를 살펴본다. 그리고 '교외'의 형성에서 태평양전쟁 이후 일본 사회의 특징을 포착할 수 있음을 주장한다.

일본의 교외는 1960년대 고도성장기 인구 증가 및 인구 이동과 맞물리면서 형성되었다. 이 시기 도시화가 급속하게 진행되면서 경제적·지리적으로 도시에 부속한 정주지의 형성이 필요했던 것이다. 아파트 단지에서 상징적으로 드러나는 것처럼, 이때 교외는 인공성, 밝음, 위생, 균질함 등의 특징을 갖춘 전후 일본의 이상적 장소를 구현하고 있었다. 현대문학으로서의 교외문학은 바로 그와 같은 교외의 형성에 대한 문학적·미학적 반응이었다. 산업구조의 전환에 의한 소비사회화, 생활양식의 획일화, 패전과 점령, 자동차 사회, 미국적 풍경의 출현 등은 그를 잘 보여 주는 교외문학의 특징들이었다. 오오카 쇼헤이의 〈머나먼 단지〉는 도쿄 서쪽 교외 1시간 반 정도 거리에 있는 단지를 배경으로 고도성장기 가족의 모습을 그린 작품으로서, 그와 같은 교외문학의 특징들을 잘 구현하고 있다. 이 작품에서 "조용한 환경, 모던한 건물, 품위 있는 사람들"로 이루어진 단지의 삶은 동경의 대상으로 간주되는데, 이는 1960년대 일본에서 그 삶이 '생활혁명'으로 여겨질 정도로 새롭게 받아들여진 데 기인했다. 여기서 주목해야 할 것은, 그 배후에 4인 가족용 자동차, 전화, 라디오, 가정용 텔레비전 같은 소비주의 시대 테크놀로지들이 자리잡고 있었다는 점이다.

이 글은 1960년대 일본에서 등장한 생활세계로서 단지와 그에 따른 교외문학을 모빌리티 테크놀로지의 진화에 따른 사람들의 생활 방식 변화와 생활 범위의 확장, 그리고 이상적 삶에 대한 소비주의적 상상과 관련해서 다루고 있다. 이 점에서 〈모빌리티 테크놀로지의 발달과 교외의 등장〉은 1960년대라는 특정한 시대에 교외라는 한정된 장소에서 모빌리티(테크놀로지)가 어떻게 작용하는지, 그리고 텍스트가 그것을 어떻게 재현하고 있는지 보여 주는 사례라고 할 수 있다.

이 책에 실린 아홉 편의 글은 넓은 의미에서 모빌리티 테크놀로지의 진화와 병행하는 텍스트 미학의 변형 문제와 관련되어 있다. 유동적 사이공간에서 이동적 인간들이 맺는 우발적·일시적 관계, 작품 구성뿐만 아니라 새로운 미적 원리의 수준으로까지 격상된 테크놀로지와 비엔날레의 형식으로 대변되는 오늘날 예술의 이동적 존재 방식은 진화된 모빌리티 테크놀로지가 텍스트 구성의 수준에서 작동하는 방식을 다양한 각도에서 조망하게 해 준다. 그리고 디지털 문학, 리메이크, 장소특정적 공연 등이 텍스트에 의한 모빌리티의 체현과 문화의 이동을 구현하고 있는 심미적 형식들에 해당한다면, 모빌리티의 관점에서 재구성한 일본 근대소설의 초기 풍경, 모빌리티 시스템에 기초한 자이니치의 형성, 고도성장기 일본 교외문학의 등장은 특정한 시대와 지역에서 모빌리티가 재현되는 특정한 양상을 보여 주는 흥미로운 사례들이다.

오늘날 인간과 사물의 이동이 점점 더 고도화되고 가속화되고 있음을 고려할 때, 그리고 그러한 현상이 모빌리티 테크놀로지의 진화에 상응해서 전개되고 있음을 고려할 때, 모빌리티와 그 테크놀로지가 텍스트 미학에서 더욱더 중요한 요인으로 기능하게 될 것임은 충분히 예상할 수 있다. 이 책이 만물의 이동의 시대 텍스트의 재현과 표상, 그리고 그 존재론을 논의하기 위한 토대가 되기를 기대한다.

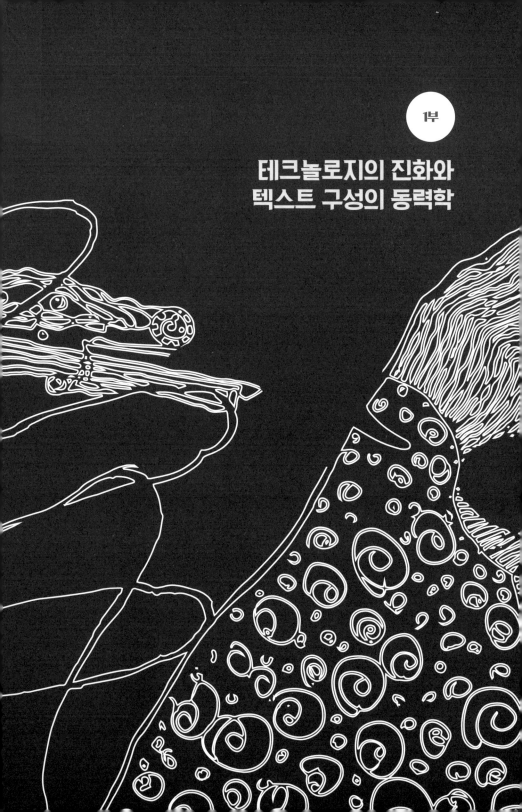

1부

테크놀로지의 진화와
텍스트 구성의 동력학

식민지 모빌리티 시스템과
사이공간의 생명정치

이진형

이 글은 《구보학보》 제23집(2019. 12)에 게재된 원고를 수정 및 보완하여 재수록한 것이다.

새 모빌리티 패러다임과 제국주의 생명정치

이 글은 존 어리John Urry와 미미 셸러Mimi Sheller가 제안한 새 모빌리티 패러다임new mobilities paradigm의 관점에서 김남천의 세 작품, 〈철령까지〉(1938. 10), 〈포화抱花〉(1938. 11), 〈길 위에서〉(1939. 7)를 살펴봄으로써 식민지 모빌리티의 다층적 의미와 제국주의 생명정치의 내적 취약성을 폭로하는 데 그 목적이 있다. 특히 기차와 자동차, 철도와 도로 같은 모빌리티 테크놀로지와 인프라가 발전함에 따라 새롭게 등장한 생활공간, 즉 '사이공간interspace'을 중심으로 식민지 모빌리티 시스템이 생명체를 피식민 주체로 생산하는 장치dispositif로 기능하기도 하지만, 그 생명정치를 내부에서 침식하는 잠재력의 원천으로서 기능할 수도 있음을 보여 주려고 한다.

존 어리에 의하면 새 모빌리티 패러다임이란 "다양한 종류의 사람, 생각, 정보, 사물의 이동을 수반하고 유발하는 또는 감소시키는 광범위한 경제적·사회적·정치적 실천, 하부구조, 이데올로기"[1]를 통한 사회의 이론화를 말한다. 특히 이 패러다임은 "경제적·사회적·정치적 관계"를 "이동, 잠재적 이동, 봉쇄된 이동 그 모든 이동"에 의한 구성물로서 인식한다.[2] 사회적 공간이 사람, 생각, 정보, 사물의 다양한 이동들로 이루어져 있음을 강조하면서, 모든 관계적 공간 형태들의 토대로서의 "복합적 모빌리티"와 "정치적·경제적 관계 공간들이 사회적 관행과 문화적 관행을 생산해 내는 방식"에 관심을 기

---

[1] 존 어리, 《모빌리티》, 강현수·이희상 옮김, 아카넷, 2014, 50쪽.
[2] 존 어리, 《모빌리티》, 96쪽.

울이는 것이다.[3] 요컨대, 새 모빌리티 패러다임은 다양한 모빌리티 테크놀로지와 인프라를 매개로 한 사람·생각·정보·사물의 복합적 이동들, 그리고 이 복합적 이동들로 충만한 정치적·경제적 공간을 중심으로 사태에 접근하고 사유를 전개한다. 어리가 기차, 자동차, 도로, 철도 등 특정 모빌리티 테크놀로지나 인프라가 아닌 '모빌리티 시스템'에 주목한 이유는 여기에 있다. 모빌리티 시스템은 기차·자동차·자전거 같은 모빌리티 테크놀로지와 도로·철도·정거장 같은 인프라로 이루어진 복합물로서, 이동을 '예측 가능'하고 '반복 가능'하게 만드는 기능을 하기 때문이다.[4]

일찍이 푸코도 인간과 사물의 이동에 대한 통제, 제약, 제한, 촉진, 장려 등으로 이루어진 총체, 말하자면 상품이나 인간의 이동을 가능하게 해 주는 물질적 망으로서의 '순환'이야말로 통치의 전형적 통제 대상임을 지적한 바 있다.[5] 어리 식으로 말하면, 통치는 모빌리티의 통제, 즉 사람·생각·정보·사물의 이동을 '예측 가능'하고 '반복 가능'하게 만들어 주는 모빌리티 시스템의 구축을 포함한다. 이때 모빌리티란 단순한 공간 이동이 아니라 '사회적으로 생산된 움직임', 즉 '의미와 권력으로 가득 차 있는 철저하게 사회적인 삶의 양상'이다.[6] 그렇다면 모빌리티 시스템은 특정한 이동적 주체mobile subject의 생산, 즉 권력에 의해 움직임을 통제당하는 특정 사회적 주체를 생산하는 '장치'라고 말할 수 있다. '생명체들'의 몸짓과 행동을 포획하고, 지도하고, 주조하고, 제어하고, 보장함으로써 특정한 방식으로

---

3   Mimi. Sheller, "From Spatial Turn to Mobilities Turn," *Current Sociology* 65-4, 2017. p. 3.
4   존 어리, 《모빌리티》, 41쪽.
5   미셸 푸코, 《안전, 영토, 인구》, 오트르망 옮김, 난장, 2011, 444쪽.
6   Tim. Cresswell, *On the Move*, New York · London: Routledge, 2006, pp. 2-6.

이동하는 주체를 생산해 내는 장치 말이다.[7] 이처럼 모빌리티 시스템을 장치로서 이해하는 것은 생명체들의 움직임에 대한 통제를 매개로 이루어지는 주체의 (재)생산 문제를 다루려는 시도이고, 그래서 궁극적으로 생명정치의 문제를 내포하게 된다. 이때 생명체는 모빌리티 시스템 내부에 위치함으로써 '예측 가능'하고 '반복 가능'한 이동을 실천하는 주체, 즉 '살 수 있는 생명'이 된다.

　새 모빌리티 패러다임, 또는 모빌리티를 생명정치의 맥락에서 접근하는 것은 근대 초기 식민지 조선에서 형성된 모빌리티 시스템의 다층적 의미를 이해하는 데 큰 도움이 된다. 일본 제국주의는 1910년 이전부터 경인선 부설을 비롯한 조선의 모빌리티 인프라 구축에 적극적으로 참여했고, 식민 통치를 시작한 후에는 조선 전 지역에서 도로와 철도를 부설하는 데 전력을 기울인 바 있다. 잘 알려져 있는 것처럼, 그 일차적 목적은 조선의 경제를 일본의 경제에 예속시키고 대륙 침략을 용이하게 하려는 데 있었다.[8] 그렇지만 모빌리티 시스템 구축 작업은 영토를 재편성하고 인구를 통제함으로써 조선 지역의 식민 통치를 실질화하는 데도 꼭 필요한 일이었다. 식민지 조선인의 이동을 '예측 가능'하고 '반복 가능'하게 만드는 것, 그럼으로써 모빌리티 통제를 매개로 식민 권력을 지역화하고 일상화하는 것은 무엇보다도 제국주의 생명정치의 안정과 지속을 의미했다.

　예를 들어, 1930년대 들어 조선총독부는 '빈민·실업자 구제'를 내세우며 모빌리티 인프라 구축 사업을 대규모로 실행한 바 있다. 특

7　조르조 아감벤, 《장치란 무엇인가?》, 양창렬 옮김, 난장, 2010, 33쪽.
8　조병로, 〈일제 식민지 시기의 도로교통에 대한 연구(I)〉, 《한국민족운동사연구》 59, 2009, 14~25쪽.

히 1937년 중일전쟁 이후에는 총독부 전체 세출의 30~50퍼센트를 할애할 정도로 그 사업에 전력을 기울였다.[9] 물론 그 주요 목적은 1930년대 세계경제의 블록화 경향 속에서 식민지 내 인구와 사물의 이동을 고도화하려는 데 있었지만, 조선인의 삶을 지역적이고 일상적인 수준에서 조선총독부의 통치 권역 내에 포섭하는 것 역시 그에 못지않게 중요한 목적이었다. 조선총독부가 1925년 당시 만철滿鐵이 위탁 경영하던 한국철도를 직영으로 전환하고, 1927년 '조선철도 12년계획'(1927~1938)을 수립하여 시행한 이유도 동일했다. 철도는 '산업 개발'과 '생활 안정'을 위해 아주 긴요한 사업이므로 수월한 식민 통치를 위해서는 다른 산업 및 행정기관과 원활하게 연락하고 협조할 수 있는 체제를 유지해야 했던 것이다.[10] 그렇다면 식민지 모빌리티 시스템의 발전이란 조선총독부의 행정 권력이 지방 말단까지 퍼져 나가는 과정이자, 제국주의 생명정치가 지역화·일상화되면서 고도화되는 과정이라고 말할 수 있다.

그와 동시에, 모빌리티 테크놀로지와 인프라의 발전은 "집단들이 함께 모이는 간헐적인 이동의 장소들",[11] 말하자면 가정, 직장, 사회생활의 '사이in-between'에 놓인 새로운 공간으로서 '사이공간interspace'을 생산해 낸다. 버스 정류장, 기차 객실, 대합실, 교차로, 휴게소 같은 장소들이 그 대표적 사례에 해당한다. 사이공간은 "서로 상이한 활동 '분야'나 '영역'이 중첩되는 장소"라는 점에서 "장소에 근거하는 정체성"을 감소시키는 한편 "경계적liminal '사이공간'에서 이동 중

9　고태우, 〈조선총독부 토목행정과 토목관료의 '조선개발' 인식〉, 《역사와 경계》 97, 2015, 292~293쪽.
10　정재정, 《일제침략과 한국철도(1892~1945)》, 서울대학교출판부, 1999, 147쪽.
11　존 어리, 《모빌리티》, 40쪽.

에 만들어지고 유지되는 관계를 통해 생성되는 정체성"을 증가시킨다.[12] '장소'와 '정체성'이 맺고 있는 긴밀한 관련성을 염두에 둔다면,[13] 사이공간은 무엇보다도 장소에 기반한 정체성을 유동적이게 만드는 기능을 하는 문제적 공간이다. 이는 사이공간이 식민지 모빌리티 시스템의 일부로서 기본적으로 제국주의 생명정치의 권역 내부에 있지만, '정체성'을 '이동 중 관계'에 기초한 '생성'의 상태로 전환함으로써 그 생명정치를 오작동 상태에 빠뜨리는 기능을 할 수도 있음을 의미한다. 말하자면, 사이공간은 사회적 주체 생산 시스템의 일부지만 생명체의 사회적 주체성을 '생성'의 미결정 상태로 만드는 '리미널리티liminality'의 공간이 될 수도 는 것이다. 이런 의미에서 사이공간은 식민지 모빌리티 시스템의 구성물임에도 불구하고 제국주의 생명정치의 내적 취약성을 폭로하는 일종의 '틈구멍'이라고 말할 수 있다.

이 글에서는 김남천의 세 작품 〈포화〉, 〈길 위에서〉, 〈철령까지〉를 대상으로 식민지 모빌리티의 다층적 의미를 살펴보려고 한다. 세 작품은 모두 1938~1939년 사이에 발표되었다. 1937년 중일전쟁 이후, 1941년 태평양전쟁 이전에 해당하는 이 시기는 식민 통치와 관련해서 특정한 의미를 갖는다. 조선총독부가 지원병제, 창씨개명, 일본어 사용 강요 같은 정책들을 시행하고 인구 조사를 치밀하게 실시하는 한편, 식민지 조선인들을 제국주의 생명정치의 장 속에서 관리 · 재생산함으로써 새로운 주체('황국신민')를 생산하는 데 전력을

---

12   존 어리, 《모빌리티》, 322쪽.
13   팀 크레스웰, 《장소》, 심승희 옮김, 시그마프레스, 2012, 183쪽.

기울인 시기였다.[14] 또한 조선총독부가 조선 식민 지배 30년의 성과를 대대적으로 홍보할 목적으로 개최한 최대 규모 박람회, 즉 '시정 30주년기념박람회'(1940)를 1~2년 앞둔 시기이기도 했다.[15] 말하자면, 1928년 시작된 '조선철도12년계획'이 완수되고 1936년 '조선중앙철도부설계획'이 시행되면서 식민지 모빌리티 시스템의 정비와 제국주의 생명정치의 고도화·다양화가 성공적으로 진행되던 시기[16]였다.

김남천의 세 작품은 특히 '사이공간'을 중심으로 식민지 모빌리티 시스템과 제국주의 생명정치의 문제를 다루고 있다는 점에서 주목할 만하다. 〈포화〉는 종로 네거리에서 모빌리티 테크놀로지들이 만들어 내는 소음과 그에 포획된 주인공의 모습을 통해 생물학적 신체 수준에서 작동하는 모빌리티 테크놀로지의 힘(권력) 문제를 다룬다. 〈길 위에서〉는 버스 정류장에서 이루어지는 '인도주의적 교류' 장면을 통해서 제국주의 생명정치의 내적 역설을 폭로한다. 이때 생명정당성biolegitimacy에 기반한 인도주의는 그 역설을 구현한 대표적 사례로서 등장한다. 그리고 〈철령까지〉는 기차 객실에서 우발적으로 발생하는 정동적 사건을 통해서 제국주의 생명정치의 내적 취약성을 폭로한다. 그러므로 새 모빌리티 패러다임에 입각해서 사이공간을 중심으로 김남천의 세 작품에 접근하는 것은 식민지 모빌리티의 의미, 즉 피식민 주체를 생산하는 장치이자 제국주의 생명정치를 내부에서 침식하는 힘(잠재력)이라는 중층적 의미를 포착하는 데 유력한

---

14 차승기, 〈황민화의 테크놀로지와 그 역설〉, 《비상시의 문/법》, 그린비, 2016, 215~217쪽.
15 손정목, 《일제강점기 도시사회상 연구》, 일지사, 1996, 202~211쪽.
16 정재정, 《일제침략과 한국철도(1892~1945)》, 154~166쪽.

방법이라고 말할 수 있다. 이 연구는 근대 초기 모빌리티 시스템이 제국주의 또는 식민 통치와 맺고 있는 내밀하면서도 모호한 관계를 밝혀 냄으로써 식민지 근대에 대한 보다 다차원적인 이해에 기여할 것이다.

식민지 모빌리티 시스템

20세기 초 조선의 모빌리티 시스템은 일본 제국주의의 대륙 침략과 조선의 경제적·정치적 식민화라는 목적 아래 구축되었다. 일본은 19세기 말부터 이 작업을 치밀하게 계획하고 실행에 옮겼는데, 그 대표적 사례가 바로 경부철도 부설이었다. 일본은 1880년대부터 이미 경부철도 부설을 구상했고, 1892년 경부철도 노선 예정지에 대한 비밀 측량을 실시한 뒤, 1894년 〈조일잠정합동朝日暫定合同〉과 1898년 〈경부철도합동京釜鐵道合同〉을 통해 경부철도 부설권을 확보함으로써 준비된 계획을 실현해 나갔다.[17] 20세기 들어 일본은 조선 내 모빌리티 시스템 구축 작업을 더욱 가속화했다. 1905년 시모노세키와 부산을 연결하는 부관연락선을 개통하고 1911년 11월 1일 신의주와 만주의 안동을 연결하는 압록강 교량을 완공함으로써 일본과 대륙을 잇는 교통망을 완성한 것은 그에 따른 중요한 결과였다.[18]

이 시기 일본은 철도망 외에 도로망을 구축하는 데도 전력을 기울였다. 사실 경부선, 경의선, 경인선 등 일본이 19세기 말부터 적극적으로 추진한 간선철도는 부산-서울-만주를 최단거리로 연결하는

---

17 정재정, 《일제침략과 한국철도(1892~1945)》, 34~42쪽.
18 조병로, 〈일제 식민지 시기의 도로교통에 대한 연구(I)〉, 9쪽.

1부 테크놀로지의 진화와 텍스트 구성의 동력학 _ 37

데 그 목적이 있었기 때문에 조선의 주요 경제적 거점 지역들을 모두 포괄할 수는 없었다. 그래서 일본은 1905년 통감부를 설치하여 조선의 지방 행정권을 장악할 무렵 내륙의 경제적 거점, 철도역, 개항장을 연결하는 모빌리티 인프라 구축 사업을 본격적으로 추진했다. 이 작업은 자원 개발 같은 경제적 이권이 존재하는 지역들을 최단거리로 연결하는 방식으로 이루어졌는데, 이는 전통적 육상교통 체계를 전적으로 무시하는 것으로서 궁극적으로 식민지적 교통 체계 수립이라는 결과를 낳았다.[19]

1910년대 들어 일본 제국주의는 모빌리티 관련 법제도를 정비하는 한편 도로, 철도 등 인프라 구축 사업을 적극적으로 추진했다. 데라우치 총독의 경우 총독부 예산의 20퍼센트 이상을 철도 건설, 도로 개통, 항만 구축 같은 모빌리티 인프라 구축 사업에 할애하기도 했다.[20] 또한 1911년 4월에는 〈도로규칙〉을 공포하여 군용 차량 통과에 문제가 없게끔 도로와 교량을 축조하게 하는 한편, 〈토지수용령〉을 시행하여 아무런 보상 없이도 도로 용지를 강제로 수용할 수 있게 했다.[21] 이후 1933년에는 〈조선자동차교통사업령〉을 제정해서 자동차 운송 사업의 감독 권한을 철도국에 넘겼는데, 이는 무엇보다도 철도 중심의 단일한 모빌리티 통제 체제를 수립하기 위한 것이었다.[22] 특히 1930년대 중반 이후 일련의 전쟁을 지속적으로 수행하려

19 허우긍 · 도도로키 히로시, 《개항기 전후 경상도의 육상교통》, 서울대학교출판문화원, 2007, 174~176쪽.
20 고태우, 〈조선총독부 토목행정과 토목관료의 '조선개발' 인식〉, 276쪽.
21 조병로, 〈일제 식민지 시기의 도로교통에 대한 연구(I)〉, 16~18쪽.
22 조병로 · 조성운 · 성주현, 〈일제 식민지 시기의 도로교통에 대한 연구(II)〉, 《한국민족운동사연구》 61, 273~277쪽.

면 식민지 조선 내 각 지역들 간 상호 연결을 확보하고 이를 다시 일본-조선-만주의 교통망과 통합하는 작업이 중요했다.[23] 이 사례들은 식민지 시기 모빌리티 인프라 구축이 궁극적으로 조선총독부의 행정 권력이 지방 말단까지 퍼져 나가는 과정,[24] 즉 제국주의 권력이 지역화·일상화되는 과정이었음을 잘 보여 준다.

조선총독부가 식민지 초기 경성시구개수京城市區改修 사업을 통해 경성 시내 전통적 도심부의 간선도로망을 정비하고 공간 구조 재편을 꾀한 것은 권력의 지역화·일상화를 보여 주는 또 다른 대표적 사례였다. 식민 통치 초기 조선총독부는 전국 간선도로 공사인 제1기 치도治道공사(1911~1916) 사업비 중 일부를 '경성시가선京城市街線' 도로 개수에 전용할 정도로[25] 경성의 교통 인프라를 구축하고 안정화하는 데 노력을 기울였다. 남대문-서울역 간 도로 개설로 시작된 경성시구개수 사업은 남대문-덕수궁 직선도로, 을지로·퇴계로 등 동·서축 직선도로를 신설함으로써 경성의 도로 구조를 근본적으로 변형시키는 방식으로 이루어졌다. 그로 인해 경성의 직선격자형 도로는 시내 전차 노선 확대와 자동차 보급 증대라는 효과를 낳는 한편, 1930년대 내내 경성 중심부를 자동차·자전거·인력거·소달구

---

23 이 점은 1940년 발간된 《시정 30년사》(조선총독부 편)에도 명료하게 표현되어 있다. "조선에서 교통시설의 정비·확충에는 통치상 특히 민도의 향상 및 산업의 개발 이라는 관점에서 많은 노력을 기울여 왔다. 그런데 '만주사변'을 계기로 대륙 정책의 거점으로서 조선의 성격이 크게 부각되면서, 내지와 대륙을 잇는 연결망으로서 반도 철도의 사명은 더욱 막중해졌다. 즉, 최근 조선 산업의 개발은 공·광업의 획기적인 발전을 중심으로 미증유의 비약을 거두며, 명실공히 대륙 전진 병참기지로서의 기능을 유감없이 발휘하고 있다."(박찬승 외 옮김, 《국역 조선총독부 30년사 (하)》, 민속원, 2018, 1149쪽)
24 윤상원, 《동아시아의 전쟁과 철도》, 선인, 2017, 125쪽.
25 염복규, 《서울의 기원 경성의 탄생》, 이데아, 2016, 17~18쪽.

지 등이 뒤얽힌 채 이동하는 '복합적 모빌리티'의 공간으로 만들어 놓았다.[26] 이는 사람들이 조선총독부가 새롭게 건설한 도로망 내에서 그에 적합한 방식으로 이동하게 되었음을 의미한다. 사람들은 자동차와 안전한 거리를 유지하는 법을 배워야 했고, 철로를 안전하게 건너는 데 익숙해져야 했으며, 도로 및 교통과 관련해서 새로 제정된 규범들을 숙지해야만 했다.[27] 이는, 새로운 모빌리티 시스템이 식민지 조선인의 움직임을 통제함으로써 기존과 다른 방식으로 행동하는 새로운 주체를 생산해 냈음을 의미한다.[28]

새로운 주체, 즉 '황국신민'의 생산은 제국주의 권력이 식민 통치 지속을 위해 궁극적으로 추구한 바였다. 조선총독부는 모빌리티 시스템이 피식민 주체 생산을 위한 '장치'로서 기능할 수 있음을 잘 알고 있었고, 그래서 그것을 식민지 시기 내내 통치에 적극적으로 활용하고자 했다. 이 작업은 철도나 도로 같은 모빌리티 인프라를 구축하고, 이를 통해 조선의 영토를 재편성하는 한편 조선인의 움직임을 통제하는 방식으로 진행되었다. 그러나 그것은 또한 식민지 모빌리티 시스템을 매개로 조선인의 생명 그 자체를 관리·재생산하는

---

26 김영근, 〈일제하 서울의 근대적 대중교통수단〉, 《한국학보》 26-1, 69~72쪽.

27 식민지 조선에서는 철도와 도로 건설 후 각종 열차 사고와 자동차 사고가 끊이지 않았다. 1930년대 후반에는 버스 통행이 많아지면서 열차와 자동차 사이의 교통사고가 자주 일어났다. 그래서 조선총독부는 교통선전가를 내세워 마차, 자동차, 자전거 등의 통행과 관련한 도로 규칙을 지켜야 함을 홍보하기도 했다.(이기훈, 〈근대 철도의 또 다른 얼굴〉, 《문화과학》 86, 2016, 439~449쪽)

28 식민지 시기 철도의 발달은 해외 공장에서 생산된 값싼 공산품의 조선 내 대량 유통을 유발했고, 그로 인해 조선인 수공업품이 시장에서 내쫓기고 수공업자들이 실업 무산군無産群으로 전환되는 결과를 초래했다. 또한 근대적 문화와 물질을 전국적 유통을 통해서 소위 '근대적 도시생활'의 고가 구매를 촉진하기도 했다.(이계형 · 전병무 편저, 《숫자로 본 식민지 조선》, 역사공간, 2014, 200~201쪽)

방식, 즉 조선인을 제국주의 생명정치의 장 속에 포섭하는 방식으로 이루어지기도 했다. 1935년 조선총독부는 일본의 식민 통치 이후 조선이 '진보'했음을 홍보하는 출판물 《시정25년사》를 출간한 바 있는데, 데라우치 총독 시대(1910~1916) "교통·운수·통신"을 다룬 장에는 다음과 같은 '개설'이 실려 있다.

> 교통·운수·통신기관의 정비가 실업實業 진흥, 지방 개발, 인지人智 향상 및 국방 등에서 매우 중요하다는 것은 말할 필요가 없다. 또 이 교통·통신기관은 그 공정工程 또는 정비整備의 과정에서 조선 민중에게 여러 직업을 주고, 이들 사업의 경비 중 임금의 대부분은 조선인의 수중에 떨어진다. 따라서 한편으로는 국민의 곤궁을 구제하고, 다른 한편으로는 근검·저축의 기풍을 배양하는 것이다. 이것이 총독부에서 실업의 장려와 맞물려 이에 가장 힘을 기울였던 까닭이다.[29]

위 인용문에서 조선총독부가 제시한 식민지 모빌리티 시스템의 의의는 두 가지다. 하나는 교통·운수·통신기관의 정비가 갖는 정치적, 경제적, 문화적 중요성이다. 일본 제국주의가 식민 통치 초기 만주·중국 등 대륙을 침략하고 조선 경제를 일본 중심으로 재편하는 데 모빌리티 인프라 구축이 중요했다는 것이다. 다른 하나는 모빌리티 시스템이 조선인의 생명 유지 및 새로운 주체 생산과 관련해서 갖는 중요성이다. 위 인용문은 두 번째 것을 더 강조하고 있는데, 모빌리티 시스템이 피식민자를 생명 있는 존재로서 '살게' 해 줄 뿐만 아니라 식민 통치에 적합한 존재("근검·저축의 기풍"을 소유한 존재)

---

29 조선총독부 편,《국역 조선총독부 30년사 (상)》, 박찬승 외 옮김, 민속원, 2018, 139쪽.

로서 생산하기도 한다는 것이다. 이 맥락에서 조선총독부는 1920년 대부터 '궁민구제'라는 명목으로 도로 공사에 조선인의 노동력을 동원하는가 하면,[30] 1930년대 들어서는 각종 모빌리티 인프라 구축 사업을 '실업대책'의 일환으로 적극 추진하기도 했다.[31] 이렇게 일본 제국주의가 식민지 조선인의 생명을 담당하는 권력(생명권력)임을 자처할 때, 식민지 조선인의 지위는 그 권력에 자신의 생명을 순전히 내맡기는 존재('벌거벗은 생명')로서 재생산되는 것처럼 보인다.[32]

간단히 말하자면, 일본 제국주의는 20세기 초 식민지 모빌리티 시스템을 구축함으로써 대륙 침략을 용이하게 하는 한편 조선의 경제적·정치적 식민화를 실질화하고자 했다. 특히 1938년 일본은 소위 총력전을 위해서 〈국가총동원법〉을 제정했고, 조선총독부 역시 이를 이어받아 〈국가총동원령〉을 마련하여 시행했다. 이는 1930년대 말 '조선철도12년계획'이 완료되고 조선중앙철도 부설 작업이 시작되면서 식민지 모빌리티 시스템이 정비되었기에 가능한 일이었다.

---

30 지역 주민들 역시 도로 부설, 도로 확장 등 모빌리티 인프라 구축 사업을 생계 유지를 위한 중요한 분야로 생각했고, 그래서 소위 '도로부설진정운동'을 전개하기도 했다.(성주현, 〈1920년대 도로부설과 지역주민의 동향〉, 조병로 외, 《조선총독부의 교통정책과 도로건설》, 국학자료원, 2011, 123~137쪽)

31 고태우, 〈조선총독부 토목행정과 토목관료의 '조선개발' 인식〉, 292~293쪽.

32 1930년대 중반 이후 일본 제국주의의 생명 관리는 '동원mobilization', 즉 식민지 조선인의 모빌리티를 통제하는 방식으로 이루어지기도 했다. 이 시기 일본 제국주의는 본격적인 만주 개발을 위해서 1936년 선만척식회사를 설립하고 대규모 조선인 정책이민사업을 시행하는 한편, 동만철도, 남만철도, 대련 항구 등을 통해 다수의 식민지 조선인을 일본으로 이주시켰다. 그 결과 1939년과 1940년에 매년 15만명의 조선인이 만주로 이주했다. 일본의 경우는 1938년 국가총동원법, 1939년 노무동원계획, 1942년 징병제 등 강제연행이 시행되면서 이주민 수가 급증했다. 그로 인해 1945년 무렵에는 조선인 이주민의 수가 397만 5천여 명(중국 170만 명, 일본 210만 명, 구소련 17만 5천 명 등)에 이르게 되었다.(김성민·박영균, 〈분단극복의 민족적 과제와 코리안 디아스포라〉, 《대동철학》 58, 대동철학회, 2012, 48쪽)

1938년 조선총독부가 총력전을 위해 인구의 전장 동원(징병·징용), 군수공업의 노동력 공급, 농업생산력과 식량 수급 유지 등을 목표로 노동가능자, 실업인구 등을 조사하는 '노동소재조사勞動所在調查'를 실시하면서 군郡 단위 인구 규모까지 파악하고 기록할 수 있었던 것[33]도 마찬가지다. 요컨대, 일본 제국주의는 식민지 모빌리티 시스템을 조선의 영토 재편과 조선인의 움직임 변화를 추동하는 통치 도구로, 정확히 말하면 조선인의 생명을 관리하고 새로운 주체를 생산하는 장치로 활용함으로써 식민 통치의 안정과 지속을 도모했다.

사이공간들: 모빌리티, 생명정당성, 리미널리티

식민지 모빌리티 시스템은 제국주의 생명정치를 위한 것으로서 기획되었지만 꼭 그 의도대로 작동한 것만은 아니었다. 교차로, 버스 정류장, 기차 객실처럼 사람들의 이동으로 채워진 공간, 즉 '집단들이 함께 모이는 간헐적 이동 장소'로서의 '사이공간'은 그 기획에 어긋나는 대표적 사례였다. 정체성이 가정·고향·직장 같은 정해진 장소와 관련해서 형성되는 것이라면, 사이공간은 그 장소들 '사이'에 있는 공간이라는 점에서 '정체성'을 '이동 중 관계'에 기초한 '생성'의 상태로 바꾸어 놓을 수 있기 때문이다. 제국주의 생명권력이 식민 통치 초기부터 식민지 조선인의 모빌리티를 통제함으로써, 즉 그 모빌리티를 '예측 가능'하고 '반복 가능'하게 만듦으로써 사회적 주체('황국신민')를 생산하려고 했다면, 사이공간은 '이동성mobility'이라

---

33 김인수, 〈총력전기 식민지 조선의 인류(人流)와 물류(物流)의 표상정치〉, 《서강인문논총》 47, 2016, 104~106쪽.

는 바로 그 특성 때문에 식민 통치의 안정과 지속을 침해하는 공간으로 기능할 수 있었다.

1930년대 말 김남천이 발표한 〈포화〉, 〈길 위에서〉, 〈철령까지〉는 식민지 모빌리티의 다층적 의미, 즉 그것이 제국주의 생명정치에 기여하면서도 그것을 침식하는 방식으로 기능할 수도 있는 모호성을 잘 포착하고 있다. 특히 세 작품에 등장하는 사이공간, 즉 종로 네거리, 버스 정류장, 기차 객실 같은 공간은 식민지 도시를 압도하는 모빌리티 테크놀로지의 힘, 인도주의와 생명정당성 논리에 기초한 제국주의 생명정치의 역설, 그리고 식민지 모빌리티 시스템의 중심부에서 발생하는 정동적 사건과 리미널리티를 통해 표면화되는 제국주의 생명정치의 내적 취약성을 잘 보여 준다.

종로 네거리: 폐병과 모빌리티 테크놀로지

김남천의 작품 〈포화〉(《광업조선》, 1938. 11)는 '전시체제'를 배경으로 폐병에서 갓 회복한 주인공 박순일('나')이 병문안을 온 친구 '김기범'의 자동차를 얻어 타고 그에게 점심을 얻어먹은 뒤 종로 옥상공원에 올라갔다 내려오는 이야기를 담고 있다. 이 작품의 기본 구조는 김기범이 박순일에게 보이는 '우정'과 김기범에 대한 박순일의 '불쾌감'으로 이루어져 있다. 이때 박순일이 느끼는 불쾌감의 원인은 분명하다. 그것은 바로 김기범이 국민복, 전투모, 자동차를 통해서 대표되는 인물이라는 데 있다.[34] 즉, 박순일은 자신의 친구가 전

---

34 이 작품에서 '김기범'은 병문안을 하러 '나'의 집을 방문할 때 "뚱뚱한 몸집에 국민복을 입고 전투모를 용감스럽게 눌러"(104쪽) 쓴 모습으로 등장한다. 그리고 김기범의 떠날 때 모습은 "쌩긋이 웃고 전투모를 정성스레 벗어 인사를 하면서, 열어젖힌 자동차 안으로 사라지는 김 군의 둥실둥실한 몸뚱아리"(107쪽)로 묘사된다.

향자 대표이자 사상보국연맹 관련자라는 사실을 못마땅해 하고 있는 것이다. 그럼에도 불구하고 박순일은 폐병이 다 나았다고 느끼지만("나는 살았다. 나는 건강한 사람으로 되었다. 체온계도 인젠 소용없다."(101쪽)) 건강을 완전히 회복한 것은 아니어서 먼 거리를 이동하려면 김기범의 자동차에 자신의 신체를 의탁할 수밖에 없는 처지다. 이때 김기범은 박순일에게 점심식사까지 제공함으로써 '이동'과 '생명'을 모두 관리하는 것처럼 행동한다. 그렇다면 박순일의 '불쾌감'이란 '김기범=국민복과 전투모=자동차(일본 제국주의)'의 '우정', 즉 '나'를 원하는 장소로 데려다주고 점심도 먹여 주는 식민지 모빌리티 테크놀로지의 힘에 대한 감정적 반발이라고 할 수 있다.

식민지 모빌리티 테크놀로지에 대한 문제의식은 박순일이 김기범과 헤어진 뒤 종로 네거리 건물 옥상에 올라가는 장면에서 더욱 명료하게 드러난다. 이 장면에서 박순일은 종로 네거리 건물 옥상에서 무의미하게 시간을 보내는 몇몇 사람을 발견한다. 막연하게 돈 벌 궁리를 하는 두 늙은이, 조선의 유명 귀족 저택에서 나치의 것과 유사한 깃발이 펄럭이는 이유에 관한 대화를 나누는 두 일본인, 놀이를 하고 있는 계집애와 세 아이 등이 그들이다. 중요한 점은 박순일이 자신 역시 이들 무리와 다르지 않음을 깨닫는다는 데 있다. "문득 나는 직업만을 잃은 것이 아니라 내 마음마저 잃어버린 것은 아닌가"(110쪽)라고 자문할 때, 그는 단지 '살아 있다'는 사실에만 만족해하는 자신의 현재 모습을 떠올린 것이다. 이는 자신 역시 건물 옥상에서 무의미하게 시간을 보내는 사람들과 마찬가지로 '마음 없는 건강한 생명체'에 불과하다는 깨달음이다. '국민복과 전투모=자동차'의 '우정'에 '불쾌감'을 느끼면서도 그에 대응하지 못하는 존재, 기껏해야 "역시 건강 이외에 더 귀한 것이 없다"(107쪽)고 확신하는 단순한 생명체에 불과하다는 깨달음 말이다.

박순일은 자신을 회사에서 해고 통보를 받은 존재이자 "국민복과 전투모"의 자동차에 자신의 이동성을 의존하는 생물학적 존재로서 의식한다. 이때 그는 자신이 생물학적 존재로서 간주되는 원인, 폐병에서 갓 회복한 환자로서 기껏해야 생명 유지에만 전념하는 단순한 생명체로서 존재하게 된 원인을 떠올린다.

갑자기 종로 네거리—내가 서 있는 이 자리에서 다섯 여섯 층 밑에서 열십자로 갈라진 종로 네거리에서 요란한 소음이 밀려 올라왔다. 자동차와 전차와 오토바이의 소리, 그것이 한데 합쳐서 웅웅거리며 우으로 우으로 몰려 올라오는 소리, 내 주위에 있는 것은 가을날의 맑은 공기가 아니라, 이 소란한 소음이라고 생각해 본다. 내 손에 부딪치는 것은 그대로 명징한 공기거나, 먼지가 섞여서 혼탁해진 그러한 공기가 아니라, 기실은 자동차의 클락슌 소리였는지도 모르겠다. 내가 쉼 쉬일 때마두 코 안으로 몰려 들어오는 것은 전차와 구루마와 사이드카—의 소음의 한 뭉텅이 인자因子가 아닐런가, 내 폐를 약하게 한 것은 결핵균이 아니고 이러한 소음이 아니었는가.—나는 합리적인 설명으로는 도무지 이해할 길이 없는 이런 착란한 생각에 잠겨서 한참 동안을 그렇게 하고 서 있었다(110쪽).

빌딩 옥상에서 박순일은 "종로 네거리"에서 자동차, 전차, 오토바이 등이 뒤섞인 채 내는 "요란한 소음", 즉 '복합적 모빌리티들의 소음'에 압도된다. 그럼으로써 박순일은 "자동차의 클락슌 소리"를 비롯한 각종 모빌리티 테크놀로지들이 내는 "요란한 소음"이 폐병의 원인이라는 "착란한 생각"에 빠진다. 그러나 식민지 시기 폐결핵이

'문명병', '근대병', '문화병' 등 근대적 질병으로 간주되었다는 점, 또한 기차나 자동차 같은 교통수단이 생기고 극장, 공장, 병원, 카페처럼 사람들이 밀집할 수 있는 공간이 생기면서 빠르게 확산되었다는 점[35]을 고려한다면 박순일의 생각을 한낱 "착란한 생각"으로 치부하기는 어렵다. 오히려 이 "착란한 생각"은 모빌리티 테크놀로지가 사람을 죽음으로 내몰 수도 있는 힘임을 보여 준다.

박순일은 빌딩 옥상에 오르기 전 김기범이 자동차를 타고 떠나는 모습을 보면서 갑자기 "현기증"을 느낀다. 그 일차적 원인은 그가 건강을 완전히 회복하지 못한 데 있겠지만, 궁극적 원인은 자동차 안에 있는 "육중한 국방색의 몸뚱아리"(108쪽)의 존재에 있다. 종로 네거리 빌딩 옥상이라는 '사이공간'에서 박순일은 자신이 단순한 생명체에 불과함을 깨닫는다. 이는 그가 기차, 자동차, 오토바이 등으로 이루어진 식민지 모빌리티 시스템에 편입되지 못한 존재임을,[36] 즉 그 '우정' 덕분에 생명을 유지할 수도 있지만 그 '힘' 때문에 죽음을 맞을 수도 있는 존재임을 의미한다. 그는 '인간적인 것'(우정)과 '생물학적인 것'(생명/죽음) 사이에서 부유하는 모호한 정체성의 소유자인 것이다. 이 점에서 〈포화〉는 사람들을 살릴 수도 죽일 수도 있는 모빌리티 테크놀로지의 생사여탈권, 말하자면 피식민 조선인을 죽일 수도 살릴 수도 있는 제국주의 생명권력의 힘을 포착한 작품이라고 할 수 있다.

---

35 권창규, 《상품의 시대》, 민음사, 2014, 231쪽.
36 1920년대 경성 주민들은 주요 교통수단으로서 전차를 이용했고, 일부 계층은 인력거를, 특수 계층은 자동차를 이용했다. 이 사정은 1930년대에도 그대로였다. 1930년대 종로의 경우 자동차 통행량이 급격히 늘어나기도 했지만, 그렇다고 해서 특권적 자동차 이용층에 변화가 생길 정도는 아니었다. 자동차는 주로 일본인들이 이용했는데, 이는 영업용 자동차의 경우도 마찬가지였다.(김영근, 〈일제하 서울의 근대적 대중교통수단〉, 88~93쪽)

버스 정류장: 인도주의와 생명정당성

김남천의 〈길 위에서〉(《문장》, 1939. 7)는 박영찬이 춘천으로 출장을 다녀오다 버스 타이어 펑크 사고로 가평 부근에서 잠시 쉬던 중 경춘선 철도 공사장에서 관리자로 일하는 기술자 'K'(과거 친구 동생)를 만나 이야기를 나누며 하룻밤을 함께 보낸 뒤 서울로 돌아오는 이야기다. 이 작품은 크게 세 장면으로 구성되어 있다. 박영찬이 저녁 식사 후 K의 숙소에서 그의 이야기를 듣는 장면, 다음 날 버스 정류장에서 K가 한 소녀와 만나 대화를 나누는 장면, 그리고 박영찬이 K에게 얻은 자라를 들고 서울행 버스를 타고 가는 장면이다.

우선 첫 번째 장면에서 K는 자신이 키우는 자라 세 마리의 운명과 공사장에서 일하는 노동자의 운명 사이에 큰 차이가 없음을 암시하면서 '인도주의'를 비판한다. "인도주의란 한편으로 생각해 보면 일종의 센티멘탈리즘"에 불과하다는 것, 그래서 공사장 터널이 무너지거나 폭발물 사고로 노동자들이 다치는 경우가 발생한다면 "확실히 부상자보다도 사망자를 희망"한다는 것이다(237쪽). 사망자에게는 장례비를 주거나 유족에게 보상금을 주면 그만이지만, 부상자의 경우는 돈도 많이 들고 "성가시기가 짝이 없"(237쪽)다는 게 그 이유다. 그리고는 "공식과 방정식과 공리와 정리의 싸늘쩍한 숫자나 활자 가운데서 뜨거운 휴-머니티를 느껴 보는 것이 일층 더 고귀하고 아름다운 것"(238쪽)임을 주장한다. 여기서 주목할 점은 K가 인간을 세 마리의 자라와 본질적 차이가 없는 생명체로 간주하면서도, 다른 한편으로는 "뜨거운 휴-머니티"를 언급한다는 데 있다. 이는 K의 "뜨거운 휴-머니티"란 본질적으로 그 생명과 죽음을 셈할 수 있는 존재, 즉 노동력을 소유한/상실한 생명체에 기초해 있음을 의미한다. 그렇다면 K의 관점이란 인간을 탈인간화된 존재, 즉 추상적 생명체(숫자,

노동력)라는 점에서만 존중받을 수 있는 인간으로 간주하는 일종의 역설에 기초해 있다고 말할 수 있다.

K의 역설은 다음 날 아침 장면에서 더욱 분명해진다. 여기서 박영찬을 바래다주기 위해 버스 정류장에 도착한 K는 우연히 만난 소녀 '길녀'에게 '두 근 무게'나 되는 과자를 사 준다. 인도주의에 대한 그의 비판적 입장을 고려할 때, 이와 같은 아무런 목적 없는 베풂은 결코 그에 상응하는 것으로 보기 힘들다.

> "오오 너, 길녀, 어디 가니?"
> 하고 K 기사는 그의 앞으로 가까이 갔다.
> "인제 공사가 끝나서 중앙선으로 이사 가요."
> 하고 길녀라는 아이는 뒤꼍에 앉은 제 어머니와 동생을 돌려다 본다.
> "중앙선 어데라던?"
> 하고 다시 묻는 말엔,
> "인부 모집하러 온 사람도 모른다고 하면서 가 보아야 알겠대요."
> 하고 대답한다.
> "차가 만원이나 안 됐으면 좋으련만."
> "우린 여기서 도라쿠를 기대려요."
> "그럼 아버지랑은 그 도라쿠 타구 이리루 오시냐?"
> "네에."
> 그렇게 대답하곤 저의 동생이 찌드럭거려서 길려는 어머니 앞으로 갔다. K 기사는 가게에서 과자를 두 근 무게나 되게 사더니 길녀를 준다.
> "길에서 아이들허구 입이래두 놀려라"(238쪽).

위 인용문에서 길녀 가족은 현재 일하던 공사(경춘선 공사)가 끝나 중앙선 공사장으로 이동하는 중이다. 조선총독부의 '조선중앙철도부설계획'이 1936년에 시행되었음을 고려할 때, 이는 작품의 배경이 중일전쟁 이후임을, 다시 말해 식민지 모빌리티 시스템이 정비될 무렵임을 알려 준다. 그런데 이 장면에서 특히 주목할 점은 길녀 가족이 목적지를 알고 있지 못하다는 데 있다. 길녀가 "우린 여기서 도라쿠를 기대려요"라고 말할 때, 그 목적지는 마치 '도라쿠'만이 알고 있는 것처럼 보인다. 물론 아버지가 언급되기는 하지만, 아버지는 작품 속에 등장하지 않는다. 한 대의 자동차가 도착해서 그들 가족을 어디론가 실어 갈 뿐이다. 그렇다면 길녀 가족은 이중적 의미에서 모빌리티 시스템에 생명을 의탁한 채 살아가는 주체, 즉 어디에도 정주할 곳이 없는 '이동적 주체'라고 말할 수 있다. 모빌리티 인프라 건설을 위한 노동력이자 식민지 모빌리티 시스템이 정해 준 장소로 늘 이동하는 존재라는 점에서 말이다. 이는 K의 "뜨거운 휴-머니티"가 길녀 가족을 식민지 모빌리티 시스템에 '노동력을 소유한 생명체'로 포섭함으로써 현실화됨을 의미한다.

K의 발언과 행동은 인도주의를 비판하면서도 인도주의를 실천하고 있는 셈이다. 이와 같은 역설적 태도는 길녀 가족을 '아무런 사회적 권리'도 없는 '생명 그 자체'이면서도 생명정당성에 기초한 인도주의의 대상으로 간주한 데 따른 결과다. 이때 인도주의가 "인간 생명을 절대적으로 우선시하는 도덕적 원칙"[37]이라면, '그 자체로서의 생명의 힘'을 의미하는 생명정당성은 바로 그 인도주의의 근거가 된다. 하지만 인도주의는 생명의 의미와 가치에 대한 인정이라는 그 원칙에도 불구하고, 현실적으로는 '보편적 인권'에 관한 것이 아닌

---

37   토마스 렘케, 《생명정치란 무엇인가》, , 심성보 옮김, 그린비, 2015, 142쪽.

'특수한 살 권리'에 관한 것이어서 '인도주의적 예외 공간'을 늘 중요한 문제로서 제기한다.[38] 그래서 K의 인도주의 역시 생명정당성에 기초하되 특정한 생명체(노동력의 소유자)를 '특수한 살 권리'의 소유자로 규정하는 방식, 달리 말하면 '특정한 사회적 주체'를 생산하는 방식으로 작동한다. 즉, 식민지 모빌리티 시스템을 매개로 오직 생명정당성만을 소유한 주체를 생산해 내는 것이다. 이 점에서 K의 "뜨거운 휴-머니티" 또는 인도주의는 길녀네 가족의 모호한 존재론, 즉 '특수한 살 권리'를 소유한 사회적 주체임과 동시에 '인도주의적 예외 공간'에 거주하는 '아무런 권리 없는' 생명체라는 모호한 존재론에 근거한다고 말할 수 있다.

이 작품의 마지막 장면에서 박영찬은 K에게 얻은 세 마리의 자라를 병에 담아 서울로 가져가려고 하지만, 버스가 갑작스럽게 급커브를 돌고 크게 흔들리는 바람에 그만 병을 놓치고 만다. 결국 병이 깨져 버리면서 두 마리의 자라는 버스 창문 밖으로 튀어 나가고 나머지 한 마리는 버스 바닥으로 떨어지게 된다. 박영찬과 K 모두 자라의 생명을 빌어 인간의 생명을 논의한 바 있음을 고려할 때, 이 장면은 '세 마리의 자라'로 대표되는 생명체(박영찬, 길녀네 가족 같은 사람들)의 운명(죽음)이 전적으로 모빌리티 테크놀로지에 의존해 있음을 의미한다. 이때 모빌리티 테크놀로지란 '생명정당성'을 무력화할 수 있는 장치, 또는 사람들을 '특수한 살 권리'를 소유한 사회적 주체로도, 쉽게 죽을 수 있는 '벌거벗은 생명체'로도 생산해 낼 수 있는 장치라고 말할 수 있다. 이 장면을 K와 길녀 사이의 '인도주의적 교류' 장

---

38 Didier. Fassin, "Another Politics of Life if Possible," *Theory, Culture & Society* 26-5, pp. 50-52.

면과 함께 놓고 보면 분명해지는 사실이 하나 있다. 그것은 바로 인도주의란 사람들의 생명과 죽음을 통제하고 관리하는 방식, 즉 생명정치의 한 형식이라는 사실이다. 특히 〈길 위에서〉가 보여 주는 것은 식민지 모빌리티 시스템을 매개로 작동하는 인도주의의 생명정치다. 어떤 생명체들은 생명정당성에 근거해서 '특수한 살 권리'를 소유한 사회적 주체로, 다른 생명체들은 버스 창문 바깥으로 튕겨 나가는 두 마리의 자라처럼 식민지 모빌리티 시스템 밖으로 추방·배제 가능한 벌거벗은 생명으로 분류해서 관리하는 생명정치 말이다.

그렇다면 〈길 위에서〉에 등장하는 길녀 가족에 대한 K의 인도주의는 〈포화〉에서 김기범이 박순일에게 보인 '우정'의 본질이라고도 말할 수 있다. 김기범이 전향자 대표로서 국민복을 입고 전투모를 쓴 채 모빌리티 테크놀로지를 매개로 과시하는 그 인도주의는, 박순일이 폐병과 싸우는 무력한 생명체에 불과하다는 사실에 기초하는 한편, 그를 '인도주의적 예외 공간'에 거주하는 생명체(생명정당성에 기초한 벌거벗은 생명)로 간주한 데 기인한다. 요컨대, 두 작품에서 K와 길녀 간 '인도주의적 교류'와 박순범에 대한 김기범의 '우정'으로서 구현되는 인도주의는 바로 생명정치의 전형적 형식인 것이다. 그와 동시에, 인도주의의 역설적 특성(벌거벗은 생명체로서의 사회적 주체)과 박순범의 모호한 존재 방식(인간적인 것과 생물학적인 것)은 그 생명정치의 논리와 존재가 지닌 문제적 성격을 암시해 준다.

기차 객실: 정동적 사건과 리미널리티

〈철령까지〉《조광》, 1938.10)[39]의 이야기는 비교적 간단하다. '나'와

---

[39] 이 작품의 인용은 김남천의 단편소설집 《소년행》(학예사, 1939)에 실린 〈철령까지〉

노인 가족이 우연히 기차 객실에서 만나 음식을 나누면서 정서적 교감을 나누다 '나'가 먼저 성천역에서 내리고 노인 가족은 철령까지 여정을 이어 간다는 이야기다. 그 구성 역시 '나'와 노인 가족이 '도로 위'와 '객차 객실 안'에서 한 번씩 마주치는 식으로 단순하게 편성되어 있다. 첫 번째 마주침은 '나'가 화물자동차를 타고 기차역으로 향하던 도로 위에서 발생한다. 이때 노인 가족은 '나'가 탄 화물자동차 앞을 가로막고 태워 줄 것을 요구하지만, 운전수는 과거 화물자동차에 사람을 태웠다가 고초를 겪은 일이 있음을 언급하면서 노인 가족의 요구를 거절한다. '나'와 노인 가족의 관계만을 놓고 보면, 이 사건은 그 둘 사이에 일종의 모빌리티 불평등이 존재함을 의미하는 것이자 그들 사이에 어떤 소통의 공간도 형성될 수 없음을 보여 준다. 물론 이러한 모빌리티 불평등과 소통 불가능성은 일차적으로 소수 인원만 승차석에 앉을 수 있는 모빌리티 테크놀지(화물자동차)의 한계에서 기인한다. 서사 구성상 중요한 점은, '나'가 그 한계를 충분히 인식하고 있음에도 불구하고 노인 부부에게 미안한 감정을 느낀다는 데 있다.[40] 이는 이후 '나'와 노인의 상호 소통을 추동하는 정동적 원천이 된다.

두 번째 마주침은 먼저 기차에 올라 자리를 잡고 앉아 있는 '나'의 맞은편 자리에 노인 가족이 뒤어어 자리를 잡으면서 발생한다. 도로 위에서와 달리 기차 객실에서는 '나'와 노인 가족이 마침내 서로 마

를 활용하고 그 쪽수를 표기함.
[40] '나'는 노인 부부를 두고 화물자동차가 출발하자 다음과 같은 생각을 한다. "나는 운전수만을 몰인정하다고 나무랄 수 없다고 막연하니 생각해 보면서 그러나 고을까지 오도록 늙은 노인과 젊은 부인네의 표정이 눈에 선해서 아무 말도 못하고 한 편 구석에 처박혀 앉아 있었다."(140쪽)

주 보고 앉게 된다. 이때 기차라는 모빌리티 테크놀로지와 그 일부로서 기차 객실이라는 사이공간은 그들 사이에 대등한 소통을 가능하게 해 주는 조건이 된다. 아래 인용문은 물을 달라고 보채는 노인 가족 아이에게 '나'가 사이다를 건네준 직후 장면이다.

> 그때에 젊은 과부는 사이다를 한 모금 마시는 듯 하다 말고 가만히 자리를 털고 일어선다. 그는 여러 사람이 앉아 있는 가운데를 더듬어 짐을 놓아둔 데까지 가더니 보통이 속에서 비스킷 한 통을 들고 도로 온다. 가만히 앉드니 한 귀퉁이를 터쳐서 시아바니 쪽으로 아모 말 안 하고 내민다. 아이들의 고모가 사 주었다는 비스킷을 내게 대접하라고 시아버지에게 주는 것이다. 나는 속으로 당황하면서 부인네가 하는 마음씨와 솜씨에 눈물이 핑 도는 것을 느꼈다.
>   (…)
> 나는 짐을 내려놓고 그대로 잠시 앉었다. 사과 봉지를 아이에게 들리고,
> "먼 길인데 조심해서 성공하시고 돌아오시오."
> 하고 말하니,
> "고맙습니다. 거 사과는 왜 또 주십니까."
> 하고 치하를 한다. 차는 역 구내로 들어온다. 잠시 창밖을 내다보는데 비스킷이 한줌 또 내 손에 잡히운다. 놀래서 노인을 바라보니,
> "서분해서 그럽네다."
> 하고 웃으나 두 눈에는 눈물이 서려 있다. 나는 비스킷을 양복 주머니에 밀어 넣고,
> "잘 먹겠습니다."
> 하고 고개를 수그렸다(146~148쪽).

기차 객실에서 '나'와 노인 가족은 '사이다→비스킷→사과→비스킷'의 순서로 연이어 음식을 교환한다. 중요한 점은, 이러한 음식의 교환이 감정의 교환을 수반하면서 감정의 공통성으로 수렴된다는 데 있다. 말하자면, 나의 '미안함'으로 인해서 추동된 정동 교환이 나의 '눈물'과 노인의 '눈물'의 상호 교차를 거쳐 마침내 '서운함'의 감정을 공유하는 데 이르는 것이다. 물론 이 공통된 감정은 생존의 어려움에 대한 '나'와 노인의 공통된 인식과 그에 수반하는 연대의 경험의 표현일 수 있다. 하지만 그 공통된 인식과 연대의 경험은 기차 객실이라는 물적 조건의 공통성과 '만주로 이동 중'이라는 존재 조건의 공통성을 전제한다. 이는 감정의 교류라는 정동적 사건이 "함께-이동적이 된다"는 경험, 즉 "신체 간의 장벽을 허물고, 관념·정동·동료감을 전달하는 것을 가능케 하여, 느낌 자체가 이동적이 될 수 있게" 하는 경험으로 이루어져 있음을 의미한다.[41] 그렇다면 그들이 공유하는 '서운함' 역시 "위하여-함께-서로"의 경험, 말하자면 도달해야 할 목표보다는 '함께한다'는 그 사실과 "연결 그 자체"를 강조하는 경험으로 구성된 감정이라고 말할 수 있다.[42]

이 작품에서 기차는 사적 이해를 추구하는 개인주의적 모빌리티(화물자동차)와 달리 사람들 간 소통과 감정 공유를 유도하는 공동체주의적 모빌리티로서 등장한다. 기차는 일종의 도덕적 우월성을 육화하고 있는 모빌리티 테크놀로지인 것이다. 이는 인물들 간 공통된 경험과 감정이 기차를 중심으로 구성된 식민지 모빌리티 시스템에 의존해 있음을 내포한다. 그러나 잊지 말아야 할 것은, 일본 제국주

---

41 피터 애디, 《모빌리티 이론》, 최일만 옮김, 앨피, 2019, 318쪽.
42 미셸 마페졸리, 《부족의 시대》, 박정호·신지은 옮김, 문학동네, 2017, 166쪽.

의가 19세기 말부터 조선 점령 계획을 세웠을 때, 또한 1930년대 일본-만주-중국의 경제 블록을 통해서 식민 지배의 안정과 지속을 도모할 때 가장 중점적으로 한 일이 바로 철도 부설이었다는 사실이다. '일본 근대화의 역사는 철도의 역사'라고 규정될 정도로 일본의 근대성과 철도는 절대적 관계를 맺고 있었고,[43] 그래서 철도 테크놀로지와 인프라는 1930년대 일본의 제국주의적 상상력에서도 중심적 자리를 차지하고 있었다.[44] 이러한 철도, 근대성, 일본 제국주의 사이의 내밀한 관계를 고려한다면, "함께-이동적이 된다"는 경험과 '서운함'의 감정이 기차 객실에서 생성되어 공유되는 것은 그 경험과 감정이 식민지 모빌리티 시스템과 그에 기초한 일본 제국주의의 생명권력에 의존함을 의미한다. 이런 의미에서 식민지 조선인의 생명, 신체, 경험, 감정은 전적으로 제국주의의 통치 권역 내부에 위치하는 것처럼 보인다.

식민지 모빌리티 시스템은 일본 제국주의가 식민 통치를 위해서 부설한 것이지만, 조선인들이 만남, 교환, 공감 등의 '인간적' 행동을 하는 장소로서 기능할 수도 있다. 이는 기차 객실이라는 사이공간이 '서운함'의 공유라는 정동적 사건을 통해서 커뮤니타스communitas의 차원, 즉 인간이 인간을 "총체적 인간", "동일한 인간-됨을 공유·인정하는 전인격적 존재"[45]로 만나는 차원을 개방할 수도 있음을 의미한다. 식민지 조선인들은 생명을 유지하기 위해서 일본 제국주의

---

43 "일본 근대화의 역사는 철도의 역사와 분리 불가능하다. 어떤 역사가가 썼던 것처럼, 철도는 사실 '일본의 근대적 제유'다."(Kate. McDonald, "Imperial Mobiity," *Transfers* 4-3, 2014, p. 70)

44 ibid, p. 76.

45 빅터 터너, 《인간 사회와 상징 행위》, 강대훈 옮김, 황소걸음, 2018, 343쪽.

가 만들어 놓은 모빌리티 시스템에 적응할 수밖에 없는 생명체들이지만, 다른 한편으로는 만주로 향하는 기차 객실 안에서 '함께 이동한다'는 공통된 존재 조건을 공유하며 "위하여-함께-서로"를 경험하는 인간들이기도 하다. 이와 같은 "위하여-함께-서로"의 경험, 즉 인간적 감정의 공유는 〈포화〉와 〈길 위에서〉에 등장하는 인도주의와 구별된다. '인도주의적 예외 공간'에 거주하는 '아무런 권리 없는' 생명체의 '생명정당성'만을 허용하는 인도주의는 그 배타성과 예외성 때문에 "위하여-함께-서로"의 경험 또는 감정의 공유를 허용할 수 없다.

〈포화〉와 〈길 위에서〉에서 친구에 대한 '우정'과 소녀에 대한 '뜨거운 휴-머니티'가 제국주의 생명정치의 '인간적 형식'으로서 등장한다면, 〈철령까지〉는 스스로를 '아무런 권리 없는' 생명체로 인식하는 식민지 조선인들의 자기인식과 이 자기인식에 기반한 '인간적 커뮤니타스'의 형성 가능성을 보여 준다. 이 경우 제국주의 식민정치가 피식민지인을 단순한 생명체 또는 노동력으로 재주조하는 방식으로 새로운 주체를 생산한다면, 피식민지인들은 기차 객실이라는 사이공간에서 그 격하된 생명에 대한 의식의 공통성을 토대로 또 다른 생명정치 혹은 대안적 정치의 가능성을 개방한다. 그리고 이때 식민지 조선인은 벌거벗은 생명체로서의 피식민 주체이면서도 단순히 거기에만 머무르지 않는 또 다른 주체성 또는 대안적 주체성을 일시적으로 경험하게 된다.

〈철령까지〉에서 기차 객실은 식민 통치 또는 제국주의적 생명정치가 임시적으로 작동하지 않는 공간이라고 할 수 있지만, 그렇다고 해서 다른 어떤 대안적 정치의 형태가 명료하게 가시화된 공간은 아니다. 그것은 말 그대로 사이에 있는in-between 공간, '리미널리티'의 공간이다. 따라서 기차 객실이라는 사이공간은 명백히 식민지 모빌리티 시스템의 일부지만, 바로 그 때문에 '인간적 커뮤니타스'를 개방함으로써 제국주의 생명정치의 내적 취약성을 드러내 주는 곳으로서 기능할 수 있다. 이 점에서 종로 네 거리, 버스 정류장, 기차 객실 같은 사이공간은 제국주의 생명정치의 틈구멍이라고 말할 수 있다. 말하자면, 이 사이공간들은 식민지 모빌리티 시스템을 구성하는 필수적인 공간들이면서도, 모빌리티 테크놀로지의 힘을 깨닫게 해 주고, 인도주의의 얼굴을 한 제국주의 생명정치의 역설을 폭로하며, 제국주의 생명정치의 내적 취약성을 드러내 줄 수 있는 것이다.

"통치될 수 없는 것"의 정치

김남천의 〈포화〉, 〈길 위에서〉, 〈철령까지〉에는 종로 네거리, 버스 정류장, 기차 객실 같은 사이공간을 중심으로 식민지 모빌리티 시스템의 다층적 의미가 잘 드러나 있다. 〈포화〉는 종로 네거리 빌딩 옥상에서 자동차, 전차, 오토바이 등이 만들어 내는 "요란한 소음"과 그것에 압도된 주인공의 모습을 제시하는 가운데, 모빌리티 테크놀로지의 힘(권력)이 생물학적 신체의 수준에서 작동하는 방식과 그에 대한 깨달음을 보여 준다. 〈길 위에서〉는 버스 정류장에서 이루어지는 K와 길녀 사이의 '인도주의적 교류' 장면을 통해 제국주의 생명정치의 역설을 폭로한다. 이때 생명정당성에 기반한 인도주의는 피식민지인을 '특수한 살 권리'를 소유한 사회적 주체이자 '인도주의적 예외 공간'에 거주하는 '아무런 권리 없는' 생명체로서 생산해 내는 생명정치의 형식임이 드러난다. 그리고 〈철령까지〉는 기차 객실에서 발생한 정동적 사건을 통해서 제국주의 생명정치의 내적 취약성을 드러낸다. 이때 일본 제국주의가 식민 통치를 위해서 발전시킨 바로 그 모빌리티 시스템의 일부(사이공간)는 '인간적 커뮤니타스'를 개방하는 리미널리티의 공간으로 변용됨으로써 제국주의 생명정치를 내부에서 침식하게 된다.

사이공간, 즉 식민지 모빌리티 시스템 내부에 위치한 사이공간과 거기에서 발생하는 사건들은 제국주의 생명권력에게 '통치될 수 없는 것l'Ingovernabile'[46]이라고도 말할 수 있다. 이때 '통치될 수 없는 것'이란 식민지 모빌리티 시스템이나 제국주의 생명정치 외부에 있음을 의미하지 않는다. 오히려 그것은 식민지 모빌리티 시스템이나 제국주의 생명정치 내부에 위치하는 것이고, 그런 한에서 '통치될 수 없는 것'이 될 수 있다. 종로 네거리에서 테크놀로지의 힘에 벌거벗은 신체를 노출하는 주인공의 모습은 통치의 권역을 모호하게 만든다. 버스 정류장에서는 '특수한 살 권리'를 소유한 주체와 '아무런 권리 없는' 생명체 사이의 동일성/역설이 드러난다. 그리고 무엇보다도 일본 제국주의를 상징하는 기차 객실에서는 일종의 정동적 사건이 발생하면서 제국주의 생명정치가 일시적으로 오작동하는 일이 벌어진다. 여기서 식민지 모빌리티 시스템에 기초한 제국주의 생명정치는 이동을 완전히 통제하려고 하지만 성공하지 못하고, 식민지 조선인을 순전히 '벌거벗은' 생명으로 생산(주체화)하려고 하지만 역시 성공하지 못한다. 이와 같은 성공 불가능성이 제국주의 생명정치의 내적 취약성을 폭로한다면, 사이공간은 또 다른 정치, 즉 '통치될 수 없는 것'의 정치가 발생하는 공간이라고 말할 수 있다.

그러나 다시금 기억해야 할 것은, '통치될 수 없는 것'이 제국주의

---

46 조르조 아감벤,《장치란 무엇인가?》, 48쪽.

통치 권역 내부에 존재한다는 점이다. 김남천의 작품들은 바로 그와 같은 방식으로 '통치될 수 없는 것'을 포착한 데 그 의의가 있다. 제국주의 권력이 식민지 모빌리티 시스템을 새로운 주체를 생산해 내는 장치로서 기능화했다면, 사이공간의 '통치될 수 없는 것'은 식민지 모빌리티 시스템의 '또 다른alternative' 잠재력을 '아래로부터' 활성화하는 것이고, 그럼으로써 그 모빌리티 시스템을 또 다른 주체(대항적 주체)를 생산해 내는 '또 다른' 장치로서 재기능화하는 방식으로 존재할 수 있다. 이 점에서 사이공간이란 생명정치들의 갈등 또는 투쟁 공간이라고 말할 수 있다. 말하자면, 사이공간은 생명체들을 포섭하려는 제국주의 생명정치와 그 내부에 잠재하는 생명체들의 대안적·대항적 생명정치가 공존하는 공간이다. 이는 제국주의 생명정치의 내적 취약성과 제국주의 체제의 최종적 불가능성을 의미한다.

참고문헌

기본 자료

김남천, 〈철령까지〉, 《조광》, 1938.10), 《소년행》, 학예사, 1939.
_____, 〈포화(泡花)〉, 《광업조선》, 1938.11.
_____, 〈길 위에서〉, 《문장》, 1939.7.

국내 논문 및 단행본

고태우, 〈조선총독부 토목행정과 토목관료의 '조선개발' 인식〉, 《역사와 경계》 97, 2015, 271~320쪽.
김성민·박영균, 〈분단극복의 민족적 과제와 코리안 디아스포라〉, 《대동철학》 58, 대동철학회, 2012, 43~62쪽.
김영근, 〈일제하 서울의 근대적 대중교통수단〉, 《한국학보》 26-1, 2000, 69~103쪽.
김인수, 〈총력전기 식민지 조선의 인류(人流)와 물류(物流)의 표상정치〉, 《서강인 문논총》 47, 2016, 85~127쪽.
성주현, 〈1920년대 도로부설과 지역주민의 동향〉, 조병로 외, 《조선총독부의 교 통정책과 도로건설》, 국학자료원, 2011.
이기훈, 〈근대 철도의 또 다른 얼굴〉, 《문화과학》 86, 2016, 436~454쪽.
조병로, 〈일제 식민지 시기의 도로교통에 대한 연구(I)〉, 《한국민족운동사연구》 59, 2009, 5~37쪽.
조병로·조성운·성주현, 〈일제 식민지 시기의 도로교통에 대한 연구(II)〉, 《한국 민족운동사연구》 61, 2009, 257~290쪽.

권창규, 《상품의 시대》, 민음사, 2014.
미셸 마페졸리, 《부족의 시대》, 박정호·신지은 옮김, 문학동네, 2017.
미셸 푸코, 《안전, 영토, 인구》, 오트르망 옮김, 난장, 2011.
빅터 터너, 《인간 사회와 상징 행위》, 강대훈 옮김, 황소걸음, 2018.
손정목, 《일제강점기 도시사회상 연구》, 일지사, 1996.
염복규, 《서울의 기원 경성의 탄생》, 이데아, 2016.

윤상원, 《동아시아의 전쟁과 철도》, 선인, 2017.

정재정, 《일제침략과 한국철도(1892~1945)》, 서울대학교출판부, 1999.

조르조 아감벤, 《장치란 무엇인가?》, 양창렬 옮김, 난장, 2010.

존 어리, 《모빌리티》, 강현수·이희상 옮김, 아카넷, 2014.

차승기, 〈황민화의 테크놀로지와 그 역설〉, 《비상시의 문/법》, 그린비, 2016.

토마스 렘케, 《생명정치란 무엇인가》, 심성보 옮김, 그린비, 2015.

팀 크레스웰, 《장소》, 심승희 옮김, 시그마프레스, 2012.

피터 애디, 《모빌리티 이론》, 최일만 옮김, 앨피, 2019.

허우긍·도도로키 히로시, 《개항기 전후 경상도의 육상교통》, 서울대학교출판문
    화원, 2007.

朝鮮總督府 편, 《국역 조선종독부 30년사 (상)》, 박찬승 외 옮김, 민속원, 2018.

_____, 《국역 조선종독부 30년사 (하)》, 박찬승 외 옮김, 민속원, 2018.

국외 논문 및 단행본

Fassin. Didier, "Another Politics of Life if Possible," *Theory, Culture & Society*
    26-5, 2009, pp. 499-520.

McDonald. Kate, "Imperial Mobiity," *Transfers* 4-3, 2014, pp. 68-87.

Sheller. Mimi, "From Spatial Turn to Mobilities Turn," *Current Sociology* 65-
    4, 2017, pp. 1-17.

Cresswell, Tim, *On the Move*, New York·London: Routledge, 2006.

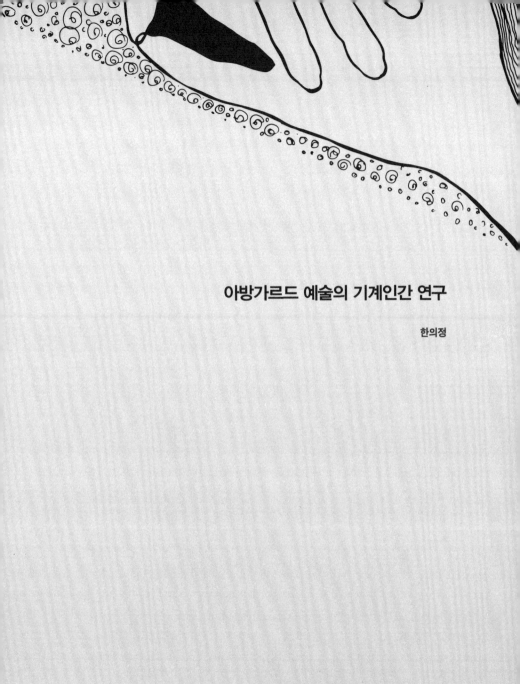

아방가르드 예술의 기계인간 연구

한의정

이 글은 《인문과학연구논총》 제39권 3호(2018)에 게재된 원고를 수정 및 보완하
여 재수록한 것이다.

역사학자 에릭 홉스봄Eric Hobsbawm은 1900년대 초반을 '기계의 세기'로 정의한다. 그에 의하면, 20세기 예술의 진정한 혁명은 모더니즘에 의해 달성된 것이 아니라 예술의 외적 부분에서 일어났다. 이 시기 기술과 대중 시장의 논리가 결합되면서 미학적 소비의 민주화가 일어난 것이다.[1] 물론 기계의 탄생은 20세기보다 훨씬 이전으로 거슬러 올라가야 하지만, 기계가 기능성을 떠나 미학적 의미를 획득한 것은 이 시기로 보는 것이 옳을 것이다.[2]

하지만 20세기의 '기계미학'은 정의하기 어려운 용어다. 기계미학은 몇몇 개인들이 모인 특정 집단이나 혹은 하나의 예술운동을 지칭하는 것이 아니며, 20세기 전반기에 몇몇 집단과 개인들 그리고 여러 미술운동에 걸쳐 전반적으로 드러나는 특징을 말하는 용어이기 때문이다. 정확히 말하자면 기계미학은 1910~1920년대 기계 시대에 나타난 여러 운동의 공통점과 관련된다.[3] 프랑스의 순수주의, 네덜란드의 데 스틸De Stijl, 러시아의 절대주의와 구축주의 그리고 생산주의, 바우하우스의 구성주의, 미국의 정밀주의precisionism에서 기계미학을 찾아볼 수 있다. 이러한 예술운동의 공통점은 기계와 기계적 효과를 미적 대상에 포함시켰다는 점이다. 18세기 이후 미학이 회화·조각·건축 등 시각예술과 시·음악에 한정되었다면, 이 시기에는 기계의 효과까

---

1 에릭 홉스봄, 《파열의 시대》, 이경일 옮김, 까치, 2015, 291~304쪽.
2 "기계는 고대의 바퀴, 이카로스의 날개, 혹은 트로이의 목마만큼이나 역사가 길다. 하지만 기계는 오직 금세기에 이르러서야 기능성을 초월했으며, 더 나아가 실용성과는 거리가 먼 미학적, 철학적 의미를 획득하게 되었다." John I. H. Baur, "Beauty or the Beast? The Machine in American Art," in Jean Lipmad(ed.), *What is American in American Art?*, New York: McGraw-Hill, 1963, p. 33.
3 Reyner Banham, *Theory and Design in the First Machine Age*, Cambridge, Mass.: MIT Press, 1980, pp. 9-12 참고.

지 미학의 대상이 된 것이다. 이는 1851년 대박람회에서 20세기의 만국박람회까지, 새로운 산업기계들이 세계를 돌며 전시된 것과 관련이 있다. 박람회를 찾은 대중들은 기계의 성능과 효과뿐만 아니라 기계 외관의 매끈함과 장엄함에 매료되었다. 기계가 미적 대상으로 확장되어 소비됨은 1934년 뉴욕 현대미술관 전시 《기계 예술Machine Art》에서 분명하게 확인된다. 이 전시에서 엔진, 프로펠러, 피스톤 등의 기계는 조각품처럼 좌대 위에 올려지거나 회화 작품처럼 벽에 고정되어 진열되었다. 이를 통해 적어도 1934년까지 기계들이 예술작품으로 간주되었다는 점을 알 수 있다. 이러한 맥락에서 기계와 기계적 신체에 열광한 20세기 초 아방가르드 예술운동을 살펴보고자 한다.[4]

이들은 기계에서 인간의 신체와는 다른 순수성·합리성 등을 발견하고, 이러한 기술을 사용해 인간 신체를 새로운 모습으로 구축해 나갔다. 그 속에서 기계적 신체의 수많은 변종이 모더니즘이라는 이름으로 탄생했으며, 당시 기계에 부여되었던 가치들은 이후의 추상미술 계보 속에서도 변하지 않는 이상으로 클레멘트 그린버그Clement Greenberg에게까지도 계속되었다. 그러나 그린버그가 추상을 기계미학과 분리시켜 예술의 고유한 영역 속에 안착시킴으로써, 추상은 기

---

[4] 사실 과학기술의 진보는 유토피아와 디스토피아를 동시에 제시한다. 20세기 예술과 문화도 기계에 대한 시각을 구원의 수단으로 보는지, 재앙의 전조로 보는지에 따라 양분된다. 속도, 반복, 거대주의, 표준화, 효율성, 소음과 같은 기계미학의 모티프가 조화와 힘이라는 긍정적 비유를 만들어 내기도 하지만, 동시에 기계화된 인공적인 세계에서 인간이 소외된다는 부정적인 비유를 만들어 내기 때문이다. 초현실주의 운동은 후자의 예라 할 수 있는데, 초현실주의자들은 기계를 자연과 에로티시즘의 적으로 여겼다. 막스 에른스트Max Ernst나 살바도르 달리Salvador Dali의 작품에서 기계는 인간을 위협하는 존재였다. 코나르 클라페크Konard Klapheck의 작품에 등장하는 쇠막대기, 톱니바퀴, 지렛대 등은 지옥의 오브제, 또는 기계화된 유령에 대한 은유로 나타났다. 이러한 이유로 초현실주의에서 표현된 기계인간은 본 논의에서 제외하였다.

계도 인간도 아닌 것이 되었다.

본 연구는 추상의 탄생과 전개를 미술의 순수성 또는 자율성 추구로만 접근하는 것이 아니라, 이미 산업혁명 이래로 일상적인 생활 깊숙이 침투해 있었던 기계와 기계미학의 영향으로 읽어 내려고 한다. 특히 아방가르드 작가들이 내세웠던 '기계인간mechanthropomorph'은 정치, 사회, 문화의 이데올로기를 포함하면서 모더니즘 미술이 주장했던 순수성과는 구별되었기 때문이다.

기계화와 아방가르드 예술

20세기 초 산업기술의 발달로 등장한 기계와 기계화는 당시 많은 미술가들이 선택한 주제였다. 특히 기계는 진보적, 실험적 예술을 추구했던 아방가르드 예술가들에게 새로운 관심의 대상이 되었다. 그러면서 자연스럽게 기계 또는 기계와 유사한 형상들은 전통적인 형상에 반反하는 아방가르드 정신의 산물처럼 여겨졌다.[5]

기계를 도입했던 시대적 배경은 공통된 것이었지만, 예술가들의 접근 방법은 다양했다. 미래주의자들과 순수주의자들, 그리고 페르낭 레제Fernand Léger는 기계화된 현대사회에서 낙관적 이상을 발견했다. 이들은 기계가 갖고 있는 새로운 아름다움의 형태와 논리적, 기능적 성격을 미술로 구현할 수 있다고 믿었다. 한편 다다dada 작가들은 기존의 예술과 문화에 대한 거부와 비판의식에서 출발하여 현대 문명의 산물인 기계를 전통적인 예술적 가치를 거부하는 표현 수단으로 이용하였다.

---

5   Marc Le Bot, *Peinture et Machinisme*, Paris: Klinsieck, 1973, p. 210.

미래주의와 순수주의의 기계 찬미

1909년 마리네티Filippo Tommaso Marinetti의 〈미래주의 선언〉은 기계화된 현대사회를 긍정적으로 받아들이고 그 속에서 인류의 희망을 추구하려는 태도를 보여 준다. 미래주의자들은 특히 기계가 표상하는 역동성을 찬미하며, 그것을 작품에 구현하고자 했다. "우리는 새로운 미, 즉 속도의 미로 인하여 풍요로워진 이 세계의 찬란함을 공표한다. (…) 윙윙거리며 쏜살같이 달리는 자동차는 사모트라케의 승리의 여신보다 더욱 아름답다"[6]는 선언문의 내용은 기계의 역동성에서 아름다움을 발견한 미래주의자들의 태도를 단적으로 드러낸다. 또한 보치오니Umberto Boccioni의 〈미래주의 조각 선언〉에서는 다음과 같은 구절이 발견된다. "시계추의 왕복운동이나 시곗바늘의 움직임, 실린더 속 피스톤의 드나듦, 톱니바퀴의 맞물림과 떨어짐, 플라이휠의 격노, 프로펠러의 소음, 이 모든 것이 미래주의 조각이 이용해야 할 조각적, 회화적 요소라는 사실을 잊지 말아야 한다. 밸브의 개폐운동은 눈꺼풀의 움직임만큼이나 아름답게 보이며, 동시에 무한히 현대적이다."[7] 보치오니는 조각에 실제 움직임을 주기 위하여 모터를 조각 속에 장치하는 가능성을 언급하기도 했다.[8]

미래주의의 기계에 대한 낙관적인 경향은 주로 역동성과 속도의 표현에서 나타났다. 특히 그들의 동시성, 시간성, 운동감의 표현은 프랑스의 에티엔-쥘 마레Etienne-Jules Marey가 고안한 '크로노포토그래피

---

6 Filippo Tommaso Marinetti, "The Founding and Manifesto of Futurism"(1909), in Umbro Apollonio(ed.), *Futurist Manifestos*, London: Thames and Hudson, 1973, p. 21.

7 Umberto Boccioni, "Technical Manifesto of Futurist Sculpture"(1912), *Futurist Manifesto*, p. 62.

8 Umberto Boccioni, "Technical Manifesto of Futurist Sculpture," p. 62.

〈그림 1〉 자코모 발라, 〈추상 속도-자동차가 지나갔다〉, 1913, 캔버스에
유채, 50×52.7cm.

chronophotography'에서 영향을 받은 것이다. 그러나 발라Giacomo Balla와
보치오니는 마레의 기계장치가 주는 효과를 연출하기 위해 분할주의
식 회화 표현법을 그대로 사용했고 그 결과 오히려 한계를 드러냈다.

이는 그들이 단일한 평면인 회화의 지위에 도전하지 않았기 때문
이다. 게다가 그들은 크로노포토그래피를 채택하려 했으면서도 회
화적 기표가 테크놀로지 영역을 순수하게 모방하는 관계에 머무르
려고 했을 뿐, 산업 생산의 반복적인 형식을 채택하는 것 같은 구조
적인 관계로 나아가지 않았다.[9] 발라의 〈추상 속도-자동차가 지나갔
다〉(1913)(〈그림 1〉)에서 보이는 것처럼 자동차가 지나갈 때 움직이는
공기와 역동적 느낌을 분할된 선으로 묘사하는 식이었다. 즉, 미래
주의자들이 표현한 속도감은 기계의 움직임에 비유될 뿐, 기계 자체

9 할 포스터 외,《1900년 이후의 미술사》, 배수희 외 옮김, 세미콜론, 2011, 92쪽.

의 형상으로 나타나지는 않는다.[10]

　기계의 기능적인 형태의 미를 미학적인 눈으로 보았던 순수주의자들도 미래주의자들처럼 기계화된 현대사회를 긍정적으로 바라보았다. 오장팡Amédée Ozenfant은 《기술공학자의 미학Esthétique de l'ingénieur》에서 "기계 생산 오브제들은 그 기하학적인 형태로 순수한 질서의 감각을 주며 (⋯) 기능성을 지닌 기계들은 우리 시대의 미학을 나타낸다"[11]고 했다. 순수주의자들은 기계 안에서 수학적, 기하학적 질서를 지니는 보편적인 법칙들을 발견해서 그것들을 회화에 적용하는 것에 몰두하였다. 그러나 그들은 기계의 근본 법칙을 회화에 적용하는 데에만 관심이 있었기 때문에 기계형상을 회화의 궁극적인 주제로 등장시키지는 않았다.[12] 이는 어떤 기계도 최종적인 완성에 도달할 수 없다고 본 그들의 생각과 관련 있다. 자동차나 증기기관차는 끝없는 발전의 과정에 있는 단계일 뿐이고 언젠가는 무용화된다는 것이 그들의 생각이었다. 이에 비해 단순한 꽃병, 유리잔, 병, 기타와 같은 정물은 경제적 효율의 이상적이고 최종적인 단계에 도달한 것으로 간주하였다. 그러므로 1921년 《에스프리 누보L'Esprit nouveau》 4호부터 순수주의자들은 오히려 정물을 다룬다.

　순수주의자들과 밀접한 관계를 가진 페르낭 레제도 현대사회의 산물로서 기계와 기계생산품의 조형성을 통해 현대사회의 기계화된

10　후기 미래주의자인 프람폴리니Prampolini와 데페로Fortunato Depero의 회화에서는 구체적인 산업기계의 형태들, 즉 연동장치와 윤전지, 피스톤, 터빈, 프로펠러 등의 형태를 찾아볼 수는 있지만 실험적인 시도에 머문다.

11　Ozenfant, *Foundations of Modern Art*, John Rodker(trans.), New York: Dover, 1951, pp. 151-155.

12　Ozenfant, *Foundations of Modern Art*, pp. 151-155.

문명을 표상하고자 했다. 그는 "기계의 아름다움은 현대적인 미의 주제이다. (…) 기계생산품은 아름다우면서 동시에 유용함으로써 예술의 난점을 해결한다"고 하였다.[13] 순수주의자들이 관념적인 측면에서 기계에 접근했다면, 레제는 기계형상에서 현대적인 미를 발견하고 실제로 그것을 회화에 도입했다. 그러나 레제는 "나는 결코 기계를 모사하지 않으며, 다른 화가들

〈그림 2〉 페르낭 레제, 〈기계공〉, 1920, 캔버스에 유채, 116×88cm.

이 상상력을 가지고 풍경을 그리듯이 기계를 표상하는 이미지를 창조한다"[14]고 밝혔다. 즉, 그의 작품은 구체적인 산업기계의 형태들을 그대로 복사한 것이 아니라, 기계의 형태미를 회화적으로 표현한 것이다. 레제의 〈기계공The Mechanic〉(1920)(〈그림 2〉)은 인간으로 보이기는 하지만, 실린더 모형의 몸과 단순한 비례 때문에 마치 로봇 같다. 1920년대 레제는 기계를 소재 삼아 그리긴 했지만, 이는 노동자를 영웅으로 그리고 노동을 예찬하기 위함이다. 그의 작품 속 프롤레타리아는 기계 때문에 인격을 빼앗긴 모습이 아니라 기계 덕분에 고급스러워지고 젊어진 느낌이다. 또한, 레제의 회화에서 주목할 점은

13 Fernand Léger, "The Machine Aesthetic: The Manufactured Object, the Artisan, and the Artist,"(1924), in Fernand Léger, *Function of Painting*, Alexandra Anderson(trans.), New York: The Viking Press, 1973, pp. 58-59.

14 Fernand Léger, "The Machine Aesthetic: Geometric Order and Truth," *Functions of Painting*, 1925, p. 62.

작품이 규격화된 부품의 조합으로 보인다는 사실이다. 그린버그 같은 형식주의자가 기계미학의 사회정치적 차원을 간과한 반면,[15] 레제는 규격화를 긍정하는 평등주의 미술의 가능성에 깊이 고무되었던 것이다.

다다이즘의 기계형상

베를린 다다 작가들은 인간과 기계를 병치하면서 그들의 반反정치적 의식과 반反예술적 태도를 나타냈다. 이들은 기계형상들을 다른 사진들에서 오려 내어 포토몽타주 기법으로 직접적으로 사용했다. 한나 회흐Hannah Höch는 "기계와 산업의 세계로부터 나온 대상을 미술의 세계에 도입하는 것이다"라고 밝히기도 했다. 그녀의 〈콜라주Collage〉(1919)에서는 톱니바퀴, 휠과 같은 기계 부속품들이 거리의 풍경, 인간의 몸과 합쳐져 있다. 라울 하우스만Raoul Hausmann의 〈집에 있는 타틀린Tatlin at Home〉(1920)《그림 3》에서는 타틀린의 뇌의 부분이 자동차 핸들 축과 부속기계로 대치되었다. 이는 이들이 타틀린Vladimir Tatlin을 기계미술의 창시자로 여기고 있기 때문이다.[16] 라울 하우스만의 〈우리 시대의 정신 – 기계 머리The Sprit of Our Time-Mechanical Head〉(1919)《그림 4》는 그들이 표방하는 다다의 인간상을 단적으로 묘사하는 아상블라주assemblage 작품이다. 사포로 오랫동안 문

---

15 Clement Greenberg, "Master Léger," F. Frascina & C. Harrison(eds.), *Modern Art and Modernism*, London: Harper & Row, 1983, pp. 109-114 참조
16 1920년 제1회 '국제 다다 전시회'의 슬로건이 "예술은 죽었다. 새로운 타틀린의 기계예술 만세"였다는 것은 그의 영향력을 상징적으로 보여 주는 것이다. 타틀린은 실용적인 용도로 설계된 〈제3인터내셔널을 위한 기념물〉(1920) 모형, 비행기구 〈르타틀린〉(1929~1932) 등을 제작하며, 테크노크라트적인 유토피아에 대한 신념과 열망을 드러냈다.

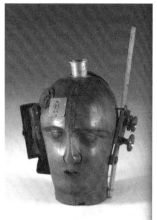

〈그림 3〉 라울 하우스만, 〈집에 있는 타틀린〉, 1920, 포토몽타주(왼쪽).
〈그림 4〉 라울 하우스만, 〈우리 시대의 정신—기계 머리〉, 1919, 헤어드레서의
모형 머리, 회중시계, 카메라 부속, 줄자, 망원경 손잡이, 가죽 케이스, 숫자
22가 쓰여진 판지 외 금속제, 32.5×21×20cm, 퐁피두센터, 파리(오른쪽).

질러 반질반질해진 목재 머리 위에 컵, 돈지갑, 장신구함, 인쇄 실린
더, 담뱃대, 자, 놋쇠 나사, 숫자판 등이 붙어 있다. 하우스만에 의하
면 우리 시대의 정신은 숫자적 의미만을 지닌다. 그래서 이 정신은
양쪽 관자놀이에 나사를 조이고 있고, 이마에는 줄자 조각을 달고
있다. 이 시대에는 정밀함이 핵심인 것이다.

베를린 다다 작가들의 정치적 의도와 달리 뉴욕 다다 작가들은 기
계를 적극적으로 미술에 수용하여 기계와 기계문명에 관련된 상징
적 이미지를 기존 예술의 미적인 편견을 조롱하기 위해 사용했다.
피카비아Francis Picabia와 뒤샹Marcel Duchamp은 뉴욕을 방문하기 이전
부터 파리의 아방가르드 그룹들과 관련을 맺으며, 미학적 전통과 산
업문명의 충돌을 예민하게 지켜보았으며, 그 충돌 가운데에서 새로
운 출구를 발견하려 했다. 1912년 5월, 피카비아와 뒤샹은 레몽 루

셀Raymond Roussel의 〈아프리카의 인상〉 공연에 참석했는데, 이 연극은 "기존의 모든 예술적 가치에서 해방된 예술"을 시도하기 위한 것이었다.[17] 여기서 루셀은 수학, 유사과학, 각종 실험들, 신기한 기계들을 선보이며 등장인물을 기계로 묘사했다. 피카비아와 뒤샹은 특히 이 공연에 등장한 '그림 그리는 기계'에 관심을 보이며 그들의 작품 소재로 사용했다.

마르셀 뒤샹은 기계를 기존의 미술과 문명에 대한 풍자의 수단으로 사용했다. 그의 〈초콜렛 분쇄기〉(1913)는 전통적으로 그림의 주제가 될 수 없었던 기계를 그림으로써 기존 미술에 대한 새로운 대안을 제시한 예이다. 또한 뒤샹의 '레디메이드'는 기계생산품을 예술품으로 제시하는 동시에 기계와 그 생산품의 유용성을 박탈하여 그것을 예술품으로 전환함으로써 기존의 예술 개념을 거부하려는 의도에서 제시된 것이다. 〈자전거 바퀴〉(1913)는 그 움직임이 더 이상 유용한 기능을 하지 않는 기계생산품인 동시에 기계 자체다. 그는 이것을 "예술을 규정하는 가능성을 부인하는 형태"라고 했다.[18] 뒤샹의 가장 난해하고도 종합적인 성격을 보여 주는 〈그녀의 독신남들에 의해 발가벗겨진 신부, 조차도(큰 유리)〉(1915~1923)《그림 5》에서도 초콜렛 분쇄기, 여과기가 등장한다. 아랫부분은 9명의 남성 구혼자를 상징하는 기계들이, 윗 부분은 신부 기계로 나뉘어져 있다. 아래에서 분쇄기가 돌아가면 물레방아와 남성의 상징물도 함께 움직이게 되어 있다. 동력기계의 움직임은 남성의 성적 욕구를 상징하는

17   Robert Lebel, *Marcel Duchamp*, Paris: Trianon Press et éditions P. Belfon, 1959, p. 45
18   William Chapin Seitz, et al., *The Art of Assemblage*, New York: The Museum of Modern Art, 1961, p. 46.

것으로서, 상승하는 남성의 성적 에너지가 실린더 장치의 점화를 통해 전자 충격이 일어나면 위로 올라가 신부에게 전달이 되도록 하고 있다. 뒤샹은 이 작품을 '러브 가솔린'에 의해 작동하는 '욕망의 모터'라고 말했다.[19] 인간의 원초적인 성적 욕망과 에너지를 기계와 물리, 화학의 작용으로 연결시킨 것이다. 이 작품은 기계 시대의 기계적 인간관을 보여 주는 대표작이 되었다.

〈그림 5〉 마르셀 뒤샹, 〈그녀의 독신남들에 의해 발가벗겨진 신부 조차도(큰 유리)〉, 1915~1923, 두 개의 유리판에 유화, 니스, 납 호일, 납 철사, 먼지, 277.5×177.8×8.6cm, 필라델피아 미술관(오른쪽).

1913년 아모리 쇼^{Armory Show}에 뒤샹과 함께 유럽 미술의 대표자로 참가한 프란시스 피카비아는 산업화된 뉴욕의 도시 문명에 강한 인상을 받았다. 1915년 전쟁 중에 두 번째로 방문한 뉴욕은 피카비아에게 유럽 문화에 대한 이탈이자 기존 질서에 반항할 수 있는 현장으로 여겨졌다. 특히 그는 여기에서 미술의 새로운 소재인 기계를 발견했다. 피카비아에게 기계는 시대의 상황과 사상, 그리고 인간의 성격이나 특성까지 나타낼 수 있는 조형적 가능성과 상징적

---

19 뒤샹은 이 작품의 준비 과정에 쓰인 스케치, 메모, 설계도 등을 모아《녹색상자The Green Box》(1934)와《흰색상자The White Box》(1966)를 출판하였다.《녹색상자》에는 상세한 기계사용설명서가,《흰색상자》에는 시공간에 대한 형이상학적 계측 방법이 언급되어 있다.

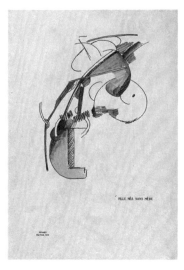

<그림 6> 프랜시스 피카비아, <어머니 없이 태어난 소녀>, 1915, 종이에 펜과 잉크, 47.4×31.7cm, 뉴욕 메트로폴리탄 미술관.

의미가 탁월한 형태로 여겨졌다.[20] 그는 광고 도안에서 기계를 차용하여 단순화시키거나 첨가하여 자신만의 기계들을 조합해 냈다. 특히 기계생산품과 자동차의 엔진 및 여러 기계들의 부품 등에서 기계의 '기능'을 이용했다.[21]

피카비아는 1915년 6월 잡지 《291》 제4호에 <어머니 없이 태어난 소녀><그림 6>를 게재하며 기계회화의 시작을 알렸다. 이 작품의 아랫부분은 막대, 스프링, 얽힌 철사로 된 기계 부품처럼 보이며, 윗부분은 유기물의 곡선 형태로 보인다. 그러므로 이 작품은 기계 도면이나 설계 드로잉 같기도 하고, 안구, 가슴, 엉덩이와 같은 신체의 일부처럼 보이기도 한다. 그의 의도는 제목에서 더욱 확실히 나타난다. <어머니 없이 태어난 소녀>는 현실의 불안정한 요소를 갖지 않은 기계의 완벽성을 뜻하기도 하며, 당시

---

20 Marc Le Bot, *Francis Picabia et la crise des valeurs figuratives 1900-1925*, Paris: Editions Klincksieck, 1968, p. 125.
21 그는 사망하기까지 127대의 자동차를 소유했다. 그는 자동차 구입과 자동차 경주에 광적으로 집착했고, 자신의 자화상에 해당하는 <성인 중의 성인>(1915)에서는 본인을 자동차 경적과 가솔린 엔진통으로 묘사했다.

기계문명을 누리는 미국의 개방적인 소녀이기도 하다.[22] "어머니 없이 태어난 소녀"는 《라루스 사전Grand Larousse Encyclopedique》에서 차용·변형한 것으로, 어떤 전형도 가지고 있지 않다는 의미로 사용한 것이다.[23] 이제 예술은 신이 창조한 자연을 모방하는 것이 아니라, 인간이 제작한 기계를 모방의 대상으로 삼는다. 기계는 자연에 의존하지 않고, 시각의 영역에서 가져온 것도 아니며, 재현의 범주를 벗어난 것이었다.[24]

1915년 피카비아는 스티글리츠Alfred Stieglitz의 잡지 《291》 5,6호에 주변 인물들을 기계의 기능으로 풍자한 일련의 '오브제 초상화portraits-objets'를 게재했다. 예를 들어, 스티글리츠의 초상(〈그림 7〉)은 카메라 형상으로 표현되어 사진작가인 스티글리츠의 성격과 특징을 보여 주면서 스티글리츠라는 인간을 대체하는 식이다.

〈그림 7〉 프랜시스 피카비아, 〈여기에 스티글리츠가 있다〉, 1915, 판지 위에 잉크, 흑연, 자르고 붙이고 칠하고 인쇄한 종이들, 75.9×50.8cm, 뉴욕 메트로폴리탄 미술관.

---

22 허정아, 〈기호로서의 기계 이미지와 현대적 시각성: 뒤샹과 피카비아의 작품을 중심으로〉, 《기호학연구》 25, 2009, 579쪽.
23 몽테스키외도 인용한 오비디우스의 《변신이야기》에서 나온 문구인 'Prolem sine matrem creatam'(어미 없이 태어난 자식)에서 '자식'만 '소녀'로 바꾼 것이다. 기계는 불어로 여성형이므로, 기계의 여성적인 특성을 강조했다.
24 〈어머니 없이 태어난 딸〉(1916~1917) 회화 버전도 존재한다.

이 스티글리츠의 초상화 '얼굴'에서는 몇 가지 모순점이 발견된다. 우선 스티글리츠의 미학적 신념이 기계형상을 취하는 다다 정신과 다소 거리가 멀다는 점이다. 스티글리츠는 성실, 정직, 도덕적 순결과 같은 미국적 가치에 대한 믿음을 갖고 있었고, 이는 인간 주체를 기계로 묘사하는 피카비아의 표현 기법과는 어울리지 않는다. 이 충돌을 해결하려면 작품을 좀 더 자세히 보아야 한다. "여기에 스티글리츠가 있다Ici, c'est ici Stieglitz"라는 문구 아래에 있는 '신념foi'과 '사랑amour'이라는 단어는 스티글리츠의 미국 미술에 대한 신념과 사랑을 의미하며, 더 위쪽의 '이상ideal'이라는 단어는 스티글리츠의 이상을 뜻한다. 카메라의 늘임자를 길게 늘인 것도 먼 곳에 초점을 맞추고 있다는 뜻이다. 하지만 카메라의 주름상자는 휘어져 있어 렌즈 구멍과 연결되지 않는다. 그러므로 카메라가 원하는 멀리 있는 대상을 찍고자 하는 '이상'은 실현될 수 없다. 즉, 스티글리츠의 이상은 높았으나 미국의 상업주의적 현실에 초점을 맞추지 못하는 상태를 표현하고 있는 것이다. 작품 오른쪽에 묘사된 자동차 브레이크와 기어가 중립 상태에 위치되어 있는 것도 점점 기력을 상실해 가는 지친 일꾼을 상징한다고 볼 수 있다.[25]

피카비아는 이처럼 카메라, 피스톤, 프로펠러, 터빈 등과 같은 변형된 기계장치, 또는 기계제품의 도해를 형상화하는 작업을 지속적으로 선보인다. 대부분의 그의 작품에서는 문자와 문구가 형상과 함께 통합되는 특징을 보이며, 자신만의 기계 양식mechanic style · machinist style · mechamorphosis style을 만들어 낸다. 동시대 기계를 수용한 다른 작가들과 달리 피카비아는 기계의 '기능성'을 파악하여 활용했다는 점

---

25 천수원, 〈프란시스 피카비아의 기계화 연구〉, 《미술사연구》 11, 1997, 21~22쪽.

또한 그만의 기계 양식의 특징이다.

바우하우스 무대의 기계인간

1919년 지방의 미술공예학교로 출범하여 순수미술과 응용미술의 교류를 강조한 바우하우스는 초기에는 표현주의의 영향을 받았다. 그러나 1923년 발터 그로피우스Walter Gropius는 〈예술과 테크놀로지: 새로운 통일Art and Technology: A New Unity〉이라는 강의에서 바우하우스는 테크놀로지에 주력해야 함을 피력했다. 이후 바우하우스의 예술가들은 '기계인간'을 새로운 시대의 새로운 인간der neue Mensch상으로 세우면서, 기계적 움직임으로 인간의 육체를 대체하였다. 그들은 인간 신체를 표현할 때 더 이상 유기적 해부학의 원리를 따르지 않았으며, 연극 배우나 발레 무용수를 대신하여 로봇 모형의 꼭두각시, 기하학적 인형과 같은 기계인간을 내세웠다. 기계인간의 움직임과 자세는 수직, 수평, 대각선 같은 단순한 기하학적 요소들로 표현되었고, 추상적인 형상으로 조립되었다. 오스카 슐레머Oskar Schlemmer의 〈3인조 발레〉(1922)《그림 8》가 그 대표적 예다. 인물의 신체기관들은 수직, 수평, 대각선과 같은 기본 형태로 환원되어 각각 서기, 눕기, 앉기 및 정지 자세posture, 몸짓gesture, 운동movement에 대응되었다. 이와 같이 등장인물의 동작을 추상적인 형태에 맞추어 통제하려는 시도는 유기적인 신체의 한계를 초월하기 위한 것이었다.[26] 슐레머

---

26 얼굴, 다리, 팔, 몸통, 선, 막대기, 점으로 된 인물은 인간 몸과는 다르다. 살 한 점에서 고통을 느끼고 몸에 이상이 오면 균형이 깨지는 몸이 아니다. 얼굴, 반달 모양의 면, 가운데 손 하나, 아래 몸통에 바퀴를 달면 완성되는 인물이고, 필요하면 다리, 막대기, 점을 덧붙일 수 있다. 해체시켜 진열장에 보관할 수도 있다. 슐레머가 내세우는 연극적 인물은 통일된 유기체의 몸이 아닌 기계처럼 해체와 조합이 가능한

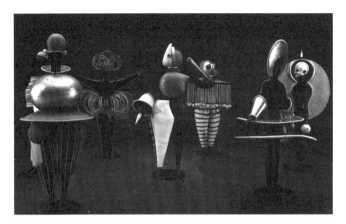

〈그림 8〉 오스카 슐레머, 〈3인조 발레〉(1922) 공연을 위한 무대의상.

의 의상과 가면은 연기자의 표정을 드러나지 않게 하고 신체에 기계
적 법칙성을 부여하여, 마치 꼭두각시와 같은 인상을 준다. 이는 하
인리히 폰 클라이스트Heinrich von Kleist가 주장한 '인형의 순수성'을 기
초로 한 것으로 이른바 '초월적 해부학'[27]과 관련이 있다. 클라이스트
에 따르면, 인형은 끈으로 가볍게 들리므로 중력의 법칙과 상관없이
초월적인 진리의 상태에 도달할 수 있다.[28] 바우하우스의 기계인간
들은 줄로 움직이던 꼭두각시보다 기계장치로 움직이는 반사실적이
고 추상적인 형상으로 진보함으로써 한층 더 초월적 해부학에 가까

새로운 시대의 새로운 연극을 위한 새로운 몸이었다. 박소현, 〈바우하우스의 기계
인간: 모더니즘적 신체의 이중성〉,《현대미술사연구》15, 2003, 219~220쪽 참조.
27 자연의 모든 유기체들에게 이상적인 패턴과 구조를 찾고자 하는 비교해부학의 일
종으로 19세기 독일과 영국의 자연철학자들에 의해 주장되었다.
28 Heinrich von Kleist, "On the Marionette Theatre"(1810), Idris Parry(trans.):
https://southerncrossreview.org/9/kleist.htm (2019.11.30. 접속).

이 다가갔다.

슐레머는 〈인간과 인공 인물Man and Art Figure〉에서 이러한 입장을 더욱 분명히 한다.

인간을 신체의 속박에서 해방시키고 운동의 자유를 본래 가진 잠재력보다 더 발휘시키려는 노력은 유기체를 기계적인 인공인물Kunstfigur로 대체시켰다. 로봇과 마리오네트가 그것이며 후자는 하인리히 폰 클라이스트가, 전자는 E. T. A. 호프만이 찬미했다. 영국 무대개혁자 고든 크레이그Gordon Craig에 따르면 "배우는 사라지고 대신 생명이 없는 인물이 등장해야 한다. 우리는 이것을 '초마리오네트Über-Marionette'라고 부른다." 러시아의 브류소프Borjusov도 "배우들을 몸속에 축음기를 넣은 기계인형으로 교체해야 한다"고 요구했다.[29]

또한, 슐레머는 자신과 동시대 예술의 가장 중요한 특징이 추상과 기계화라고 하였다. 그에 따르면, 기계화와 추상은 밀접한 관계를 가지는데, 이 관계가 연극에서 기계적 추상으로 나타나면서 큰 변화를 가져왔다. 슐레머의 작품들에서 인체와 공간, 무대와 배우의 관계에서 나타나는 기하학적 형태는 기계인간이었다.[30]

그러므로 슐레머의 무대 작업은 '공간 속 인간man in the space'이라는 주제로 설명할 수 있다. 구조로서 공간이 그 안에 놓인 인간의 정신과 신체를 변화시킬 수 있다는 것이다. 평면측정법, 체적측정법

---

29 Oskar Schlemmer, "Man and Art Figure," in Walter Gropius, et al., *The Theater of the Bauhaus*, Middletown: Wesleyan University Press, 1987, p. 28.

30 Oskar Schlemmer, "Man and Art Figure," p. 17.

〈그림 9〉 오스카 슐레머, 〈평면 기하학과 공간 도해로 표현한 공간 속 인물을 위한 드로잉〉, 1924, 펜 드로잉, 21.9×28.1cm.

등에 근거해 보이지 않는 선의 결합으로 이루어진 공간의 법칙은 인간 신체의 고유한 수학과 상응하고, 기계적이고 합리적으로 결정되는 운동들이 반복되며 조화가 창출된다〈그림 9〉 참조〉. 다시 말해, 공간과 인간의 신체는 기하학적이고 추상적인 하나의 법칙에 의해 통일성을 갖게 된다. 이처럼 공간의 신체화와 신체의 공간화가 이루어지면서 공간은 하나의 거대한 기계인간이 되고, 인간의 신체는 기계 내부의 작은 기계 부품들로 환원된다.

반대로 라슬로 모호이-너지László Moholy-Nagy는 공간에서 인간을 제거해 낸다. 이는 기계적인 기능은 기계적인 무대장치들이 인간보다 더 잘 수행한다고 여겼기 때문이다. 그의 〈빛-공간 조절기Light-Space Modulator〉(1921~1930)〈〈그림 10〉〉는 일종의 기계 배우인 동시에 무대장치다. 이 장치는 동력장치가 내장되어 스스로 추상적이고 기계적인 형태의 움직임을 창출한다.[31] 빙글빙글 회전하는 이 공간 조각은 빛을 분출하면서 또한 반사한다. 금속과 거울로 만들어진 '빛의 분수'라 할 수 있다.[32] 모호이-너지는 "구축물로서의 인간은 모든 기능적인 장치들의 종합"으로서, 기능적 장치의 일종인 세포 또는 신체기관들의 한계를 인정하고 이를 훈련한다면 인간은 완벽해진다고 믿었다.[33]

〈그림 10〉 라슬로 모호이-너지, 〈빛-공간 조절기〉, 1922–1930, 강철, 플라스틱, 유리, 나무, 모터, 151×70×70cm.

들뢰즈의 추상기계

인간을 기계로 대체하고, 인간이 가지고 있는 유기체적 성격을 제거하려 한 것은 비단 아방가르드 작가들에게서만 나타난 것은 아니다. 프랑스의 철학자 질 들뢰즈Gilles Deleuze는 이 세상에 존재하는 온갖 것들을 기계라고 부른다. 시계 같은 기계뿐 아니라 국가, 법, 제도, 추상적인 것도 기계이며, 음악기계·전쟁기계·얼굴기계·추상기

---

31 이 작품은 1950~60년대 라이트 아트Light art라는 이름 아래 빛의 효과로 시각적 이미지를 창출하는 작업의 기원이 된다.
32 이러한 원리는 안드레아스 바이닝거Andreas Weininger의 〈원형극장Spherical Theater〉(1923), 파르카스 몰나르Farkas Molnar의 〈U-극장U-Theater〉(1924), 그로피우스의 〈총체극장Totaltheater〉(1927) 등과 같은 실제로 '움직이는 건축'에까지 연장되었다.
33 Krisztina Passuth, *Moholy-Nagy*, London: Thames & Hudson, 1985, p. 289

계 등도 가능하다. 하지만 들뢰즈의 기계는 일상적으로 우리가 사용하는 기계 개념과 다르다. "일사분란하게 배열된 부품으로 이루어진 단단한 물건"은 들뢰즈가 '기계론적mecanique'이라고 부르는 것으로 '기계machine'와는 구별된다. 기계론적인 것은 설계된 그대로 오차 없이 형성된 체계이며, 기계적인 것은 엄밀한 체계를 벗어나 있다. 들뢰즈에게 '기계적machinique'이란 표현은 서로 이질적인 것들이 섞여 언제든지 변형될 수 있는, 잠정적이고 우연적인 배치의 상태와 관련이 있다. 기계의 체계성은 동일하게 반복되는 획일적인 체계성이 아니라 일탈과 변이, 차이를 지니는 것이다.

이는 들뢰즈에게 이 세상에 존재하는 모든 것이 하나의 단일한 체계로 규정될 수 없는 '다양체multiplicité'였기 때문에 가능한 것이다. 다양체로서 존재는 다른 것과 관계를 맺어야만 체계성을 지닐 수 있다. 어린아이가 엄마의 젖을 빤다고 할 때, 아이의 입은 젖 빠는 기계가 되는 것이고, 아이의 입은 당연히 엄마의 젖꼭지라는 또 다른 기계와 연결되어야 한다. 기계는 항상 다른 기계와 연결될 때만 기계가 된다. 이를 들뢰즈는 기계의 연접connexion이라 한다.[34]

들뢰즈의 기계 개념이 독창적인 것은 연접 관계가 반대 측면, 단절적인 관계를 포함한다는 사실이다. 어린아이가 엄마 젖을 빨 때 아이의 입이 엄마의 젖꼭지에 연결되어 있는 것은 단지 젖을 얻기 위해서만이 아니다. 엄마의 사랑을 확인하기 위해서, 일종의 성애를

---

34 사실 들뢰즈는 세 가지의 종합에 대해 이야기한다. 연접은 계열을 이루는 항들을 이항적으로 종합하는 것, A and B의 논리라면, 이접은 두 계열의 결합이 서로에 대해 배타적이라 둘 중 하나를 선택해야 하는 A or B의 논리다. 통접은 다양한 계열들을 수렴하여 어떤 하나의 귀결점으로 응집하는 것이다. 들뢰즈의《차이와 반복》2장과《의미의 논리》32계열 참고.

느끼기 위해서이기도 하다. 이 경우 입은 젖을 빠는 기계가 아닌 일종의 성 기계sexual machine인 셈이다. 하지만 입이 젖을 수월하게 빠는 기계가 되려면 입의 다른 기능들을 한정하거나 배제해야 한다. 젖을 채취하는 기계로서의 입-기계는 입의 다른 기계들(성-기계, 공기를 뿜어 내는 입 기계 등)과의 분리를 통해서 형성된다. 이러한 분리 관계를 이접disjunction이라 한다.

기계가 연접에 의해 이루어진다는 것은 곧 이접을 전제한 것이다. 들뢰즈는 이렇게 연접적이면서도 이접적인 관계를 통접conjunction이라고 부른다. 통접이란 연접과 이접을 모두 포함한 것이므로, 결국 기계란 통접적인 관계에 의해 이루어진 체계다. 들뢰즈의 기계에서는 이접을 통해 배제된 것들이 완전히 배제되지 않고 잉여의 부분으로 내재되어 있다. 아이는 젖을 채취하기 위해 엄마 젖을 빨지만, 엄마에 대한 성애의 감정은 자신도 모르게 스며든다. 이것은 젖 먹는 입-기계에는 불필요한 것으로 배제되어야 할 잉여의 부분이다. 하지만 이러한 잉여는 언제든 기계의 연접적인 체계를 위협한다. 따라서 기계가 통접의 체계라는 것은 확고한 체계로서 어떠한 일탈이나 오차도 허용하지 않는 일사분란한 체계라는 근대적 기계론과는 다른 것이다.[35]

이러한 관점에서 보면, 아방가르드 예술에서 표현된 기계형상은 들뢰즈의 '추상기계abstract machine'의 작동으로 설명 가능할 것이다. 추상기계는 단순히 움직이는 수동적인 기계가 아니라, 언제나 새로운 접속을 하는, 항상 창조적인 것으로 이행하는 기계다. 들뢰즈에 의하면, 이 추상기계는 "기능들과 질료들 외에 더 이상 다른 것이 아

---

35 박영욱,《데리다 & 들뢰즈, 의미와 무의미의 경계에서》, 김영사, 2009, 120~125쪽.

닌 양상 모멘트"이다.[36] 즉, 직접적으로 현실화되는 기계가 아니라, 현실화로 나아갈 수 있도록 도와주는 조력자와 같은 기계라는 뜻이다. 다시 말해 독립적으로 실존하지 않지만 무한한 잠재적인 다양성을 지닌 기계다. 그리고 "추상기계들은 연결하고 해체하는 실험의 물질적 과정이다."[37] 이와 같은 연결과 해체는 추상기계의 연접에 의해 가능하다. 여기서 연접은 단순히 A와 B가 하나가 되도록 하는 것이 아니라, A와 B가 결합하여 제3의 무엇을 만드는 적극적인 의미의 것, 곧 새로운 기능을 창조하는 경우를 말한다. 이러한 추상기계는 "구체적인 배치물들 속에서 작동"[38]하는 것으로, 초월적이거나 보편적인 것을 찾아 나가는 것이 아니다. 오히려 추상기계는 이질적인 영역을 가로지르며 연접에 의해서 새로운 규정을 끊임없이 생산해 내는 기계를 말한다. 말하자면 오직 변화와 창조만을 생성해 가는 기계다.

이러한 추상기계의 성격은 회화가 재현에서 벗어나려는 방법과 유사하다. 재현의 회화는 원본과의 유사성과 동일성을 바탕으로 형성되지만, 추상기계는 새로운 규정을 끊임없이 만드는 기계로, 유사성과 동일성에서 벗어나고자 하기 때문이다. 그러나 우리가 일반적으로 추상을 정의하는 방식처럼 추상이 "구상적이지 않은 것", "서술적이지 않은 것", "환영적이지 않은 것", "문학적이지 않은 것"이라는 부정을 통해서via negative만 도달하는 것은 아니다. "추상은 모든 이미지, 형상, 이야기 '내용'을 걷어 낸 빈 캔버스에 도달하는 것

---

36 Gilles Deleuze & Félix Guattari, *Mille Plateaux: Capitalisme et schizophrénie II*, Paris: Minuit, 1980, p. 176.

37 Stephen Zepke, *Art as Abstract Machine*, New York: Routledge, 2005, p. 3.

38 질 들뢰즈 & 펠릭스 가타리, 김재인 옮김,《천 개의 고원》, 새물결, 2001, 971쪽.

을 의미"하는 것도 아니다.[39] 들뢰즈가 설명하는 진정한 추상은 구체적인 형상을 지우거나 걸어 내는 부정not에서 시작하는 것이 아니라, 그리고and에서 출발한다. '그리고'의 반복의 추상은 회화의 형상을 제거함으로써 만들어지는 것이 아니라, 새로운 것의 계속적인 접속을 통해 만들어진다. 다시 말해 일반적인 추상이 비어 있거나 추출하는 것이라면, 추상기계가 작동하는 추상은 집약되어 있고 낯선 다른 가능성들로 채워진 공간이다.[40]

20세기 초 미래주의, 순수주의, 다다이즘, 바우하우스로 이어지는 아방가르드 운동들 사이에서 보이는 기계에 대한 여러 표현들은 이러한 추상기계가 작동하는 추상으로 향하는 흐름으로 읽을 수 있다. 그 안에서 새로운 것들과 끊임없이 접속되며 새로운 형상을 만들어 내고, 하나의 중심 또는 초월적인 것으로 향하지 않고 가로지르며, 비유기적인 생명을 그려 낸다. 이들이 실재적인 어떤 것을 그렸다 하더라도 그것은 재현하기 위해 기능한 것이 아니라, 오히려 도래할 현실, 다른 종류의 실재를 건설하려는 유토피아적 야망에서 비롯된 것이었다.[41]

'아니오'에서 '그리고'의 세계로

지금까지 20세기 아방가르드 예술운동에서 기계인간을 살펴보았지만, 사실 인간과 기계 사이의 연속성을 찾고 결합하는 시도는 17

---

39 존 라이크만, 〈질 들뢰즈의 입장: 추상미술을 보는 새로운 안목〉,《현대미술의 지형도》, 이영철 · 조만영 편역, 시각과 언어, 1998, 71쪽.
40 존 라이크만, 〈질 들뢰즈의 입장: 추상미술을 보는 새로운 안목〉, 74쪽.
41 Gilles Deleuze & Félix Guattari, *Mille Plateaux: Capitalisme et schizophrénie II*, p. 177.

세기로 거슬러 올라갈 수 있다. 그 대표적 예인 자크 보캉송Jacques de Vaucanson의 자동인형은 인간과 동물의 동작과 모습을 재현하는 자동화 장치였다. 물론 17~18세기의 자동인형과 아방가르드 예술의 기계인간 사이에는 차이점이 있다. 자동인형이 단지 인간을 모방하는 기계장치에 지나지 않았다면, 기계인간은 인간의 몸과 기계가 융합된다는 점이다.

역사적으로 보면, 자동인형과 기계인간 사이에 데카르트의 이성이 존재한다. 데카르트는 인간의 몸도 동물처럼 기계적 원리로 작동된다는 공통점이 있지만, 인간이 동물과 구분되는 절대적 조건은 이성이라 했다. 그런데 20세기 초 아방가르드 예술의 기계인간에서는 데카르트가 인간의 몸과 이성 사이에 놓았던 경계선이 과학기술에 의해 파기되고 있다. 아방가르드 예술의 기계인간은 산업혁명 이후 나타난 과학주의에 기대어 인간의 신체에 기계를 흡수시키고, 이성과 기계적 힘을 갖춘 이상적인 인간의 신체를 상정했기 때문이다.

아방가르드 예술의 기계인간은 인간의 이성이 기계를 통제할 수 있으며, 기계가 인간을 보완한다는 유토피아적 사상을 반영한다. 아방가르드 예술가들은 기계가 기존 제도를 전복시키는 힘을 가지고 혁명을 일으킬 수 있다는 신념을 갖고 있었다. 하지만 이는 아방가르드 이후에 다른 방향으로 발전한다. 예를 들어, 1950년대 팅글리Jean Tinguely는 기계에 대한 양극적 태도를 넘어 기계가 지닌 인간적인 면, 그리고 인간에 내재되어 있는 기계적인 면을 화합시키면서 기계와 인간에 대한 복합적인 관점을 제시했다.

또한 1차 기계 시대의 작가들이 사람들을 기계인간으로 표현하여 대도시와 대중사회의 익명성, 탈개성화를 추구했다면, 최근의 여러 미술가 및 영화제작자들은 기계에 각기 다른 개성과 특이성을 부여하여 기계 또는 컴퓨터를 인간적으로 묘사하는 경향이 있다. 1920년대의 여러 기계적 발레에서 보였던 기계와 무용수 사이의 관계도 역전된다. 머스 커닝엄Merce Cunningham이 1990년대에 고안한 '디지털 안무digital choreography'가 그 예가 될 수 있다. 이는 컴퓨터가 안무한 프로그램을 무용수가 그대로 따라하는 것이다. 머스 커닝엄의 이러한 뒤집기는 무용수를 디지털 프로그램의 미학에 맞춘 최초의 창작 디지털 발레였다.

이처럼 기계를 바라보는 관점과 창작 의도가 각기 다를지라도, 20세기 현대미술에서 드러난 기계인간은 '파편화fragmentation'와 '반복repetition'이라는 시각 원리를 통해 구현되었다고 할 수 있다. 이는 신체를 기계 부품처럼 파편화한 모듈module로 재구성하는 것이었다. 이러한 기계인간이 나아간 추상의 방향은 '아니오'의 방향, 즉 형상, 이미지, 이야기의 부재로 나아간 것이 아니라, 새로운 외부의 가능성을 알려 주고 매체 속에 타율성을 끌어들이는 '그리고'의 세계로 나아가는 것이었다. 이렇게 낯선 비유기체적인 생명력과 연관된 유형의 추상화는 아방가르드 예술 시대로부터 멀리 떨어진 오늘날 여전히 포스트휴먼 또는 융복합 예술이라는 이름 하에 여전히 우리가 마주하고 있는 추상인 것이다.

참고문헌

국내 단행본

박영욱, 《데리다 & 들뢰즈, 의미와 무의미의 경계에서》, 김영사, 2009.

에릭 홉스봄, 《파열의 시대》, 이경일 옮김, 까치, 2015.

할 포스터 외, 《1900년 이후의 미술사》, 배수희 외 옮김, 세미콜론, 2011.

국내 논문

박소현, 〈바우하우스의 기계인간: 모더니즘적 신체의 이중성〉, 《현대미술사연구》 15, 2003, 213~252쪽.

존 라이크만, 〈질 들뢰즈의 입장: 추상미술을 보는 새로운 안목〉, 《현대미술의 지형도》, 이영철 · 조만영 편역, 시각과 언어, 1998, 69~92쪽.

천수원, 〈프란시스 피카비아의 기계화 연구〉, 《미술사연구》 11, 1997, 199~224쪽.

허정아, 〈기호로서의 기계이미지와 현대적 시각성: 뒤샹과 피카비아의 작품을 중심으로〉, 《기호학연구》 25, 2009, 571~598쪽.

국외 단행본

Banham, Reyner, *Theory and Design in the First Machine Age*, Cambridge, Mass.: MIT Press, 1980, c1960.

Deleuze, Gilles & Félix Guattari, *Mille Plateaux: Capitalisme et schizophrénie II*, Paris: Minuit, 1980. (《천 개의 고원》, 김재인 옮김, 새물결, 2001.)

Forgacs, Eva, John Batki(trans.), *The Bauhaus Idea and Bauhaus Politics*, Budapest, London, New York: Central European Univ. Press, 1991.

Le Bot, Marc, *Peinture et Machinisme*, Paris: Klinsieck, 1973.

_____, *Francis Picabia et la crise des valeurs figuratives 1900-1925*, Paris: Editions Klinckseick, 1968.

Lebel, Robert, *Marcel Duchamp*, Paris: Trianon Press et éditions P. Belfond, 1959.

Ozenfant, Amédée, *Foundations of Modern Art*, John Rodker (trans.), New York:

Dover, 1951.

Passuth, Krisztina, *Moholy-Nagy*, London: Thames & Hudson, 1985.

Seitz, William Chapin et al., *The Art of Assemblage*, New York: The Museum of Modern Art, 1961.

Spies, Werner, *Max Ernst: Les Collages, inventaire et contradictions*, Paris: Gallimard, 1984.

Zepke, Stephen, *Art as Abstract Machine*, New York: Routledge, 2005.

국외 논문

Baur, John I.H., "Beauty or the Beast? The Machine in American Art," in Jean Lipmad(ed.), *What is American in American Art?*, New York: McGraw-Hill, 1963.

Boccioni, Umberto, "Technical Manifesto of Futurist Sculpture"(1912), in Umbro Apollonio(ed.), *Futurist Manifestos*, London: Thames and Hudson, 1973.

Greenberg, Clement, "Master Léger," in *Modern Art and Modernism*, F. Frascina & C. Harrison(eds.), London: Harper & Row, 1983, pp. 109-114. (조주연 옮김, 〈거장 레제〉, 《예술과 문화》, 경성대학교 출판부, 2004, 118~127쪽.)

Kleist, Heinrich von, "On the Marionette Theatre," Idris Parry(trans.): https://southerncrossreview.org/9/kleist.htm (2019. 11. 30. 접속).

Léger, Fernand, "The Machine Aesthetic: The Manufactured Object, the Artisan, and the Artist"(1924), Fernand Léger, *Function of Painting*, Alexandra Anderson(trans.), New York: The Viking Press, 1973, pp. 52-61.

_____, "The Machine Aesthetic: Geometric Order and Truth"(1925), in Fernand Léger, *Functions of Painting*, Alexandra Anderson(trans.), New York: The Viking Press, 1973, pp. 62-70.

Marinetti, Filippo Tommaso, "The Founding and Manifesto of Futurism"(1909), in Umbro Apollonio(ed.), *Futurist Manifestos*, London: Thames and Hudson, 1973.

Schlemmer Oskar, "Man and Art Figure," in Walter Gropius, et al., *The Theater of the Bauhaus*, Middletown: Wesleyan University Press, 1996.

유동하는 예술:

비엔날레 문화와 현대미술의 미학적 특수성

강수미

이 글은 2014년도 동덕여자대학교 학술연구비 지원에 의하여 수행되었으며 《미학》 제82권 2호(2016. 6)에 게재된 원고를 수정·발전시켜 재수록한 것이다.

상황 변화, 관점 전환

사회적으로 신자유주의 경제와 그에 맞춤인 새로운 개인주의가 기세를 한껏 높인다. 같은 시기, 현대미술을 대표하는 국제 비엔날레 장場에서는 역으로 베네딕트 앤더슨Benedict Anderson의 '상상의 공동체', 토마스 모어Thomas More의 '유토피아'처럼 집단적 삶과 비자본적 정치체제를 강조하는 담론이 유행한다. 전통적으로 이어진 인간적 유대가 누구나 체감할 만큼 광범위하고 심대하게 해체돼 간다. 하지만 그와 비례해 디지털 기술에 기반을 둔 소셜 네트워크 서비스SNS부터 사회 참여적 예술socially engaged art에 이르기까지 다원적인 네트워킹이 사회 전체에 범람한다. 이는 열린 사회의 개방성이 신자유주의 시장경제의 독점 및 양극화로 뒤집혀 실현된 상황을 예증한다. 독점을 규제하는 제도의 철폐와 초국적 글로벌리즘의 이상을 표방하면서 말이다. 그래서 점점 더 공동체는 불안정한 생태와 유동적 공포를 일상화하고, 개인들은 사적으로 미시적인 현실 대처법과 각자도생의 논리에 길들여진다. 고급 vs. 하위, 순수vs. 잡종, 엘리트 vs. 대중, 주류 vs. 주변부, 전문가 vs. 비전문가 같은 차별적 분리로 구축된 기성 문화는 경계를 횡단하고 이질적인 것들을 끌어모아 재가공하는 '잡식성omnivorousness' 또는 '혼합체mixture' 문화에 첨단의 자리를 내준 지 꽤 됐다. 새로운 가치와 의미를 발생시키기보다는 정보/빅데이터의 집중화, 재매개, 재구성, 프로그래밍, 반복과 노출, 검색 가능성이 가파르게 핵심 기능을 대체해 간다. 그런 과정에서 파생 생산되는 이미지와 콘텐츠에는 유연성, 복제 가능성, 확장, 증강, 복합성, 다층성이 주요 속성으로 내재된다. 그것이야말로 산업은 물론 지식, 문화, 예술이 지향하는 가치다. 이에 따라 문화 산물들은 예측 불가능하고 변칙적인 순환 궤도를 흘러 다니는 게 일상이자 운명이 되었다.

이상은 1990년대 말에서 2000년대 초 국내외에 본격화된 사회문화적 현상, 특히 서로 모순을 이루며 맞물려 있는 동시대적 현상을 압축적으로 예시해 본 것이다. 그 현상들은 각각의 원인들로 발생한 동시에 서로 복합적인 양상으로 엮여 있다. 우리는 이를 두 방향에서 논의할 수 있다. 한편으로 동시대의 문제적 사회현상으로서 비판적 분석이 필요하다. 다른 한편, 그것들은 잠재적 의식, 대안적이고 유연한 방식, 자발적이고 자생적인 방향, 역사적 조건 변화의 구체적 대응물로서 그 가능성을 조명할 수 있다. 예컨대 새로운 개인주의가 사회의 해체, 공적 안전망의 붕괴, 공동체를 향한 폭력과 파괴로 연결된다면 문제적 사회현상으로서 검토해야 한다. 그러나 학계나 문화예술계가 새로운 개인주의 현상에 반응해 국가나 민족과는 다른 공동체, 위계나 차별 없는 공존 관계, 미시적 차원의 상호작용, 새로운 삶의 형태와 미적 현존을 탐구한다면 어떨까. 우리는 그러한 탐구를 통해 문제적 현상 안에 잠재된 복합적 성격, 의식의 전환 가능성을 찾아낼 수 있을 것이다.

이 글이 목표로 하는 내용이 그와 연관된다. 요컨대 동시대 사회와 현대미술contemporary art을 상관관계로 놓고 사회적 변동과 미술의 변동이 하나의 역장力場 속에서 전개하고 있는 복잡하고 특이한 양상을 분석하는 데 의미가 있다. 구체적으로는 그러한 양상으로부터 현대미술의 미학적 특수성은 어떻게, 무엇으로 나타나는지를 짚어 보자.[1] 역장의 전개 양상이 한쪽의 일방적인 주도인지 상호 되먹임

1　현대미술의 동적이고 가변적인 경향과 동시대 미술 내적/외적 조건의 특수성에 관

feed-back인지는 미학과 미술이론뿐만 아니라 사회학을 참조해야 한다. 또 그러한 변동의 과정을 거치며 현대미술에는 어떤 내적·외적 특수성이 형성됐는지, 나아가 그 미술이 동시대의 여러 경향들을 어떻게 표현하는지를 역사철학적 관점으로 고찰할 필요가 있다. 이에 우리는 두 학자의 이론을 바탕에 두고 논의를 펼 것이다. 현대사회의 구조적·질적 정체를 '유동성liquidity' 개념으로 파악한 바우만Zygmunt Bauman의 사회학 논점과, 예술작품을 한 시대의 종교·형이상학·정치경제 경향들의 '종합 표현' 장으로 정의한 벤야민Walter Benjamin의 역사철학적 예술이론이 그것이다.

다음으로 초점을 맞출 현대미술의 핵심 현상은 일명 '비엔날레 문화biennial culture'다. 비엔날레 재단Biennial Foundation[2]에 따르면 컨템포러리 아트 비엔날레는 기성의 "일차원적 전시 플랫폼에 맞선" 통합적 조직체이자 "오늘날 전 지구적으로 존재하는 가장 중요한 문화제도"로서 세계 곳곳에서 1년에 150개 이상 열린다.[3] 이미 양적인 수준만으로도 가히 비엔날레 문화라 불릴 만하다. 하지만 2007년 베니스비엔날레, 카셀 도큐멘타, 뮌스터 조각 프로젝트, 아트 바젤 등 대규모 국제 미술행사가 동시다발하자 미국의 영향력 있는 미술비평가 잘츠Jerry Saltz는 '현대미술 그랜드 투어 붐'을 비판하며 '비

한 연구로는 다음을 참조. 강수미, 〈컨템포러리 아트의 융합과/또는 상호학제성 비판〉, 《미술사학》30, 한국미술사교육학회, 2015, 307~337쪽.

2 2009년 11월 12일 네덜란드 정부 지원을 받고 네덜란드 법에 따라 법인으로 설립됐다. 마리케 반 할Marieke van Hal재단 디렉터를 포함한 5인의 운영위원과 대륙별 8인의 자문위원을 중심으로 운영된다. 주요 사업 중 광주비엔날레 재단과 공동 개최한 2012년 제1회 세계비엔날레대회World Biennial Forum N1가 있다.

3 Marieke van Hal, "Bringing the Biennial Community Together," Ute Meta Bauer, Hou. Hanru(eds.), *Shifting Gravity World Biennial Forum No 1*, Hatje Cantz, 2013, p. 14.

엔날레 문화'라는 표현을 썼다.[4] 이는 양적인 문제를 넘어 동시대 문화에서 비엔날레가 행사하는 제도적 힘과 파급 효과를 지적하는 어휘다. 미술사학자 존스Caroline A. Jones도 〈비엔날레 문화와 경험의 미학〉에서 같은 용어를 쓰며 "동시대 미술계의 주체는 동시대 비엔날레가 제공하는 동시대성의 경험을 통해 형성"[5]된다고 주장할 정도로, 그 영향력은 강력하다. 이때 존스의 논점은 '비엔날레 문화'가 17세기 말~18세기에 대 유행한 유럽 그랜드 투어에서 19세기 세계박람회, 20세기 중반~21세기 초 퍼포먼스 및 아트페스티벌로 이어지는 미술사적 계보에 있다는 것이다. 또 비엔날레 문화의 영향으로 동시대 미적 경험의 전환 및 경험 미학의 이론적 변화가 뒤따른다는 것이다. 대표적으로 잘츠의 평이나 존스의 논리를 언급했다. 하지만 국내외 현대미술이론 지형에서는 비엔날레를 현대미술의 지각 변동을 초래한 강력한 인자이자 변화를 주도한 우세 종으로 간주하는 것이 중론이다. 이를테면 미술비평가, 큐레이터, 미술사학자, 미학자 등 분야를 막론하고 논자들은 1990년대 중반 이후 미술의 지정학적 변형이 발생한 인자로 "비엔날레 전시의 부상"을 꼽는다. 또한 그 "확산이 현대미술의 지도를 다시 그리고 경계를 재정의"하는 일을 가속화시켰다고, 미적 형식부터 지식과 경험 구조의 조직에 이르기까지 "엄청난 영향력을 행사"하고 있다고 단언한다.[6] 단순하게

4   Jerry. Saltz, "Biennial Culture," *artnet.com*, 2007.
5   Caroline A. Jones, "Biennial Culture and the Aesthetics of Experience," Alexander. Dumbadze & Suzanne. Hudson (eds.), *Contemporary Art: 1989 to the Present*, Wiley-Blackwell, 2013, p. 192.
6   이상 Alexander. Dumbadze & Suzanne. Hudson, "Biennials," *Contemporary Art: 1989 to the Present*, pp. 169-170; Massimiliano. Gioni, "In defense of Biennials," *Contemporary Art: 1989 to the Present*, pp. 171-177; Caroline A. Jones, "Biennial Culture and the

보면 하나의 국제 미술행사나 전시 기획 방식에 불과한 비엔날레가 그만큼 동시대 글로벌 문화예술의 우세 종으로서 핵심 역할을 하고, 보이지 않는 곳까지 넓고 깊게 효과를 발휘하고 있다는 뜻이다. 그것은 전 지구적 차원의 소통과 교류를 통해 다자적으로 열린 관계를 유지하고 수평적이며 자유로운 이동과 지속 가능한 공존을 주창한 담론적 글로벌리즘의 이상에 부합한다. 하지만 같은 기간 그 이념상을 앞세워 특정 도시·지역·문화권·경제권이 세계에서 주도적인 위치를 차지하게 된 경제적·정치적 글로벌리즘(신자유주의)을 심미적으로 대변하는 형식이기도 하다. 이를테면 글로벌리즘이 세계의 상이한 지역들, 현존의 차이들, 원천과 맥락의 이질성을 상호 유연하게 교통시키는 기초 이념 역할을 하는 동시에 패권적 주체들을 더욱더 우세하게 만드는 실제적 기제였다면, 비엔날레는 그 기제의 전략과 전술을 부드럽게 완충하는 장치로 기능하는 것이다. 그렇다면 무엇이, 어떻게 이 같은 비엔날레 문화를 가능하게 했을까?

비엔날레 문화와 액체 모더니티

최근 20여 년 동안 일어난 현대미술의 구조 변동 및 형질 변경을 넓은 의미에서 동시대 사회의 글로벌리즘과 연동된 것으로 보고, 비엔날레를 그 대표적 문화 현상으로 주목할 경우 가장 두드러지는 특징은 무엇인가. 먼저, 미술이 고정된 공간이나 형식 대신 일시적 시간과 지속적인 운동을 우선시하는 유동성의 조건 아래 집합적으로 대량 제시되고, 집단적으로 대량 소비된다는 점이다. 또 어떤 것

Aesthetics of Experience," pp. 192-201. 인용 및 참조.

도 미술이 될 수 있는anything goes 포스트모던적 이완의 분위기가 담론 장을 넘어 시장으로 극대화되었다. 그러나 반대로 점점 더 커지는 미술의 물리적 규모와 가속화되는 감각의 스펙터클 경쟁에서 보듯 경제적 힘을 축으로 미적 영향력의 양극화가 심화하고 있다. 그로이스Boris Groys는 20세기 말을 전후로 "예술 대량 소비 시대"에서 "예술 대량생산 시대"로 사회 속 미술 지형이 전환했다고 설명한다. 수많은 대중이 비엔날레, 트리엔날레, 도큐멘타, 그리고 관련 정보들을 통해 고급 미술의 제작에 대해 알게 됐고, 그들 또한 아티스트처럼 같은 방식으로 매체를 사용하게 되었다는 것이다.[7] 이는 그때 이후로 대중의 참여 욕망과 취향의 과시가 사회 전반에 승인되고 일반화, 고도화됐다는 점에 비춰 볼 때 맞다. 또 그로이스가 벤야민의 유물론적 예술이론과 유비시켜, 21세기 인터넷 및 소셜 미디어 플랫폼의 발전으로 창작의 개방성과 디지털 기술을 통한 재생산("복사하기와 붙여넣기", "파편화와 다른 맥락에서 재사용") 가능성이 확대된 점을 설명한 맥락에서 타당하다. 그만큼 미술은 대중적으로 경험하고 실행할 수 있는 분야가 된 것이다. 하지만 그로이스 자신이 다른 논문에서 짚은 것처럼, 그런 동시대적 추세에 따라 현대미술 내에는 역으로 막대한 경제력이 없으면 제작부터 전시까지 그 어느 것도 불가능하고, 전시가 안 되면 작품이라는 존재조차 성립하지 않는 냉혹한 질서가 내면화됐다.[8] 이를테면 오늘날 미술은 대중 중심의 다원화된 사회에 섞이면서도 배타적인 권리—모더니즘 미술이 추구했던

7   Boris. Groys, "Marx After Duchamp, or The Artist's Two Bodies," *e-flux* 19, 2010, pp. 1-2/7.
8   Boris. Groys, "Art and Money," *e-flux* 24, 2011, p. 2/9.

것과는 달리 세속적이고 경제적인 권리—를 확보하기 위해 평범한 수준으로는 창작, 향유, 순환, 존속하기 어려운 거대 사업[9]이 된 것이다. 이는 1990년대 이전의 세계 미술계에서는 제한적으로만 이뤄진 일이다. 그 수준 또한 현재와 비교하면 큰 차이가 있다. 그 점에서 현대미술은 질적 측면과 구조적 차원에서 이전과 전혀 다르다.

서구 미술계는 미술에서 다원주의 경향이 강해지던 즈음, 곧 1960년대 또는 1970년대를(시기 지목에는 다소 이견이 있다) 현재 우리가 일컫는 '현대미술'의 맹아기로 본다.[10] 하지만 현대 예술 담론 웹진 〈이플럭스e-flux〉는 '현대미술이란 무엇인가?'에 대한 답을 찾고 그것을 아카이브하기 위해 지난 20여 년의 미술을 조사한 결과, 거기에는 중요한 운동도, 매체도, 지리적 지역도 없었으며 따라서 "예술 활동을 조직하는 어떤 객관적 구조나 기준도 없다"고 결론 내렸다.[11] 이는 미술의 다원주의 경향이 하나의 현상이지 현대미술 형성의 절대 조건이 아님을 말해 준다. 그럼 서구 미술의 미학적 다원화 및 다양화를 넘어, 국내외를 막론하고 실질적인 현대미술의 구조 변동을 견인한 것은 무엇일까? 최근 수십 년 동안 전개된 세계화 또는 전 지구화라고 불리는 질서, 즉 글로벌리즘을 지목할 수 있다. 1989년 베를린 장벽 붕괴를 신호로 한 냉전 종식, 1990년 즈음 중국

---

9 미술 저널 '아트넷 닷컴'은 2014년 "세계적으로 영향력 있는 비엔날레, 도큐멘타 등 상위 20위"를 선정한 기사에서 비엔날레를 "빅 딜, 빅 비즈니스big deal, big business"로 정의했다.

10 테리 스미스, 《컨템포러리 아트란 무엇인가》, 김경운 옮김, 마로니에북스, 2013; 할 포스터·로잘린드 크라우스·이브-알랭 부아·벤자민 H. D. 부클로·데이비드 조슬릿, 《1900년 이후의 미술사》, 배수희·신정훈 외 옮김, 세미콜론, 2012; Alexander. Dumbadze & Suzanne. Hudson, "Biennials," 앞의 책. 등 참조.

11 Julieta. Aranda, Brian. Kuan Wood, Anton. Vidokle, "What is Contemporary Art? Issue One," e-flux 11, 2009.

의 시장 개방이 상징하는 자유무역 경제와 더불어 글로벌리즘이 전면화하는 사이, 이를테면 "미술계는 꼭대기에 하나의 도시를 가진 피라미드에서 제멋대로 뻗어 나가는 수평의 매트릭스"[12]로 변모했다. 또 지난 20여 년간 "창조산업creative industries이 문화 풍경의 거부할 수 없는 부분"으로 등극하는 과정에서 미술은 광고, 서비스, 미디어(영화, 케이블TV부터 비디오 게임, 초고속 인터넷, 소셜 미디어에 이르기까지), 스펙터클 산업과 상호 근친 관계를 형성하며 확장 및 다원화하고 있다.[13] 대표적인 예로 미디어아트 · 퍼포먼스아트 · 설치미술은 그 '전시 가치'의 실용성을 인정받아, 이 시대 대중의 취향에 도전하면서도 대중문화의 상업성을 포기하지 않는 영화제작자 · 음악가 · 공연기획자 등을 끌어들이는 데 성공했다. 여기에 감상자 · 관객 · 사용자 · 참여자 · 소비자 등 오늘날 다양한 이름으로 불리는 수용자audience가 새로운 문화 엘리트로서 과거 엘리트 그룹의 배타적인 취향과는 달리 "고상하고 수준 높은 예술 형식은 물론 대중적 형식을 광범위하게 잠식 소비하는"[14] 쪽으로 이행한 사실을 더할 수 있다. 이렇게 구조적인 변화를 겪는 과정에서 시간성, 운동, 가변성, 민감성, 유연성, 개방성, 신속한 적응력, 단속斷續과 즉흥 같은 유동적인 성질이 미술의 새로운 면모로 부각되고 우세한 미적 가치판단 기준들로 자리 잡았다. 동시에 글로벌리즘 이후 사회 여러 분야들과 마

---

12 Lane. Relyea, "After Criticism," *Contemporary Art: 1989 to the Present*, pp. 357-358.

13 Nato. Thompson, "Living as Form," *Living as Form: Socially Engaged Art from 1991-2011*, p. 29 참조.

14 Richard A. Peterson, "Changing arts audiences: capitalizing on omnivorousness," workshop paper, Cultural Policy Center, University of Chicago, 2005, p. 3/20.

찬가지로 미술도 일시적이고 변칙적인 형식, 파편화되고 임시적인 작용, 유연하고 개방적인 관계, 산포적 확장과 다중 밀집의 운동, 비규정적이고 불특정한 효과를 선호하게 되었다. 정리하자면, 동시대 미술계 구조는 느슨하고 변이성이 높은 네트워크로 바뀌었고, 관계는 상호작용적이되 불확실하고 불안정하며 임의적인 양상으로 전개된다. 미술제도적으로 보자면 "유동적인 협상의 공간에서 발생하는 행위들을 예술작품이라 부를 수 있고, 거기서 작품은 명사보다 동사로 존재하는" 유연화/유동화 과정에 있다.[15] 요컨대 앞서의 유동적 특성들이 미술의 제도적 과정에 수렴되고, 역방향으로는 미술제도가 유동적 특성에 영향 받아 변화한 것이 오늘날 현대미술의 정체인 것이다.

그 같은 전환을 담당한 주축 중 하나가 비엔날레다. 비엔날레는 '대규모 국제 미술 이벤트'라는 예술 제도 속으로 상이한 주체와 지역/집단의 감각, 경험, 미의식, 기억, 태도, 미적 형식과 서사에 존재하는 이질성을 한데 모은다. 동시에 기획의 재매개 과정을 거쳐 그 이질성들을 차이 없는 파편들로 망에 연결하는 '장치' 역할을 해왔다. 이때 장치로서 비엔날레는 아감벤Giorgio Agamben이 푸코Michel Foucault의 개념을 이어받아 다음과 같이 해석한 데 상응한다. 즉 "잠재적으로 무엇이든지 포함하는 이질적 집합 (…) 이런 요소들 사이〔에서 세워지는〕 네트워크"로서 권력관계와 지식 관계의 교차에 의해 발생하고, 구체적 전략을 통해 권력관계에 기입된다고 정의한 그 '장치dispositif/apparatus' 개념에 부합하는 것이다. 더 결정적인 점은 장

---

15 Caroline A. Jones, "Biennial Culture and the Aesthetics of Experience," *Contemporary Art: 1989 to the Present*, 2013, p. 197.

치가 그 같은 과정을 통해 "주체를 생산"한다는 것이다. 앞서 존스가 논했듯이 스펙터클과 체험형 축제가 일상이 된 동시대에 미술계 구성원만이 아니라 거의 모두가 가히 비엔날레 같은bienniallike 문화를 통해 동시대성을 경험한 주체들이라고 해도 과언이 아니다. 그러나 아감벤이 분석했듯 "현 단계의 자본주의"에서는 반대로 "탈주체화"를 통해서 장치가 작동한다는 관점에서도[16] 오늘날 비엔날레와 그 문화를 분석할 수 있다. 궁극적으로 전 세계 비엔날레들이 이념적으로 지향하는 바는 지역 속에서 전 지구적 주체의 생산이다. 하지만 이 "주기적 현대미술전periodic contemporary art exhibition"이 세계 도처에 난립하는 경쟁적 환경과 점증하는 글로벌 자본시장의 힘 때문에 비엔날레들 사이에 작동하는 것은 보이지 않는 헤게모니 쟁탈전이다. 또 전략적 위치선점positioning 싸움으로 헐떡이는 호흡과 과도하게 부푼 신경이다. 그 점에서 비엔날레를 통한 동시대적 경험의 주체화는 곧 비엔날레들의 탈주체화를 통해서 이뤄진다. 1895년 서구 제국주의의 문화예술적 방편으로 첫 출범한 베니스비엔날레를 생각해 보자. 또 한국 현대 정치사의 질곡을 보상 치유할 목적에서 1995년 창설한 광주비엔날레[17]를 비롯해 아바나, 상하이, 요하네스버그, 샤르자 등 20세기 후반~21세기 초 세계화와 다원주의를 등에 업고 전 세계에서 다발적으로 시작된 현대 비엔날레를 보라. 그 배

---

16 이상 장치에 대해서는 조르조 아감벤, 《장치란 무엇인가?: 장치학을 위한 서론》, 양창렬 옮김,, 난장, 2010, 15~18쪽, 28~44쪽 참조.
17 "5·18광주민주화운동으로 인한 도시의 상처를 문화적으로 치유하여(…) 문화·정치·사회적인 여러 명분들이 설득력을 얻으면서 광주시의 적극적인 추진 의지가 받아들여져 광주 개최로 결정되었다."((재)광주비엔날레, 《광주비엔날레 1995-2014》, (재)광주비엔날레, 2015, 12쪽 참조)

경에는 언제나 이미 정치적, 경제적, 문화정치학적 이해관계와 이해타산이 작용한다. 그것이 형태를 갖추고 기능을 발휘하는 과정에서 미술 내적 목적이나 순수한 미학적 결정은 오히려 관건이 아니다. 그것을 초과한 인자, 요컨대 당대의 이데올로기를 용해한 정치경제학적 전략과 사회학적 기술이 지속적이고 강력하게 작동한다. 이와 연관해서 비엔날레 문화 또한 설명할 수 있다.

현대미술이 시간과 운동, 일시성과 가변성, 개방과 적응력 등, 이를테면 유동적인 특성을 띠게 된 배경에는 하나의 전시로서가 아니라 일종의 문화적 패턴으로서 비엔날레가 있다. 우선 모든 비엔날레는 국제 현대미술전의 형식을 취하기에 다국적이며 다자적이다. 국적, 인종, 지역, 정치적 신념, 종교적 배경, 미술사적 양식이나 장르를 가리지 않고 수백 명에 이르는 작가와 그보다 훨씬 많은 수의 작품이 한 전시에 집결한다. 그것을 총괄 감독하는 예술감독 또한 대체로 출신 지역 및 배경과 상관없이 지명된다. 그/그녀는 개최지나 참여 작가 및 작품의 총합에 크게 구애받지 않는 추상적 담론과 주제의 전시 및 프로그램을 기획한다. 둘째, 비엔날레는 갤러리나 미술관처럼 전통적인 전시 공간이 아닌 장소들을—예컨대 지역의 역사적이거나 민속적인 공간, 오래된 기차역이나 폐군용지·공장·상가, 섬이나 도시 외곽 등—예술로 전용한다. 때문에 많은 작품들이 장소 특정적으로 제작되고 일시적으로 전시된 후 폐기된다. 셋째, 하나의 비엔날레에 드는 예산은 수십억 원에서 수백억 원에 이르기까지 막대하기 때문에 다양한 출처의 후원 및 재정 지원은 물론 입장료 수입과 부대사업을 통한 자체 수익 창출 같은 자본력/경제화가 최우선 사항이다. 대표적으로 꼽자면 이상 세 가지가 현대 비엔날레에 공통된 특성이다. 그런데 이와 같은 점들은 필연적으로 미술 전문가뿐만 아니라 감상자의 대규모 이동, 미술작품 및 미술 주류 경향의 주기적·상황적 변화 또는 유행의 순환, 미술계 구조의 외적 열림과 사회적으로 다양한 분야(특히 자본 또는 기업)와의 유연한 관계 맺기, 뛰어난 적응력을 요구한다. 이러한 사실을 근거로 비엔날레를 비판적으로 평하는 이들은 "한 철의 공습"이나 "문화 관광", "문화 엔터테인먼트" 또는 "미화된 아트 페어", "뿌리내림 없는 UFO" 혹은 "맥도널드 같은 문화 프랜차이즈" 등의 용어를 써 가며 비엔날레 문화의 부정적 측면을 강조한다.[18] 하지만 그런 미술 내적 관점의 문제 제기보다 더 중요한 것은, 이상과 같은 비엔날레의 특성이 미술계 자체의 내부 요인 및 독자적 움직임에 따라 이뤄진 것만은 아니라는 점이다. 그와는 달리 비엔날레의 특수한 조건, 나아가 현대미술의 변화는 동시대 사회 전반의 이행과 깊숙하고 촘촘하게 연관돼 이뤄졌다. 바우만을 참조하면 그 이행은 '고체적인 현대solid modernity'에서 '유동적인 현대liquid modernity'[19]로의 세계사적 변화에 미술이 연동한 것이다. 비엔날레가 주도한 현대미술의 이행을 바우만이 "근대 역사에서 여러모로 새로운 단계인 오늘날의 속성"[20]에

---

18 Jerry. Saltz, "Biennial Culture," *artnet.com*, 2007; Alexander. Dumbadze & Suzanne. Hudson, "Biennials," pp. 169-170; Massimiliano. Gioni, "In defense of Biennials," p. 172.

19 국내 여러 번역과 논문은 '리퀴드 모더니티liquid modernity'를 '액체 근대'로 옮긴다. 'liquid'의 번역어로 '액체'는 무리가 없다. 하지만 바우만의 논리로 볼 때 'modernity'는 특정 시대로서 과거의 한 지점만을 지시하지 않고, '고체적인' 첫 번째 국면의 모더니티와 '액체적인' 두 번째 모더니티를 포괄하며, 그중 리퀴드와 결합하는 모더니티는 현재 국면을 의미한다는 점에서 '근대'는 번역어로 접합하지 않다. 지그문트 바우만, 《유행의 시대: 유동하는 현대사회의 문화》, 윤태준 옮김, 오월의봄, 2013 중 〈옮긴이의 말〉, 22쪽 참조. 본 글에서는 번역서를 인용하는 경우 외에는 '액체 근대' 대신 '유동하는 현대' 또는 '유동적 모더니티'를 혼용하겠다.

20 지그문트 바우만, 《액체 근대》, 이일수 옮김, 강, 2010, 9쪽.

적합한 은유라며 제시한 '유동성/액체성' 개념을 통해 분석해 보면 이는 더 분명해진다.

1980년대 후반에서 1990년대 초반까지 포스트모더니즘의 조건을 분석해 그 분야에서 고전이 된 바우만은, 2000년대 들어 유동적/액체 모더니티라는 두 번째 모더니티 또는 모더니티의 현재 국면에 관한 이론으로 논점을 전환했다. 이는 그가 이전 사회와 동시대 사회 간에 커다란 간극이 발생했음을 파악한 데 따른 결과다.

> 나는 다른 저자들이 '포스트모더니티', '후기 현대late modernity', '2차 second 현대' 또는 '초hyper 현대'라는 말로 묘사하는 현대의 현재 상태를 '유동하는 현대'라는 용어를 써서 표현한다. (…) 통제되지 않고 강박적인 '현대화', 자체 추진력, 그리고 자기강화가 현대를 '유동적'이게 하고, 따라서 그러한 명명이 정당화된다.[21]

바우만에 따르면 앞선 현대가 '고체의' '무겁고' '견고한' 모더니티라면, 동시대는 '액체의' '가볍고' '부드러운' 모더니티다. 그의 저작들은 극적으로 다르게 정의되는 이 두 모더니티를 시기상으로 명확하게 구분하지 않는다. 대신 바우만은 일관되게 "현재"라는 전제 하에 동시대적 이데올로기 또는 조류로서 글로벌리즘을 핵심 원인으로 삼아 그 둘을 나눴다. 이전의 모더니티는 전통, 관습적 권리, 계급 관계, 차별적 질서, 의무처럼 사회에서 딱딱하게 굳은 것들을 "새롭고도 향상된 견고한 것들"로 교체하기 위해 전자를 유연화/액화하는 과정이었다. 그 점에서 얼핏 이후의 액체 모더니티와 유사한

---

21 지그문트 바우만, 《유행의 시대: 유동하는 현대사회의 문화》, 22쪽.

측면이 있어 보인다. 하지만 바우만은 앞선 모더니티를 궁극적으로 더 안정적이고 견고한 고체성을 향해 나아가는 과정(진보)의 액화라고 설명한다. 그와 달리 동시대의 모더니티는 공간 대신 시간, 정주 대신 유목, 준거집단 대신 보편적 비교, 안정적 영토 대신 상호작용의 탈영토화에 몰두한다. 후자의 액체 모더니티는 진보에 대한 확신이 회의와 불확실성의 증대로 뒤집히고, "세상을 앞으로 가게끔 하는 힘이 뚜렷하게 부족"해진 대신 불확정성과 비영속성이 지배적이 되면서 전개되는 시대사적 변화라는 것이다.[22] 여기서 사회학자로서 바우만의 입장은 명확하고 일관된다. 그는 합리성과 체계성을 중심화했던 과거 고체 모더니티 이후 '부정적 지구화' 속에서 창궐한 유동적 공포, 통제 불능으로 범람하는 탐욕, 승자독식 환경, 현재의 불안과 미래의 불확실성 등을 꼬집는다. 그 사실들을 근거로 사회 비판에—그러나 바우만에게 고체 모더니티 또한 긍정이나 향수의 대상은 아니다—초점을 맞춘다. 논자들이 그의 연구를 두고 글로벌리즘의 현 실태에서 '액화liquefaction' 개념을 추출하고, 그것을 통해 "근래 글로벌리즘의 조치와 대립으로 인한 위험, 공포, 불확실성"을 동시대 사회의 실체로 해명했다고 논평하는 이유가 거기에 있다.[23]

우리가 바우만을 참조하는 이론적 맥락도 이로부터 찾을 수 있다.

---

22 지그문트 바우만, 《액체 근대》, 215쪽.

23 Nicholas. Gane, "Zygmunt Bauman: Liquid Modernity and Beyond," *Acta Sociologica* 44-3, 2001, pp. 267-275 중 p. 267. Sean. Scanlan, "Review: Zygmunt Bauman, Liquid Times: Living in an Age of Uncertainty," *Journal of American Studies* 43-01, Cambridge University Press, 2009, *Liquid Modernity*(2000); *Liquid Love*(2003); *Liquid Life*(2005); *Liquid Fear*(2006); *Liquid Times*(2007); *Liquid Surveillance*(2012) 등 바우만의 저작 대부분이 'liquid'를 표제어로 한다. 국내에는 순서대로 《액체 근대》(2009), 《리퀴드 러브》(2013), 《유동하는 공포》(2009), 《모두스 비벤디》(2010), 《친애하는 빅브라더》(2014)로 번역 출간돼 있다.

요컨대 앞서 논한 현대미술의 구조 변동 및 비엔날레 문화의 속성과 사회학의 관점에서 짚은 동시대 글로벌리즘의 사회적 변형/변성이 밀접한 상관성을 갖기 때문이다. 동시대의 핵심 속성으로 "사회 구조의 거의 모든 형식에 뿌리가 없다는 의미"[24]의 유동성을 지목한 바우만의 사회학 이론은 특히 비엔날레의 이동성과 교차시키면 우리에게 거시적인 안목과 비판적 판단을 제공한다.

비엔날레의 이동성을 생각해 보자. 2년을 주기로 세계 각국/각지의 작가, 작품, 미술 전문가, 관객, 나아가 온갖 문화적 산물과 행위가 집결과 분산을 반복하게 된다는 점에서 그것은 이동성을 내재한다. 그리고 하나의 비엔날레는 특정 지역/도시를 기반으로 하지만,[25] 세계 150여 개 비엔날레 전체를 기준으로 보면 그것이 전 지구의 도처에서 끊임없이 일어나기에 현대미술의 집합적 이동성은 가공할 수준이라고 봐야 한다. 단언컨대 '비엔날레 문화'가 상징하듯 그 미술제도의 파급력 및 효과가 단속적으로 이어지면서 미술의 구조 및 작용은 항구적 불안정 상태가 되고, 그에 따라 미술 자체가 항상 유동적인 것이 된다. 그런 차원에서 비엔날레 중심의 동시대 미술을 '유동하는 예술Liquid Art'이라 명명할 수 있을 것이다. 바우만의 관점을 참고로 볼 때, 이 같이 유동하는 예술에서 특히 문제인 부분은 글로벌리즘의 압력 아래 "시스템의 변함 없는 자기 재창조", 또 "문화

---

24 Raymond L. M. Lee, "Bauman, Liquid Modernity and Dilemmas of Development," *Thesis Eleven* 83, 2005, pp. 61-77 중 p. 61.

25 예외적으로 '마니페스타Manifesta'는 유럽 여러 도시를 순회하고, '이머전시 비엔날레Emergency Biennale'는 여행 가방에 작품을 담아 세계 각지를 떠돌며 현장의 다급한 문제를 전시와 워크숍으로 다룬다.

의 항상성이라는 비전"이 불가능해진다는 점이다.[26] 이를테면, 미술이라는 체계의 자기 해체 및 재창조 활동이 변증법적으로 이어지는 대신 세계 도처에서 2년 계약으로 시작과 끝을 반복하며 유랑하는 미술문화가 만연하는 것이다. 국제 미술계에서 주요 비엔날레 기획을 도맡아 온 다국적 큐레이터들은 "비엔날레가 관습적이고 제도적인 체계를 넘어 대안적 공간들을 발명하려는 지속적인 시도들을 대변"한다고 자평한다. 하지만 전 지구적으로 작동하는 미술 시장과 상업성에 매몰된 평가 기준, 미디어의 유명인사가 된 소수의 작가 및 큐레이터 위주로 돌아가는 글로벌 미술계 회로, 정치인들이 글로벌 이익 추구를 위해 문화와 예술을 '부드러운 외교soft diplomacy' 수단으로 사용하는 경우 등 글로벌리즘의 정치경제학적 압력으로 인해 비엔날레는 물론 미술의 체계 전체가 피로해졌고 어려움에 처했다.[27] 그것은 시간이 지나면서 과도하게 개입한 상업성, 상품화한 문화 관광, 잡식성의 스펙터클, 미적 판단의 유연성이라는 내부와 외부의 강압에 밀려 정신 분산적이고, 불분명하고, 파편적이고, 부서지기 쉽고, 결국은 허구적인 집합체로 자신을 드러낸 것이다.

여기서 더 나아가 "부드러운 자본주의soft capitalism로 보이는 글로벌 신자유주의"[28] 경제체제가 전 지구적, 탈지리적 차원에서 학계 및 문화예술계 엘리트들의 어휘와 인식 틀을 변화시킨 점에 주목하자. 사람들은 이제 행위는 물론 사유까지 춤·안무·서핑·유목 같은 용어

---

26 지그문트 바우만, 《유행의 시대: 유동하는 현대사회의 문화》, 54쪽.

27 Ute. Meta Bauer, Hou. Hanru, "Shifting Gravity," *Shifting Gravity World Biennial Forum No 1*, 2013, p. 18 참조.

28 Nigel. Thrift, "The rise of soft capitalism", *Cultural Values*, 1997, p. 52를 지그문트 바우만, 《액체 근대》, 246쪽에서 재인용.

로 표현하기를 선호한다. 또 조직 · 명령 수행 · 책임 · 지휘 감독 · 관리 등의 용어보다 팀 · 제휴 · 협업 · 연대 · 참여 · 느슨한 공동체 같은 말이 더 정치적으로 올바르고 좋고 세련된 삶의 방식과 태도, 가치를 표상한다고 미리 가정한다. 그와 연관해서 무겁지 않고 일시적인 관계, 유동적이고 부드러운 형태, 캐주얼하고 개방된 시스템을 긍정한다. 거기서 새로운 개인주의, 유연한 연대의 공동체, 수평적이고 즉각적인 상호작용이 가능해지고 유지될 수 있다고 보기 때문이다. 하지만 그 어휘나 인식은 이면에서 "안정과 확고한 헌신, 미래의 자격을 내재하지 않은, 그저 특정 기간 동안만 유지되거나 다시 갱신해야 하는 계약, 사전 통고 없는 해고, 일체의 보상 없음을 조건으로 제시하는 일자리들"[29]에 동의하고 미화하는 행태의 가림막이다. 동시에 동시대인들의 잠재의식 속에 불확실성과 불안정성, 무기력과 자포자기, 회의감, 불신, 신경증, 불안한 외부 조건에 직면해 사적 내면으로의 퇴각 욕구를 심화시킨다.

비엔날레라는 제도 자체가 전 지구적, 탈지리적 차원에서 위와 같은 시스템으로 운영된다. 전 세계 비엔날레 정치학을 조망해 보면 베니스비엔날레나 카셀 도큐멘타 같은 "제1세계" 비엔날레는 누적된 비엔날레의 피로감에 대한 대안으로 반제국주의, 후기식민주의, 다문화주의, 다원주의를 연이어 주제화하면서 역사적으로 주류에서 배제돼 왔던 "제3세계" 미술, 예컨대 사회주의 쿠바의 미술이나 아프리카 작가들의 미술을 일회용/관광용 쇼케이스로 쓴다.[30] 반

29 지그문트 바우만, 《액체 근대》, 257쪽.
30 Dermis P. León, "Havana, Biennial, Tourism: The Spectacle of Utopia," *Art Journal* 60-4, 2001, pp. 68-73 중 pp. 71-72.

대로 광주나 아바나 같은 지역의 비엔날레는 끝날 것 같지 않은 글로벌 경제위기와 문화정치의 살얼음판에서 살아남기 위해 지역성을 곁들인 전 지구적 테마에 매달리고 국제 미술 정세에 일희일비할 수밖에 없다. 예술감독을 비롯해 구성원 거의 전부가 특정 기간 동안만 계약관계 하에서 일하고, 전시 주제 및 형식은 담론의 유행과 타 비엔날레와의 차별화를 고려해 매번 새롭게(그러나 우세한 문화 패턴을 따라) 고안된다. 하지만 일정한 범주 바깥을 나가기는 힘들다. 참여 작가와 작품은 그 범주 내에서만 반복적으로 선정되거나 후보군으로 떠돈다. 거기에 들지 못하는 경우는 동시대 미술의 '나머지/잔여'로서 아예 그 존재조차 불투명하다. 결과/성과는 입장객 수, 미디어 노출 정도, 사후보고서 등으로만 평가된다. "차르 같은 절대 독재 권력을 행사하는"[31] 예술감독/큐레이터가 전시의 성공과 실패에 대한 책임을 지는 일은 거의 또는 전혀 일어나지 않는다. 한 국제 큐레이터는 이와 같은 조건을 보수적 질서의 미술관과는 전적으로 다른 "자유의 조건(그러나 누군가는 처벌 없음과 무책임으로 생각할)"이자 "특권적 포지션"이라며 긍정했다.[32] 하지만 이렇게 2년 단위로 모든 것이 변경되는 유동적 예술 세계, 모든 것이 미결정성과 모호한 경계들 사이에서 진행되는 액체적 예술 세계에서 신뢰, 안정성, 유대, 깊이, 헌신은 불가능하다. 대신 항상적 교체, 경쟁, 우선순위, 일회적 관심과 노출, 엔터테인먼트산업 같은 스타 시스템(유명 작가와 '비행기에서 비행기로 날아다니는' 큐레이터), 테마 파크 또는 대형 쇼핑몰 같은 미술 전시 체제 및 미적 경험의 소비가 주요한 역학을 이루고

---

31 Jerry. Saltz, "Biennial Culture," *artnet.com*, 2007.
32 Massimiliano. Gioni, "In Defense of Biennials," p. 172.

핵심 속성이 된다.

이상 우리가 파악한 논점들은 사회적인 것과 현대미술적인 것으로 따로 분리시켜 그 원인과 효과가 만들어진 것이 전혀 아니다. 사실은 서로 영향을 주고받는 가운데 벌어지는 면모들이다. 바우만은 유동하는 현대 도시의 추동 인자가 "대치 상황"에 있다고 했다. 이를테면 전 지구적인 것과 지역적인 것이, 문화적 다원주의를 외치는 서로 다른 정체성들이, 세포 단위로 쪼개진 요소/존재/공동체가 "서로 만나서 부딪히고 싸우며, 만족스럽거나 겨우 참을 만한 해법(…)을 모색하는 무대나 전투장"이라는 말이다.[33] 비엔날레는 그런 대치를 극적으로 상연하는 무대거나 격화하는 전투장, 심층적으로는 그 속성의 문화예술 제도/장치다.

그러나 위와 같은 점을 인지하면서 동시에 다른 관점을 찾아볼 필요가 있다. 그 경우 비엔날레는 현재를 종합적으로 "표현"함으로써 우리로 하여금 동시대성 또는 동시대적 진면모를 지각하고 통찰에 이르게 하는 미학적 시공간이자 비판성을 지닌 집단적 구성물로서 조명된다.

글로벌 현대미술의 미학적 특수성

비엔날레가 글로벌 자본주의의 영향권 안에서 부흥하고 현재와 같이 활성화한 것은 맞다. 하지만 동시에 그것은 동시대 문화정치학의 가장 유효한 수단 중 하나로 부상했다, 나아가 점차 현대미술이

---

33 지그문트 바우만,《모두스 비벤디: 유동하는 세계의 지옥과 유토피아》, 한상석 옮김, 후마니타스, 2010, 131쪽.

종합적인 차원에서 사회와 연결되는 크고 다채롭고 유연한 플랫폼으로 성장했으며 유형화되었다. 2010년 광주비엔날레와 2013년 베니스비엔날레 예술감독을 연이어 맡으며 '비엔날레 문화'를 주도했다고 해도 과언이 아닌 큐레이터 지오니Massimiliano Gioni의 비엔날레 스케치를 들어 보자.

> 1990년대 비엔날레 현상의 폭발, 전문가로서 큐레이터의 출현, 대학의 큐레이터 코스 개설, 뒤이어 현대미술과 결부된 새로운 교육적 접근이 있었다. 그 결과, 주기적으로 되풀이되는 쇼라는 전시 모델이 포괄적이고 인상주의적인 비평과 빈번히 동반했다. 역설적이게도 비엔날레가 열리는 동안 끝없이 이어지는 라운드테이블이 마련되고, 결과적으로 그 자체로 하나의 장르가 되어 버린 메타 성찰의 과잉이 이어졌다.[34]

현대미술 전문 큐레이터로서 지오니는 담론 장, 교육 장, 자기성찰의 장까지 겸하는 현대 비엔날레의 위와 같은 확장 과정과 유형화를 지지하기보다는 "비엔날레는 다만 궁극적으로 하나의 거대한 전시"라는 입장이다. 하지만 현장 큐레이터의 관점을 넘어 그 형식 및 과정을 분석하면, 비엔날레라는 거대한 전시 안에서 미술의 정치경제학적 교류가 일어나고, 사회적·역사적 현존의 감각 지각적 표현들이 집합하는 동시에 구성/재구성돼 왔다는 사실을 강조하지 않을 수 없다. 그래서 "부분적으로는 스펙터클이며 부분적으로는 사회역사적인 사건이며 일부분 구조적인 방안이기도 한 전시들"[35]이라는

---

34 Massimiliano. Gioni, "In Defense of Biennials," p. 171.
35 Reesa. Greenberg, Bruce W. Ferguson, Sandy. Nairne, "Introduction," Thinking about

주장이 타당성을 갖는 것이다. 이러한 관점을 비엔날레/현대미술 전시에 관한 비판적 이해로 발전시키는 데 벤야민의 역사철학적 예술 이론이 참고가 된다.

잘 알려져 있다시피 벤야민은 논문 〈기술복제시대의 예술작품〉에서 19세기까지 서구 예술을 지탱하던 제반 조건들이 20세기 사진과 영화 같은 재생산 기술technischen Reproduzierbarkeit · technological reproducibility을 통해 완전히 변한 상황, 그에 따라 예술작품의 존재 방식부터 기능까지 전면적으로 달라진 역사적 상황을 해명했다. 요컨대 "제의가치"를 목적으로 유일무이하게 존재하던 예술작품은 기술적으로 형질 변경되면서 다양한 시간과 공간, 맥락, 상황, 배치 속에서 "전시 가치"를 획득하고, 그렇게 해서 이전과는 다른 사회적 기능을 발휘할 수 있다는 것이다. 그런데 우리는 특히 벤야민이 19세기 이전까지의 위대한 예술작품들이 사진, 영화, 녹음 같은 복제(재생산) 기술을 통해 "개인의 창조물"에서 "집단적 구성물"로 전환됐다고 본 데 주목할 필요가 있다.[36] 이는 20세기 초반 복제 기술이 산업적, 상업적, 그리고 사회적으로 널리 유통되자 당시 사람들이 과거 위대한 작품의 전체 또는 부분을 사진, 영화, 포스터, 광고, 라디오방송, 음반 등을 통해 변형 가공하고 새로운 맥락과 배치 속에서 사용할 수 있게 됐다는 뜻이다. 벤야민은 그 같은 변화가 단지 기술(하부구조)의 발전에 대한 문화예술(상부구조)의 '반영'이 아니라, 시대의 여러 경향들이 심층 상호작용하면서 빚어지는 것이요 예술이

Exhibitions, Routledge, 1996, p. 2를 한스 울리히 오브리스트, 《큐레이팅의 역사》, 송미숙 옮김, 미진사, 2013, 12쪽에서 재인용.

36   발터 벤야민, 《기술복제시대의 예술작품: 사진의 작은 역사 외》(발터 벤야민 선집 2), 최성만 옮김, 길, 2007, 189쪽.

그것을 지각 가능한 상태로 주조해 '표현'하는 것이라 설명했다. 그리고 억압 받는—명시적으로는 20세기 초 독일을 비롯한 유럽의 민주주의 몰락과 파시즘 전쟁—집단은 그처럼 자신들의 시대적 경향을 집약하고 있는 예술을 숭배하는 대신 자유롭게 사용함으로써("정치 속에서 기능 전환함으로써") 해방에 이를 수 있다고 주장했다.[37]

우리에게는 벤야민의 위 논의를 동시대적 조건에 맞는 것으로 발전시킬 과제가 있다. 요컨대 20세기 말~21세기 초에 이르면 집단적 구성물이 사진이나 영화의 방법론 너머, 또 특정 시간이나 공간, 집단, 이념 등에 한정되지 않고 모든 것을 그러모으고 어떤 것도 변용시킬 수 있는 동시대적 조건으로 이행한 맥락을 분석할 수 있다. 우선 그 이행의 변화는 디지털 테크놀로지 환경, 글로벌 자본주의의 비즈니스 구조, 동시대 미술과 미학의 조건을 가로질러 논한 조슬릿 David Joselit의 다음과 같은 설명이 말해 주는 것이다.

이제 문제는 어떻게 미술작품들이 활동의 집합체를 수집하느냐와 배열하느냐다. 즉, 미술작품이 전시나 행위 과정을 통해 한 상태에서 다른 상태로 변화하면서 다양한 정보적 오브제를 생산하는 법에 걸려 있다. 현실 공간에서 검색 엔진이 작동하는 것처럼, 미술작품은 MP3 플레이어가 전자적으로 이미지를 번역, 리포맷팅, 트랜스포팅하는 능력들을 전시한다.[38]

---

37 발터 벤야민,《기술복제시대의 예술작품: 사진의 작은 역사 외》, 204~207쪽과 강수미, 《아이스테시스 – 발터 벤야민과 사유하는 미학》, 글항아리, 2011, 226~255쪽 참조.
38 David. Joselit, "Conceptual Art 2.0," *Contemporary Art: 1989 to the Present*, p. 163.

현대미술의 관건은 미술작품들을 독립적이고 독자적인 자리에 두고 감상자가 그 고유한 미적 가치 및 질을 미적으로 숭배 또는 향유하도록 하는 데 있지 않다. 오히려 미술작품들이 일련의 사회적 활동을 모으고 저장하고 (재)배치하고 끊임없이 다양화하는 역량을 갖도록 하는 일, 구글 같은 글로벌 비즈니스 기업의 검색 엔진이 그렇게 하듯이 온갖 이질적인 것들이 미술 플랫폼을 들고 나면서 유연하고 다중적으로 번역, 리포맷, 변이성mutability을 실행하도록 하는 것이 관건이다. 이를테면, 엄청난 양과 다양한 유형의 정보를 저장할 수 있는 능력, 유연한 형태의 정보들에 무한히 접근하고 변형할 수 있는 협업 시스템과 팀워크, 빅데이터의 잠재력이 현대미술에서도 가장 중요한 문제가 되었다.[39] 조슬릿은 이와 같은 힘이 인터넷 영역에서 "검색 가능성"이라면, 글로벌 자본주의는 "밀집화densification"를 통해서, 현대미술은 비엔날레나 아트 페어 같은 "문화적 밀집화의 책략"을 통해서 그 힘을 구축한다고 주장한다.[40] 하지만 우리가 정확히 할 것은 이 세 영역이 조슬릿의 분석처럼 유사성이 있는 별개가 아니라 서로 밀접하게 상호작용하는 연관체라는 점이다. 또 그것이 연관돼 작용하는 이상 현대미술 속에 수집·배열·검색되는 것, 이어서 다양한 문화 지점들로 번역, 리포맷팅, 트랜스포팅, 중층결정되는

---

39 반대로 현대미술의 관점에서 글로벌 자본주의 비즈니스 모델을 설명할 수도 있다. 예컨대 "서비스 및 지식 분야에서는 사회적 능숙함, 팀워크, 협업이 핵심이다. 그 모두가 낭만적인 예술가들의 레퍼토리에 속하는 것으로서 자기조직화, 유연성, 창조성과 같은 것이다. 그런 의미에서, 사회실천적 미술은 오늘날 기업의 사업적 이상에 가깝다." Maria Lind, "Returning on Bikes: Notes on Social Practice," Nato Thompson(ed.), *Living as Form: Socially Engaged Art from 1991-2011*, Creative Time Books, 2012, pp. 46-55.
40 David. Joselit, "Conceptual Art 2.0," p. 161.

것들이 바로 공간과 시간의 한계를 넘어, 원천과 맥락에 구애받지 않고, 선적 질서나 위계 관계로는 가늠할 수 없는 이질성을 내속한 동시대의 집단적 구성물이라는 점이다. 그것을 비엔날레는 한시적이지만 주기적으로 반복되는 시간성, 지리적 경계보다는 문화적 변이 추이를 따르는 지형학, 대규모 집합과 감각의 종합적 배치를 목표하는 기획 방향, 메타 성찰과 담론 지향성, 심미적 숙고와 관조 대신 일시적 경험과 열린 참여를 독려하는 잡식성/혼합체 예술 중심으로 감당한다.

사실 앞에서 살폈듯이 비엔날레는 그 특정적이고 독점적인 시스템을 통해 동시대 예술의 규범부터 의미까지 가변적으로 구성·지속·해체·재조직하는 과정을 주도적으로 수행한다. 현장의 큐레이터는 이를 "동시대 세계의 비전을 강요할 뿐만 아니라 계보나 역사를 재정의하는 비엔날레의 특성"[41]에 기인한 것으로 설명하지만 말이다. 나아가 그 형식 안에서 시각적 장관부터 사회역사적 이벤트와 지역적이고 전 지구적인 차원의 여러 역할(비평, 메타비평, 연구, 교육, 제도)을 전개한다. 이제까지 베니스비엔날레, 광주비엔날레, 마니페스타, 카셀 도큐멘타 등 국제적 영향력을 확보한 비엔날레는 "우선은 지역적으로, 궁극적으로는 전 지구적으로 정치·경제·환경적 조건의 파동으로 만들어지는 역학에 마치 흐르는 것처럼 스스로를 움직이고 조정하면서 대응"[42]하는 방식으로 성장해 왔다. 그리고 이스탄불, 상하이, 샤르자, 싱가포르, 타이베이, 시드니, 고베, 광저우,

---

요코하마 등 지역 기반의 비엔날레들은 "아시아" 또는 "주변부"에 대한 서구 중심의 역사적, 관습적, 차별적 선입견에 근거한 인식을 깨고 비엔날레가 "동시대 조건에서 주변 지역들margins이 다양한 가능성들을 제시"[43]하는 장이라는 입장을 내세워 스스로를 활용해 오고 있다. 물론 바우만이 비판하건대 "부정적으로 지구화된 세상에서 가장 근본적인 문제는 모두 전 지구적인 것이며 (…) 지역적인 해결책은 없으며 또 있을 수도 없다"[44]는 것이 진실일지 모른다. 그런 한 비엔날레들이 글로벌리즘의 파동에 편승하는 경우란 곧 부정적인 글로벌리즘의 예술적 반영이 되는 것일 것이다. 또한 지역에 기반을 둔 비엔날레들이 '주변부'로서의 다양한 가능성을 현대미술로 제시한다는 목표도 수사에 불과하거나 불가능한 희망에 가까울 것이다. 하지만 지난 20여 년 동안 현대미술이 비엔날레라는 장치를 통해 현실 사회/공동체/세상과 적극적이고 변화무쌍하게 상호작용함으로써 스스로를 다원화하는 동시에, 사회의 여러 다른 분야를 통해서는 해결하지 못하는 문제를 미적/예술적으로 풀어 나가는 실천을 거듭해 온 결과가 영점zero degree은 아니다. 그것은 바우만 자신은 액체 모더니티 논의를 성장이론development theory과 접목시키지 않았지만, 그 비판적 고찰로부터 고체 모더니티와 액체 모더니티의 상호작용을 통한 사회 변화 및 성장의 가능성을 타진하는 실천들[45]처럼 특별한 생산성과 변화를 만들어 냈다.

특히 그간 미술계에서 매우 빈번하고 집중적으로 마주치고 있는

43 Hou. Hanru, ""Asia" and Its Margins," *Shifting Gravity World Biennial Forum No 1*, p. 94.
44 지그문트 바우만, 《모두스 비벤디: 유동하는 세계의 지옥과 유토피아》, 45쪽.
45 Raymond L. M. Lee, "Bauman, Liquid Modernity and Dilemmas of Development," pp. 67-70 참조.

미술(작품, 전시)이 많은 경우 탈오브제, 비물질, 행위, 공연, 시간을 근간으로 한 것들이라는 점을 환기하자. 또한 비숍Claire Bishop이 조명한 것처럼, 현대미술이 1990년대 이후로 '참여'와 '협업', '글로벌 지역들의 다중'에 예술적 관심과 실천을 집중시키면서 스튜디오, 갤러리, 미술관을 벗어나 "확장된 장expanded field"으로 이행했음을 새길 수 있다. 20세기 후반부터 본격적으로 유행한 사회실천적 미술, 사회적으로 연계된 미술, 공동체 기반의 미술, 실험적 공동체, 개입주의 미술, 참여 예술, 협업 예술, 맥락 예술, 사회적 실천 등 다양한 미술 유형에서 그 어휘가 표현하는 것은 미술의 일시적 유행이 아니라 동시대 미술에서 인식 틀 및 행위의 집합체가 달라졌다는 사실이다.[46] 그리고 결정적으로 비엔날레가 주도하는 동시대 미술 경향 내부에서 끊임없이 그러나 매번 다른 양태로 특유의 예술 실천이 국제 미술계의 힘의 균형을 흔들어 가며 전개된다는 점을 강조할 필요가 있다.[47] 그것은 '세계화/글로벌리즘의 조건 아래 개인에서 집단적 주체와 공동체의 현존에 이르기까지, 자아에서 정체성의 문제에 이르기까지' 비판적으로 탐색하고 새로운 가능성을 타진하는 실천이었다. "오늘날, 미술계는 해방의 프로젝트들, 참여 행위, 급진적 정치

---

[46] Claire. Bishop, *Artificial Hells-Participatory Art and the Politics of Spectatorship*, Verso, 2012, p. 1.

[47] 예컨대 포스트식민주의 이후 글로벌리즘, 다문화주의, 문화 다양성과 차이를 주제화한 가장 선구적이고 중요한 기획으로 꼽히는 2002년 오쿠이 엔위저Okwui Enwezor 예술감독 기획, 도큐멘타 11Documenta 11은 플랫폼 1을 민족적-국가적, 사적-집단적 주체성을 위한 공간으로 제시했다. Okwui. Enwezor, "Introduction," Okwui. Enwezor(ed.), *Democracy Unrealized: Documenta 11_Platform* I, Cantz, 2003, p. 13. 또한 Cornelia. Klinger, "The subject of Politics-the Politics of the Subject," *Democracy Unrealized: Documenta 11_Platform* I, p. 285.

태도의 장소가 되었다"[48]는 판단은 그래서 미술의 정치화를 단언하기 위해서가 아니라 동시대 유동하는 예술의 다이너미즘, 인터액션 및 네트워킹 능력, 확장성과 잠재력을 인정하는 미학적 판단으로 읽힌다. 나아가 그것을 강화하기 위한 기초 인식이라고 말할 수 있다. 결론적으로 현대미술은 미적 형식상 모호하면서도 경험상으로는 구체적이고, 사적 경험을 중시하면서도 사회적 의식과 실천력이 높고, 타자 지향적이면서도 유희적이며, 즉흥성과 일회성을 긍정하는 유동적인 예술로서 일정한 특수성을 내속한 것이다.

유동성/액체 시대의 예술

현대미술의 미학적 특수성은 무엇이고, 그것을 어떻게 설명할 것인가? 우리는 이 글을 통해 '유동성'이 현대미술을 이루는 구성 인자이자 특성이라는 점을 이해하고자 했다. 이때 유동성은 미술 내부의 고유한 맥락이나 미적 형식에 한정된 것이 아니라 글로벌리즘 시대의 사회적 역학 및 정치경제적 경향을 공유하며 서로 영향 관계에 있는 속성이다. 그 면모는 '비엔날레 문화'라는 주요 현상의 변동이 동시대적 특성으로 함유하고 드러내는 바다. 요컨대, 비엔날레 자체가 한편으로는 글로벌리즘 사회의 특징인 개방성, 유연함, 이동성, 이질적인 것들의 융합 및 혼성 교류에 힘입어 전 세계적으로 활성화되고 극적으로 비대해진 동시대 문화예술 우세 종 기획이다. 그러나 다른 한편으로 보면 글로벌리즘이 그 문화예술 기획이라는 장치를 통해 더 부드럽고 세련된 방식으로 다양한 지역과 상이한 삶

---

48 Boris, Groys, "Marx After Duchamp, or The Artist's Two Bodies," p. 2.

의 지형에 스며들어 구체적 형태를 얻고 지역적이고 전 지구적인 기능/효과를 발휘할 수 있었다. 이 같은 점에서 현대미술의 역학과 글로벌리즘 사회의 역학 사이 상호 관련성 또는 상호작용은 매우 실제적이다. 방법론적으로 비엔날레/비엔날레 문화에 초점을 맞춤으로써 우리는 미술의 영역과 사회적 영역을 교차 분석할 수 있었고, 그것이 곧 글로벌리즘 사회의 역학과 현대미술의 역학이 상호작용해온 과정이었음을 객관화할 수 있었다. 바우만이 모더니티 역사의 새로운 단계인 오늘날의 속성에 대한 은유로 제시한 유동성/액체성은 비엔날레가 주도하는 현대미술의 구조 및 내부 속성 면에서도 예외없다. 그것은 작가, 큐레이터, 이론가, 감상자 등 인적 차원부터 작품, 담론, 실천, 미적 경향, 미술제도, 메타 성찰 등 미술 내용적 차원까지 포괄한다. 요컨대 동시대적 속성으로서 유동성은 비엔날레 형식을 통해 동시대 미술 전반을 집합, 이동, 순환, 배치하는 식으로 관철한다. 역으로 말하면, 그 점에서 비엔날레와 그것이 중심이 된 동시대 미술문화는 현대의 유동성을 내재한다. 벤야민의 역사철학적 미학으로 설명하면, 현실 사회 정치, 경제, 종교, 지식, 과학, 문화, 그리고 특히 기술의 유동적인 경향을 상부구조로서 표현한다고 볼 수 있다. 이와 같은 맥락에서 현대미술의 미학적 정체성은 다음처럼 나타난다. 즉, 유동하는 현대미술은 고체처럼 일정한 형태로 굳어져 보수적/자기지시적으로 존속하는 대신, 세계의 살아 있음 및 환경과 지속적이고 유연하게 상호작용하면서 스스로를 구현하는 예술이다.

참고문헌

강수미,《아이스테시스 – 발터 벤야민과 사유하는 미학》, 글항아리, 2011.

_____, 〈컨템포러리 아트의 융합과/또는 상호학제성 비판〉,《미술사학》30, 한국미술사교육학회, 2015.

발터 벤야민,《기술복제시대의 예술작품: 사진의 작은 역사 외》(발터 벤야민 선집 2), 최성만 옮김, 길, 2007.

(재)광주비엔날레,《광주비엔날레 1995–2014》, (재)광주비엔날레, 2015.

조르조 아감벤,《장치란 무엇인가?: 장치학을 위한 서론》, 양창렬 옮김, 난장, 2010.

지그문트 바우만,《액체 근대》, 이일수 옮김, 강, 2010.

_____,《유행의 시대: 유동하는 현대사회의 문화》, 윤태준 옮김, 오월의봄, 2013.

테리 스미스,《컨템포러리 아트란 무엇인가》, 김경운 옮김, 마로니에북스, 2013.

할 포스터 · 로잘린드 크라우스 · 이브–알랭 부아 · 벤자민 H. D. 부클로 · 데이비드 조슬릿,《1900년 이후의 미술사》, 배수희 · 신정훈 외 옮김, 세미콜론, 2012.

한스 울리히 오브리스트,《큐레이팅의 역사》, 송미숙 옮김, 미진사, 2013.

Aranda. Julieta, Wood, Brian Kuan, and Vidokle, Anton, "What is Contemporary Art? Issue One," *e-flux* 11 2009. (http://www.e-flux.com/journal/what-is-contemporary-art-issue-one/)

Bishop. Claire, *Artificial Hells-Participatory Art and the Politics of Spectatorship*, Verso, 2012.

Mike. Hajimichael(ed.), *Art and Social Justice: The Media Connection*, Cambridge Scholars Publishing, 2015.

Enwezor. Okwui(ed.), *Democracy Unrealized: Documenta 11_Platform* I, Cantz, 2003.

Gane. Nicholas, "Zygmunt Bauman: Liquid Modernity and Beyond," *Acta Sociologica* 44–3, 2001.

Alexander. Dumbadze & Suzanne Hudson (eds.), *Contemporary Art: 1989 to the Present*, Wiley–Blackwell, 2013.

Groys. Boris, "Art and Money," *e-flux* 24, 2011, p. 2/9. (http://www.e-flux.com/journal/art-and-money-2/)

_____, "Marx After Duchamp, or The Artist's Two Bodies," *e-flux* 19, 2010, pp. 1–2/7. (http://www.e-flux.com/journal/marx-after-duchamp-or-the-artist%E2%80%99s-two-bodies/)

Ute Meta Bauer, Hou. Hanru(eds.), *Shifting Gravity World Biennial Forum 1*, Hatje Cantz, 2013.

L. M. Lee, Raymond, "Bauman, Liquid Modernity and Dilemmas of Development," *Thesis Eleven* 83, 2005.

Nato. Thompson(ed.), *Living as Form: Socially Engaged Art from 1991-2011*, Creative Time Books, 2012.

P. León, Dermis, "Havana, Biennial, Tourism: The Spectacle of Utopia," *Art Journal* 60–4, 2001.

Peterson. Richard, "Changing arts audiences: capitalizing on omnivorousness," *workshop paper*, Cultural Policy Center, University of Chicago, 2005, p. 3/20. (https://culturalpolicy.uchicago.edu/sites/culturalpolicy.uchicago.edu/files/peterson1005.pdf)

Saltz. Jerry, "Biennial Culture," *artnet.com*, 2007. (http://www.artnet.com/magazineus/features/saltz/saltz7-2-07.asp)

Sean. Scanlan, "Review: Zygmunt Bauman, Liquid Times: Living in an Age of Uncertainty," *Journal of American Studies* 43–1, Cambridge University Press, 2009. (http://dx.doi.org/10.1017/S0021875809006513)

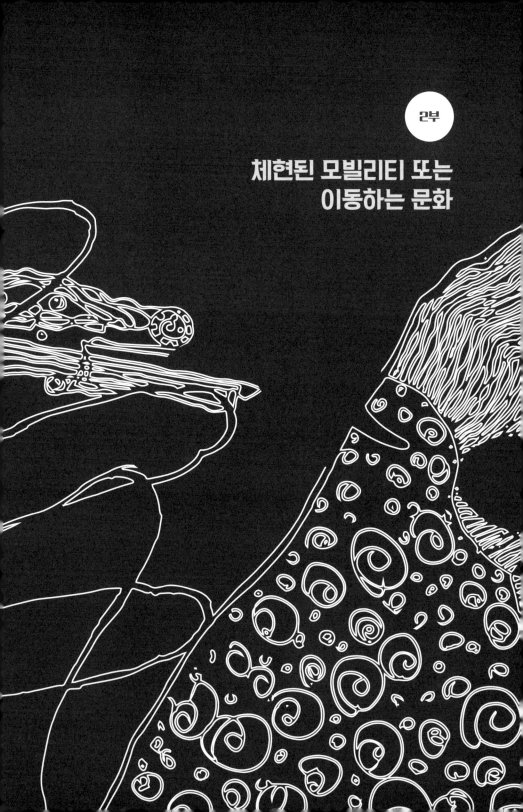

2부

체현된 모빌리티 또는
이동하는 문화

디지털 문학과 미학적 존재론:

디지털 텍스트로 통해 매개되는 마주침Encounter의

존재론적 방정식

김순배

이 글은 《비평과 이론》 제22권 2호(2017. 6)에 게재된 원고를 수정 및 보완하여 재수록한 것이다.

디지털 시대는 인간과 세상, 인간과 텍스트가 조우하는 전혀 다른 방식을 제공한다. 그것은 디지털 미디어를 매개로 하여 이루어지는 인간과 비인간의 생경한 마주침, 만남, 조우encounter를 의미한다. 인간과 인간의 조우가 그러하듯 이러한 마주침은 존재론적 사건이다. 존재론적 사건은 서로 다른 존재 간 교류, 즉 상호작용을 동반한다. 인간 대 인간의 만남으로 이루어지는 존재 간 상호작용은 인간과 기계, 혹은 인간과 '비인간nonhuman'의 조우로 대체 혹은 변이되는 시대로 진입한다. 디지털 기기를 통해 매개되는 만남의 형식은 이전보다 다양해지고 변화무쌍해지고 있다. 스크린에 펼쳐진 텍스트를 비롯하여 디지털화된 소리와 영상, 애니메이션, 그래픽, 홀로그램 등 인간이 기계를 마주하게 되는 다양한 만남의 방정식은 단지 디지털 매체의 무한 가능성만을 의미하는 것은 아니다. 인간과 기계의 만남은 시각적·인지적 혹은 지적 소통의 차원을 넘어, 인간의 신체와 오감이 구체적으로 동반 개입하는 사건으로 복합적인 존재론적 상호작용의 층위에서 작동한다. 음성 혹은 소리라는 매체를 기반으로 이야기의 생산과 수용을 실천했던 구술문학과, 문자나 이미지 기반의 서사를 생산해 냈던 필사 및 인쇄 문학에서 우리는 이미 인간의 몸이 문학 텍스트를 생산하고 수용하는 중요한 매개 요소로 작용하며, 이를 이용해 다양한 만남을 추동하고 실천한다는 점을 확인했다. 그러나 현대사회의 새로운 상호 교류 매체로 등장한 (인터넷) 디지털 플랫폼을 기반으로 텍스트가 생산되고 수용되는 과정에서 인간이 마주하게 되는 다양한 전자 매개 요소들은 보다 밀도 있고 극대화된 방식으로 인간의 몸을 통해 경험되고 체화된다. 디지털 문학에서 존재의 핵심적 경험 양식은 '몸을 매개로 하는 독서embodied reading'라고 요약할 수 있다. 인간의 신체를 매개로 하는 기계와의 역학 관계는 텍스트가 디지털화되어 존재하는 가상공간에서 신체를 매개로 독서에 참여하며 상호작용하는 인간 주체 혹은 주체성의 문제와도 연관된다. 디지털 문학에서는 종종 키보드, 마우스, 게임기, 조이스틱 등의 도구를 몸으로 사용하는 수용자의 능동적 행위를 통해 텍스트의 서사가 완성된다. 디지털 문학에서 몸의 개입은 인간 주체가 텍스트의 서사라는 존재론적 사건을 촉발시키고 참여하면서 경험하게 되는 단순한 시각, 청각적 인지와 관여를 넘어, 공감각적이고 보다 입체적인 차원에서 작동하는 것을 의미한다.

디지털 문학은 컴퓨터, 인공지능, 기계 등과 같은 전자 매체를 통해 구현된 비인간적 주체와 구체적 몸을 매개로 하여 마주하게 되면서 촉발되는 인간의 경험적 공간의 층위를 다양하게 구현하며 그 가능성을 시험하고 있다. 미하일 바흐친Mikhail Bakhtin은 소설을 여러 장르의 혼합물로 규정하고, 특정한 형태를 가지지 않는 '무정형의 장르'라고 지칭하면서, 이것이 문학이 지향해야 할 극대점이라고 논의한 바 있다(Holquist xxvii). 디지털 문학 역시 좀 더 다양한 표현 매체를 동원할 수 있다는 점에서 기존의 문학 형식들이 지향하고자 하는 것을 더 발전시켜 나갈 수 있는 변형된 문학 형식이라고도 볼 수 있다. 본 연구는 디지털 문학에서 기술문명 시대 기계와 인간의 상호작용을 통해 구성되는 만남의 방정식 혹은 알고리즘을 해체하면서 구체적인 존재론적 관계성의 원리를 해제하려는 시론이다. 이를 위해 디지털 문학이나 전자 문학electronic literature의 실제적 사례를 중심으로 디지털 공간에서 존재 관계의 원리가 구동하는 방식과, 그에 대한 이론비평적 개념을 비판적으로 고찰하고자 한다. 필자가 주목하는 개념은 언어의 물성과 몸의 관계적 상호작용, 현재성의 수행과 공간의 문제, 매체와 매개성, 비인간, 그리고 소통과 네트워크, 미학의 문제로 압축된다.

언어의 물성materiality과 몸body

디지털 시대의 존재론은 인간이 비인간과 조우하는 물적 층위에서 작동한다. 재이 볼터Jay Bolter 같은 디지털 이론비평가는 하이퍼텍스트의 핵심적 특징을 "유동적 텍스트fluid text"라고 정의한다(5). 이는 독자나 사용자가 기계와 조우할 때 소리나 색깔, 이미지, 텍스트, 터치, 비디오, 오디오 등 만남을 매개하는 방식이 복합적이고 혼란스러울 정도로 무한하고 다양한 조합이 가능함을 적시하는 표현이다. 디지털 공간에서의 관계적 마주침은 아주 구체적이고 실제적인 몸의 개입으로 그 관계적 공간이 구성되고 구조화되는 경험이다. 디지털 작가이자 비평가인 마이클 조이스Michael Joyce는 디지털 문학 텍스트가 다양한 "굴곡contour"을 지니고 있다고 이야기하는데, 이것은 독자가 다중 모드로 이루어진multimodal 텍스트와 연결될 수 있는 접점docking point의 무한 가능성을 의미하는 것이기도 하다. 조이스는 디지털 공간의 독서는 항상 "임의적 조합provisional assemblage"의 형식으로 그 관계 혹은 연결성이 성립하는 것이라 주장한다(188). 임의적 조합을 구성해 내는 독서 행위는, 곧 인간과 기계가 연결되는 조합의 방식으로서 잠정적인 관계성이란 차원에서 설명될 수 있다는 것이다. 인간과 기계의 연결 관계가 다양할 수 있는 것은 가상공간에 배치되는 다양한 층위의 인터페이스로 이루어진 텍스트의 속성, 언어의 물적 속성에 기반한다. 디지털 문학 텍스트는 종종 비선형적인 중층 구조로 이루어져 있는데 스크린 위에 펼쳐지는 평면적 텍스트 그 이상이다. 예를 들어 짐 앤드루스Jim Andrews와 폴라인 마수렐Pauline Masurel이 만들

〈그림 1〉 〈블루 히아신스〉 화면 캡처.

어 낸 하이퍼텍스트 〈블루 히아신스Blue Hyacinth〉는 네 가지 다른 명도
로 대비되는 파란색 텍스트로 이루어진 가상공간이다〈그림 1〉 참조).

즉, 각기 다른 네 가지 명암을 가진 텍스트는 독자의 마우스가 스
크린 위를 가로지르는 흐름, 혹은 모바일 기기에서 손으로 터치하는
방식에 따라 전혀 다른 텍스트의 조합으로 만들어진다. 마치 여러
가지 야채를 섞어 팬에 덖어 낸 "볶음요리 텍스트stir-fry text" 형식을
취하게 된다. 독서 행위에서 생산되는 다양한 조합의 가능성을 실험
하는 텍스트 형식은 볶음요리 형식 외에도, 텍스트가 펼쳐진 페이지
의 화면을 떠나지 않은 상태에서 끊임없이 재구성되는 텍스트의 서
사를 경험하는 "확장형 텍스트stretch text", 여러 다른 텍스트를 조각
조각으로 조합하여 새로운 텍스트를 창의해 내는 "분절조합형 텍스
트cut-up text" 등이 있다. 전자의 사례로는 저드 모리세이Judd Morrissey
의 하이퍼텍스트인 〈유대인의 딸Jew's Daughter〉이 대표적이다. 후자의
경우는 짐 앤드루스Jim Andrews의 〈라이오넬 키언즈에 관하여On Lionel
Kearns〉가 있는데, 이런 형식은 디지털 문학이 활성화되기 이전에 활

자화된 텍스트나 영화적 기법으로 활용되기도 했으며, 윌리엄 버로우William S. Burroughs의 소설 《벌거벗은 식사Naked Lunch》나 좀 더 최근에 마크 다니엘레스키Mark Z. Danielewski의 《잎으로 만든 집House of Leaves》 같은 텍스트를 떠올릴 수도 있다. 사용자 혹은 독자와 상호작용하는 텍스트는 단순히 인지적 대상이 아니라 물리적, 기계적 차원으로 존재하는 구성물artifact로 가상현실을 넘어 독자의 구체적 현실과 연결되어 (수행적 측면에서) "현재적" 공간을 구성한다.

또 다른 예로 케이틀린 피셔Caitlin Fisher의 하이퍼미디어 소설 형식의 〈저 소녀들의 물결These Waves of Girls〉은 문자 기반 텍스트가 이미지 혹은 소리와 결합되어 시각적, 청각적, 촉각적, 그리고 공감각적 개입을 수반하는 독서 체험을 제공한다. 피셔의 텍스트는 텍스트와 사진 이미지, 독자에 의해 조작 가능한 유동적 이미지, 애니메이션, 사운드 클립 등으로 이루어진 잡종 혹은 혼종 형식hybrid form의 이야기 구조를 지니고 있다. 독자는 컴퓨터를 몸으로 직접 조작하면서 소리, 음성 텍스트, 애니메이션 텍스트, 그래프, 혹은 다른 기능 요소들이 공존하는 가상현실에 밀착되는 경험 공간을 구성한다. 독자는 스크린에 중층 구조를 이루며 유년기, 청소년기, 성년기의 기억이 서로 뒤섞이고 혹은 분절되어 펼쳐진 텍스트 공간을 마우스의 터치를 따라 의식의 흐름을 구조화하듯 여행한다. 이러한 독자의 경험은 인지적, 지적 단계에서만 이루어지는 것이 아니라 물리적, 신체적 층위에서 작동한다. 종이 위에 인쇄된 잉크의 차원을 넘어 디지털 문학의 언어는 다양한 형식으로 물화되어 독자 앞에 펼쳐지기 때문이다. 마크 핸슨Mark B. N. Hansen 같은 비평가는 디지털 미디어를 통해 매개되는 인간과 비인간의 상호작용이 물리적·기계적 환경의 차원을 넘어 스크린에 흩어지는 반사광specularity과 파동 혹은 그것과 접촉하는 몸에 흔적으로 남아 작동하는 물리적·생리학적 환경이나 생물학적 현실biological reality을 간과하고 있다고 역설한다(53-58). 인간과 기계의 상호작용은 시각적으로 만지고 만져지는 촉각적haptic 상호작용에서부터 비롯되며, 이것은 인간의 몸을 매개로 하는 생물학적 경험과 무관하지 않다는 것이다. 비슷한 맥락에서 캐서린 해일즈N. Katherine Hayles는 인간의 몸이 가상공간에서 마주하는 것은 "점멸하는flickering" 빛으로 이루어진 물리적 기표라고 주장한다(26). 해일즈에게 이러한 존재론적 사건은 인간과 기계가 하나로 연결되는 새로운 주체성을 경험하는 사건이다.[1] 즉, 인간의 개별적 혹은 자율적 주체성이 성립하는 차원이 아닌, 그 너머 인간과 기계의 존재론적 관계성이 주체 구성의 핵심을 이룬다고 할 수 있다. 마셜 매클루언Marshall McLuhan은 매체를 통해 인간의 몸이 연장되어 기계와 혼종적hybrid 존재 관계가 형성되는 것을 "인간과 감각기관 내지 신체기관의 확장"이란 개념으로 설명한다. 한편, 디지털 공간에서 몸이 확장되고 구조화되는 체험을 일면 가상 신체virtual body라는 개념으로 환원하여 해제하기도 한다(진경아 38). 하지만 인간과 기계가 마주하여 구성해 내는 존재 관계는 유기체적 신체와 분리되어 디지털 기술이 구축하는 가상의 공간을 유영하는 가상의 정체성을 의미하는 것은 아니다. 더구나 이것은 인간의 육체를 억압 혹은 삭제하거나 추월해

---

1 디지털 공간에서 기계와 마주하는 존재론적 경험은 다른 한편으로 도나 해러웨이 Donna Harraway의 〈사이보그 선언A Cyborg Manifesto〉을 떠올리게 되는 지점이다. 즉, 디지털 공간에서 인간이 사이보그화되는 경험은 주체의 경계가 무화되고 확장되는 환경에 대한 은유로 의미가 있다. 인간의 상상력과 물성이 결합하여 만들어진 사이보그 체험은 인간과 동물, 유기체와 기계, 신체적인 것과 비신체적인 것이 결합되어 경계를 모호하게 한다. 기술의 진보가 자연적 생의 체험과 인공적인 기계 사이의 구분선을 제거한 것이다.

야 하는 육체 이탈disembodiment을 의미하는 것도 아니다. 오히려 인간의 몸이 존재론적 측면에서 물화된 텍스트와 실재적이며 현실적으로 상관하게 되는 장이 디지털 양식으로 매개화된 만남의 공간이다.

디지털 텍스트는 가상공간에 배치되어 있으되 구체적인 물리적 형식을 드러내며 독자인 인간과 현실화되고 현재화된 경험적 관계로 존재한다. 디지털 텍스트는 구체적 공간을 점유하는 일정한 물적 형식을 취하며 시간적 지속성과 더불어 공간적 확장성을 지닌 객체로 존재한다. 일정 공간을 점유하는 공간적 특성과 시간적 지속성을 지닌 물리적 형식으로 존재하는 텍스트는 독자와의 구체적 관계 공간에서 경험하는 대상이다(Mark Leaby 310). 또한 디지털 공간에 다양한 형식으로 물화된materialized 언어는 인간의 신체적 개입embodied engagement을 통해 확산되며, 비인간으로서의 기계와 상호작용하는 인간의 몸에 그 생의 체험lived experience에 대한 기억이 생리학적 혹은 생물학적 코드로 신체에 암호화된다. 영국의 디지털 예술가인 댄 핀치벡Dan Pinchbeck이 게임 형식의 인터페이스로 구성한 디지털 텍스트 〈에스더에게Dear Esther〉는 독자가 대서양 외딴섬의 황량한 곳곳을 여행하고 체험하는 형식으로 되어 있다. 여기서 독자는 다름 아닌 화자의 트라우마로 점철된 기억과 그 흔적, 그리고 그와 더불어 부유하는 감정의 편린으로 가득한 공간에 서사 구성의 주체로 개입한다. 키보드나 조이스틱 등을 신체를 매개로 조작하며 수행하는 게임자는 이 기억과 감정을 밀도 있게 체험하는 독서 과정을 거치며 자신의 몸에 물리적 흔적을 남기게 된다. 즉, 디지털 테크놀로지를 통해 구축되는 인간과 기계의 만남은 가상의 공간을 실재화하고 현재화하며 또 체화시키는 밀도 깊은 존재 관계의 구성을 의미한다.

형식은 다르지만 더 강렬한 물리적 관계 구조를 지닌 예로 루이 보르헤스Jorge Luis Borges의 동명 단편소설을 열 가지 서로 다른 게임의 형식으로 재구성한 나탈리 북친Natalie Bookchin의 〈침입자The Intruder〉가 있다. 이 작품은 독자가 마우스를 움직이거나 클릭하며 상호작용하는 형식으로 게임을 진행해 나가며 동시에 스스로 폭력을 수행하거나 재생산하는 체험을 가져다준다. 독자가 게임을 풀어 가는 플레이어로서 자신의 몸을 개입시켜 총을 쏘아 대고, 적과 싸우거나 추적하며, 체포하기도 하고 대결을 벌이는 과정에서 비롯된 폭력의 체험이 승리를 불러오는 구조로 되었다. 게임에서 단계마다 쟁취한 승리는 게임을 풀어 나가는 해법이라기보다는 오히려 그로부터 서사narrative적 보상으로 이어지며, 어느 순간 독자는 게임 속 인물로 참여하며 이야기를 생산해 가는 적극적 주체로서의 자신을 발견하게 된다. 폭력을 수행하는performing violence 플레이어이자 캐릭터로서 텍스트의 서사에 참여하는 독자의 체험은, 곧 스스로의 몸에 폭력을 코드화하는 여정이기도 하다. 독자는 몸의 개입을 통해 인간과 기계의 관계성 속에서 서사의 생산에 영향을 주고받는 상호작용을 하며, 자기 주체의 존재론적 가능성을 만들어 가는 것이다. 즉, 인간의 몸은 존재의 관계적 체험을 위한 우선 매개체도 아니며, 디지털 기술로 매개된 정보를 시각적으로 수용하는 단순 수신체도 아니다. 오히려 디지털 문학에서 인간의 몸은 물화된 텍스트와의 다양한 매개 행위를 통해 관계성을 구현하고 주체의 존재론적 가능성을 실현해 가는 공간이다.

현전을 수행하는performing presence 공간

텍스트의 서사에 참여하는 독자의 체험은 실제로 텍스트가 물리적으로 배치된 공간에 있으면서 경험하는 실재 효과reality effect만이 아니다. 그것은 르네상스 시대 학자인 레온 알베르티Leon Battista Alberti 의 "열린 창fenestra aperta"을 통해 들여다보이는 재현된 세계의 실재성을 체험하는 차원이나 영화감독 우디 알렌Woody Allen의 〈카이로의 붉은 장미The Purple Rose of Cairo〉에서 예시된 생동감의 경험보다 더 즉시적이고 역동적인 체험의 장으로 들어선 것을 의미한다. 볼터와 리처드 그루신Richard Grusin은 이것을 대상과 하나로 만나는 관계의 체험이라고 설명한다(83). 디지털 공간에서 몸을 매개로 기계 혹은 비인간과 조우하는 인간 주체는 단순히 그래픽이나 이미지로 재현된 현실을 그것이 배치된 실재 세계로 확장시킨다는 차원을 넘어, 현전presence에 대한 감각을 수행하는 존재로 상호작용 공간에 개입한다. 한스 굼브레히트Hans Ulrich Gumbrecht는 현전이라는 것은 세상과 그 대상에 대한 공간적 관계, 즉 현재성이 몸에 닿아 만져질 수 있는 관계라고 정의한다(xiii). 굼브레히트에게 현전의 생산은 모든 부류의 사건과 사건이 전개되는 과정에 관여하는 물리적·신체적 현상을 가늠하는 표현이다. 디지털 공간에서 현전의 경험은 무엇보다 세계와 사물에 대한 공간적 관계를 의미한다. 현재적인 것은 몸에 실체적으로 와 닿는 공간으로 드러난다. 현전의 생산을 위한 상호작용은 디지털화된 가상공간에서 작용하는 것이 아니라, 몸이 개입하는 관계 공간에서 보다 생생하고 적나라하게 작동한다는 것이다. 앨프 시거트Alf Seegert는 좀 더 구체적으로 현전 혹은 현재를 수행하는 것이란 단순히 "지금 여기 있음being there"의 차원이 아니라 "지금 여기 있음을 수행doing there"하는 것이라고 설명한다(24). 즉, 현전을 수행하는 몸의 개입으로 관계의 밀도가 극대화되고 만남이 불러일으키는 "실재 효과reality effect"가 상승한다는 것이다. 시거트에 따르면 이 같은 효과는 그래픽과 이미지로 가득한 물리적 텍스트와 인간이 상호작용하며 발현될 뿐 아니라, 언어 텍스트에 기반한 디지털 문학인 "상호작용 소설interactive fiction"에서 참여자, 즉 독자의 명령어를 통해 만들어지는 현재적 공간에서 강화된다. 상호작용 소설은 독자가 직접 이야기를 풀어 가는 등장인물로 참여하는 일종의 '역할놀이 게임role-playing game' 형식을 취한다. 상호작용 소설이 게임과 다른 것이 있다면, 게임에서 사용자는 승리를 설계하기 위해 주어진 가상 환경을 해석하는 반면, 디지털 문학에서 독자는 그 주된 관심이 승리가 아니라 서사의 생산에 있으며, 이야기를 해석해 내기 위해 주어진 환경을 설계해 간다. 예를 들어 존 잉골드Jon Ingold의 전자 문학 소설인 〈모든 길All Roads〉은 독자가 환경을 설계하는 과정에서 직접 텍스트 명령어 directives를 투입하여 공간과 공간 사이를 이동하며 서사를 풀어 가는 하이퍼텍스트 구조로 되어 있다. 사용자의 적극적·주체적 선택과 입력 행위, 즉 참여가 없는 상호작용 소설은 성립이 불가능하다. 명령어를 투입하는 과정에서 독자는 이야기의 그물을 짜맞추어 가는 등장인물의 위치에서 현재적 공간을 생산, 수행해 가는 주체로서의 적극적 역할이 가능해진다. 디지털 문학은 종이 위에 활자화된 전통적 텍스트에서보다 더 적극적이고 능동적으로 독자가 서사에 참여하는 것을 가능하게 한다. 독자의 참여를 통해 현재성을 수행하는 공간에서 구체화되는 상호작용의 밀도는 참여자의 몸에 물리적으로 코드화된 흔적을 남기게 된다.

현전의 수행은 그래픽이나 이미지, 애니메이션, 영상과 같은 매체가 텍스트와 결합하면서 보다 밀도 있고 입체적으로 이루어진다. 그리고 현전을 수행하는 실재 공간은 언어의 물성, 몸의 개입이란 주제와 밀접하게 연관된다. 이러한 현전의 상호 관계성을 보여 주는 디지털 문학작품의 예로 노아 와드립-프루인Noah Wardrip-Fruin의 〈대화치료Talking Cure〉(〈그림 2〉 참조)가 있다. 디지털 빔프로젝터를 이용해 스크린에 빛을 쏘아 만들어 낸 언어 기반 텍스트는 독자가 의자에 앉아 텍스트를 읽는 행위를 통해 개입하면서 살아 움직이는 언어 이미지word picture가 만들어진다. 언어 이미지는 비디오카메라에 포착된 독자의 실시간 이미지가 스크린에 펼쳐진 것이다. 이 실시간 이미지는 세 가지 색으로 코드화된 텍스트의 형식으로 화면에 시각화되는데, 첫 번째 층위는 1880년대 처음 대화치료를 통해 심리 정신분석을 시도했던 조셉 브루어Josef Breuer가 자신의 환자인 안나 오Anna O.[2]에 대해 수행했던 사례 연구 텍스트를 발췌하여 시각화한 것이고, 다음 텍스트 층위에는 "고통 받는다to torment"라는 안나의 신경증hysteria적 징후를 담은 언어가 반복하여 드러난다. 마지막 세 번째 층위는 의자에 앉은 독자가 의자에 앉아 있을 때 보여지는 텍스트로, 고르곤 메두사의 이야기를 통해 안나의 뱀에 대한 환상을 재구성하는 정신분석적 시선을 재현한 것이다. 스크린 평면에 펼쳐진 이미지는 빔프로젝터의 빛이 공기와 먼지, 그 주변의 물리적 공간을 지나며 투사되어 관찰자가 시각적으로 독해하는 것이 가능한 텍스트로 변환되면서 서사가 완성되는 구조다. 스크린의 질감, 색, 주변 환경의 온도 등도 텍스트의 물화되는materialized 속성에 영향을 미칠 수 있다. 관찰자 혹은 독자의 포지션과 행위, 그리고 텍스트와 상관하는 상대적 위치도 텍스트의 물성에 변화를 가져올 수 있다. 이 과정에서 텍스트와 이미지 그리고 독자의 몸의 구분이 모호해지는 지점이 발생한다. 동시에 텍스트의 다양한 레이어가 세 가지 다른 색감으로

---

2 본명은 버사 파펜하임Bertha Pappenheim으로 오스트리아계 유대인이었다.

〈그림 2〉 〈대화치료〉 화면 캡처.

중첩되어 나타난다. 이것은 시각적 경험, 글쓰기의 경험, 말하기의 경험 등이 언어로 만들어진 이미지, 즉 언어 구름word cloud, 시선, 심리분석 치료 등과 얽히는 경험이다. 대화치료를 통해 정신분석을 시도했던 브루어의 언어, 그의 첫 환자인 안나 오의 언어, 그리고 그것을 읽어 내는 독자의 응시 어린 시선으로 만들어진 언어, 이 세 가지 서로 다른 텍스트의 층위가 같은 스크린 평면 공간에 이미지와 같이 구현된다.[3] 달리 말하면, 독자의 독서 행위가 곧 자신의 몸 위에 텍스트를 코드화하고 실체화하며 현전을 수행하는 관계적 공간으로 치환된다고 할 수 있다. 독자는 시각적 효과를 창의하기 위해 먼저 몸

---

3 조셉 브루어의 '대화치료' 개념은 지그문트 프로이트의 정신분석이론에서 재조명되기도 했다(《신경증에 관한 연구Studies on Hysteria》, 1895).

을 개입시켜야 하며, 그로부터 텍스트가 생성되고 자신과 그 공간을 공유하는 타자들에게 새로운 독서 경험을 만들어 낸다. 팔을 뻗어 천천히 움직여 가며 왼쪽에서 오른쪽으로 읽어 가는 서사를 구성할 수 있으며, 이미지 안에서 움직이는 텍스트의 경계를 따라 새로운 언어 표현을 불러오기 위해 머리나 손을 돌려 볼 수도 있다. 와드립-프루인의 작품은 독자가 몸을 개입시키고 또 움직이면서 새로운 독서가 이루어지며 텍스트의 층위에 개입하는 것을 예시하는 경우라 하겠다. 디지털 문학에서 현전의 공간은 인간의 몸과 물리적 기계가 연결되어 이루는 관계 자체이며, 그 관계성은 인식의 층위에서뿐 아니라 존재론적 지평에서 끊임없이 가동된다.

매체media의 존재론

디지털 공간에서 인간과 기계의 만남은 다양한 형식의 매체를 기반으로 이루어진다. 디지털 시대를 특징짓는 핵심적인 경구가 되어 버린 매클루언의 "매체가 메세지다The medium is the message"라는 표현은, 존재 관계의 형식을 매개하는 매체로서 미디어의 중요성을 역설한다. 매클루언에 따르면, 매체의 형식은 전달하는 메시지 그 자체에 내재되어 있어 독자가 메시지 내용과 인지적 혹은 존재의 상호 관계적 측면에서 조우하는 방식에 영향을 미치는 핵심적 요소가 된다. 따라서 인간 주체가 디지털 공간에서 마주하는 존재의 다양한 관계 형식은 다름 아닌 다양한 매체를 기반으로 이루어진다. 오디오, 비디오, 애니메이션, 영화, 만짐touch, 소리 등의 이야기 매개 형식은 다양한 방식으로 독자와 텍스트의 연결고리를 형성한다. 최근 디지털과 미디어 연구에서 인간과 기계의 상호작용 형식으로서의 매개성mediality, 매개화mediation 등의 개념이 중요하게 부상하는 이유이기도 하다. 특히 매개성이란 개념은 미디어 비평에서 중요한 개념이기도 하다. 일반적으로 매체의 개념을 글이나 이미지, 라디오, 텔레비전, 영화와 같은 소통 방식과 연계시키지만 매체성의 경험은 그보다 구체적으로 소통이 매개되는 방식에 초점을 둔다. 즉, 세계와 조우하는 방식이 다양한 매체를 통해 이루어진다는 근본적인 사실을 강조한다. 따라서 매개성에 대한 연구는 어떤 매체의 본질을 정의하는 것이라기보다 매개적 상황을 기술하는 데 목적이 있다(Kiening and Stercken 15). 매개적 상황이란 어떤 사물이 매체로서의 기능을 부여받거나 매체를 통한 상호 조정이 발생하는 순간, 혹은 그 조정의 효과가 실제적으로 명시화되며 관계성이 구체화되는 시간적·공간적 조건을 의미한다. 즉, 매개성에 대한 연구는 독자와 텍스트 사이의 만남을 조정, 중재하는 매체의 무한한 가능성을 탐구하며, 동시에 새로운 미디어의 형식을 개발하는 원리적 측면에 주의를 기울인다.

그러나 역설적이게도 디지털 공간에서 성립되는 인간과 기계의 존재 관계와 상호작용에서 매체가 개입하고 조정하는 과정을 특징짓는 매개화 내지 매개성 개념이 종종 망각된다. 달리 표현하면 디지털 공간에서 이루어지는 인간과 비인간의 만남은 즉시적이고 비매개적으로 이루어진다. 볼터와 그루신은 이것을 인간과 비인간의 존재 관계에서 발생하는 상호작용의 즉시성 혹은 비매개성immediacy이라고 규정한다(83). 디지털 텍스트와 마주하는 독자의 체험이 즉시적인데, 텍스트를 매개하는 디지털 매체에 대한 경험은 매체보다도 매체가 매개하는 이야기 혹은 그것이 담지하고 있는 사실성, 실재성으로 향하기 때문이다. 비매개성은 곧 독자가 텍스트에 접근하여 이해하고 상호작용하고자 하는 욕망의 다른 이름이다. 그래서 볼터와 그루신은 비매개성을 "투명한 인터페이스transparent interface"라는 공간적 개념으로 칭하기도 한다. 그들에 따르면, "사용자는 자신이 매체를 마주하고 있다는 것을 더 이상 인지하지 못한다. 대신에 그 매체의 내용과 즉시적 관계에 서 있다"(24). 때문에 즉시성은 시각적 재현 양식으로 디지털 공간에 참여하는 독자로 하여금 매체 즉 캔버스, 사진, 영상 등이 관계의 매개체로 현전하는 것을 망각하게 하여 자신이 재현 대상의 일부로 배치된 것으로 믿게 만드는 비매개적 투과성을 지닌다(272-273). 비매개성은 매체를 접하는 관찰자가 그 존재를 잊고 자신이 그 표상 대상물 안에 있다고 믿게 할 목적으로 만들어진 시각적 표상 양식이다. 비매개성은 결국 재현된 대상, 세계로 이어 주는 매체를 넘어서 관찰자가 알베르티의 창을 넘어 들어가 가상공간에 그 대상물과 함께 위치하게 되는 것을 의미한다. 이것은 마치 성적 즉시성에 대한 욕망이 재현된 대상물을 관음증적 연구 대상으로 삼으려 하거나 그것과 합일하고자 하는 것과 다르지 않다.

소설이나 시, 드라마와 같은 문학적 장르나 서사의 형식과는 또 다른 층위에서 이야기를 담아 내는 매체의 존재론적, 관계적 특성은 비매개적 즉시성 외에도 하이퍼매개성hypermediacy, 재매개성remediation, 간매개성intermediation 등의 개념으로 정리된다. 하이퍼매개성은 매체의 존재를 관찰자에게 인지 혹은 환기시키는 시각적 재현 양식이다. 이것은 비매개성, 투과적 비매개성에 대한 인간 욕망의 주변에서 작동하는 것으로 관찰자의 경험이나 응시 행위를 과잉 의식하게 되는 것을 의미한다. 예를 들어, 알프레드 히치콕Alfred Hitchcock의 영화 〈사이코Psycho〉에서 주인공 노먼 베이츠Norman Bates가 벽에 난 구멍을 통해 마리온 크레인Marion Crane을 은밀히 엿보는 장면에서 그의 눈을 카메라의 접사 수준으로 극대화시켜 클로즈업하여 보여 주는 장면을 생각해 볼 수 있다. 여기서 관객은 스스로 그 구멍을 통해 엿보고 있는 자신을 의식한다. 히치콕은 은밀한 응시 행위를 앞선 장면에 배치하여, 노먼의 정신이상적 징후의 근간에 존재하는 관음증이 관객에게도 있음을 암시하고 있다. 이 같은 히치콕식 서사를 하이퍼매개성을 드러내는 행위라 할 수 있다. 디지털 문학에서 역시 이러한 하이퍼매개성이 자주 드러난다. 자신이 텍스트의 서사에 직간접적으로 참여하는 것이 일상화된 디지털 공간에서, 독자는 스스로 서사의 일부이기도 하면서 동시에 대상화되기도 하는 모순되는 체험을 하게 된다. 그 과정에서 독자는 현실과 가상공간 사이를 공기가 스며 흐르듯 오간다. 예를 들어, 컴퓨터 게임 형식의 〈미스트Myst〉에서는 세 명의 인물이 작품에 등장하는 비디오 이미지에 갇히는 일이 반복된다. 이야기를 풀어 가는 독자는 이야기의 일부로 자신이 선악을 오가는 경험을 하기도 하며, 그것을 목격하는 관찰자의 포지션에 서기도 한다. 하지만 서사를 구성하고 참여하는 상황에서 그 구분선은 모호하다.

재매개는 컴퓨터 그래픽이나 가상현실, 인터넷 웹페이지 등에서 회화, 사진, 텔레비전, 영화와 같은 매체를 재구성하여 다른 전자 매체로 재구성 혹은 용도 변경되는 것을 의미한다. 재매개화는 회화보다는 사진, 사진보다는 영화, 영화보다는 텔레비전, 그리고 그보다는 (강화된) 가상현실을 선호하는 방향으로 작동한다. 디지털 시대 재매개화는 인간과 비인간의 비매개적 관계, 투과성을 증강시키는 방향으로 나아가고 있다. 이러한 재매개화 과정은 인간이 자신과 기계 사이에서 하이퍼매개성을 체험하는 새로운 기회를 부여한다. 즉, 디지털 공간에서 인간과 비인간이 상호작용하는 관계의 밀도가 증가하는 방향으로 재매개화가 진행된다. 예를 들어, 바이오스 파파나그누

Vaios Papanagnou는 보르헤스의 단편소설 〈갈라진 길들이 있는 정원The Garden of Forking Paths〉을 디지털 공간에 동명의 하이퍼텍스트로 재매개화한 입체적 서사를 구축했다. 이런 식으로 가상공간에서는 텍스트가 구성되는 질적 구조의 측면, 즉 다양한 매체 형식의 개입이 보다 밀도 있는 관계 구조를 촉발시키는 것이 가능하다. 볼터와 그루신은 하이퍼매개성이나 재매개화 등의 개념을 통해 디지털 공간에서 작동하는 미디어의 형식적 층위를 강조한다. 그러나 단순한 형식적 층위를 너머 매체와 매개성의 문제는 인간과 기계의 밀도 있는 관계적 긴장이 강화된 존재론적 상호작용을 의미하는 것이기도 하다.

비슷한 맥락에서 해일즈는 독자나 사용자가 디지털 텍스트와 맺는 관계의 방정식이 다양한 미디어의 층위를 가로질러 항해하는 체험으로서의 간매개성間媒介性 · intermediation이라 규정한다. 즉, 디지털 텍스트가 구성되는 매체 형식의 다양성이 교차하는 공간에 독자의 역동적 참여가 시간적 층위에서 하나의 물리적 벡터로 더해지는 관계 구조이다. 단순한 일방향적, 선형적, 위계적 관계가 아니라 텍스트가 여러 매체 형식으로 주어지는 것이며 동시에 독자가 상호작용하는 교류 방식을 찾아가며 텍스트에 변화를 일으키고 새로운 존재의 가능성을 실현해 가는 과정, 즉 "피드백을 주고 피드백을 받는 feedback and feedforward" 관계이다(48). 인간과 기계가 구현하는 관계 지점은 쌍방향적 매개화를 수행하는 공간이다. 해일즈는 이러한 만남에서 인간과 비인간의 위계 구조는 수직적 시스템이 아닌 상호적이며 끊임없이 유동적으로 변화하는 "이질적, 수평적 위계dynamic heterarchy"의 장이라 정의한다(45). 디지털 문학 텍스트가 구현되는 가상공간에서 매체의 형식적 층위를 분석하기 위해 제안된 이 개념들은 기본적으로 그것이 매개하는 인간과 비인간의 관계 형식을 설명하는 언어들이다. 즉, 매체가 매개화되는 형식의 중요성과 그것이 불러일으키는 관계의 밀도에 대한 비평가들의 현대적 관심을 반영한 것이라 하겠다.

비인간nonhuman

해일즈가 지적하듯 많은 학자들은 디지털 컴퓨터를 유연성이 결여된 "억지 기계brute-force machine"로 생각하여 계산적 기능에 유용할지 모르나 기계적 속성이 지닌 한계로 인해 간단한 작업이나 작동에 유용할 뿐이라고 한계를 긋는다. 이러한 개념은 컴퓨터로 작업 가능한 것이 어떤 식으로든 이진법적 공식으로 환원된다는 점에서 타당한 지적이기도 하다. 하지만 이러한 관점은 불가피하게 컴퓨터를 단순 기계적 업무로 제한시키고 창의성, 독창성, 혹은 인간의 인지 작용과 유사한 어떤 능력을 발휘하는 것이 불가하다는 입장이다(44). 하지만 인공지능이나 인공 생명artificial life, 신경의 구조를 모사한 디지털 회로 연결 시스템neural connectionism, 시뮬레이션 과학 등의 개념은 인간이 마주하는 존재에 대한 보다 엄밀한 규정이 필요하다는 인식을 우리에게 환기시켜 준다. 그것은 단순 억지 기계의 차원을 넘어선 어떤 존재, 하지만 명확히 인간이라 규정할 수 없는 존재로서 비인간nonhuman[4]이라 칭할 수 있는 대상이다.

디지털 공간에서 독자가 상호작용하는 대상은 컴퓨터 스크린과

---

[4] 최근 현대문학에서 비인간의 개념은 동물이나 포스트휴먼, 좀비, 뱀파이어, 사이보그, 로봇, 트랜스포머뿐 아니라 날씨, 지구 환경, 우주 등으로 범주가 확장되고 있다. 비인간에 대한 문학적 관심은 인간과의 관계성에 주목함으로써 인간을 이해하려는 시도에서 비롯된 것이라 할 수 있다.

키보드라는 기계적 물성의 차원을 넘어, 전통적 텍스트의 정형화된 장르적 범주 저편 베일에 가려진 듯한 또 다른 의식의 구조이다. 그 대상은 기계이긴 하나 기계라고 단정하기에는 너무나 정교하고 복합적인 것이 일면 인간의 의식과 닮아 있는 타자적 존재다. 가상공간에 존재하는 이 의식은 유명한 일본의 애니메이션 제목과 같이 형식이라는 "껍데기에 감싸인 유령ghost in the shell"5과 같은 존재다. 이는 인간과 기계의 조우라기보다는 인간과 의사擬似인간, 비인간, 혹은 의식적 타자와의 만남이다. 텍스트가 있고 이야기를 이끌어 가는 서사가 있지만, 이야기의 층위를 아우르고 있는 비인간적 의식의 존재가 독서 공간에 끊임없이 어른거린다. 예를 들어, 8,500단어로 구성된 텍스트가 606회의 트윗으로 분할 구성된 제니퍼 이건Jennifer Egan의 소설 〈블랙박스Black Box〉가 있다. 이 디지털 소설은 트위터문학twitterature 형식을 통해 서사적 기억의 편린이 사건에 대한 데이터로 채워진 블랙박스처럼 소셜네트워크SNS 공간에 명멸하는 존재의 의식을 구조화하고 있다. 아이러니하게도 이 작품은 작가가 디지털 공간이 아니라, 한 페이지에 여덟 개의 박스 공간으로 이루어진 종이 노트에 손으로 직접 글을 써서, 즉 직접 자신의 신체를 참여시켜 완성한 소설이다. 텍스트를 디지털 공간에 시차를 두고 트윗한 것은 서사의 선형적 질서linear order를 드러낸 듯하지만, 일본의 하이쿠haiku를 떠올리게 하는 짧은 경구와도 같은 기억과 사유의 단편들은 인간의 기억처럼 산발적이고 단편적이며 분열적으로 흐르며 가상공간에

---

5   이는 최근에 영화화되기도 한 작품이지만, 본래는 1995년 일본에서 마사무네 시로 Masamune Shirow의 망가를 바탕으로 기획된 마모루 오시이Mamoru Oshii 감독의 판타지 애니메이션 영화 제목이다.

불규칙적으로 배치된다. 마치 인간의 기억과 의식이 흐르는 것을 모사한 것처럼 역동적으로 구조화된 텍스트라 할 수 있다.[6] 단편의 제목인 고유명사 〈블랙박스〉는 단순히 기억의 수행과 데이터를 축적한 보통명사 '블랙박스'와 같은 기계적 차원과는 다른 대상적 의식을 구성하는 존재다.

또 다른 예로 앞에서 언급한 피셔의 하이퍼텍스트 소설 〈저 소녀들의 물결〉은 화자의 의식이 텍스트, 이미지, 애니메이션 등 다양한 층위를 이루는 기억의 단위 혹은 텍스트 블록lexia[7]으로 연결되어 있다(〈그림 3〉 참조). 그 기억의 편린은 유년, 청소년, 어른 등 서로 다른 시점에 만들어진 기억이 소리, 촉각tactility, 그래픽, 애니메이션 등 다양한 물적 매개 형식을 이루며 상호 연결되어 하나의 의식적 대상과 같은 구조를 이룬다. 복합적 형식으로 이루어진 이야기가 음성언어, 애니메이션, 그래픽 등 여러 매체의 기능성이 서로 엮여 하나의 텍스트로 작동하는 공간이다. 서로 다른 시간의 기억이 상호 연결 및

---

6 제시카 프레스만Jessica Pressman은 이에 대해 모더니즘의 '의식의 흐름stream of consciousness' 기법을 연상시킨다고 말한다(103). 그에 따르면 문학 텍스트가 디지털 공간에 구성되는 방식은 분절적이고 단편적이지만 텍스트에 참여하는 독자의 의식에서 구성되는 텍스트는 맥락이 부재 혹은 결여된 하나의 흐름이라는 것이다.

7 조지 랜도우George P. Landow는 롤랑 바르트Roland Barthes의 개념을 빌어 "렉시아lexia"라는 표현을 사용한다. 렉시아란 텍스트 블록을 지칭하는 개념으로 컴퓨터 스크린 상에 하나의 페이지처럼 펼쳐지는 하이퍼텍스트의 기본 단위다(2-3). 바르트가 발자크Balzac의 단편소설 〈사라진느Sarrasine〉를 분석, 해제하면서 561개의 텍스트 단위, 즉 렉시아를 사용했는데, 한 단어가 렉시아를 구성하기도 하고 18행을 넘기는 긴 문단이 되기도 한다. 하지만 롤랑 바르트의 렉시아 개념과 다르게 디지털 공간에서 렉시아는 하이퍼링크로 연결되어 다른 페이지의 다른 텍스트 블록, 다른 인터페이스, 다른 공간으로 이동이 가능하다. 단위 텍스트로서 렉시아는 상호 연결되며 이웃하는 텍스트 블록과 다른 의미, 다른 효과를 드러낸다. 그리고 하나하나의 렉시아는 독자가 그것의 의미를 어떻게 인지하고 해석해 내는가에 따라 그 중요성이 달라질 수 있다.

〈그림 3〉 〈저 소녀들의 물결〉 화면 캡처.

연동되면서 서사에 참여하는 독자와 텍스트가 구축하는 존재론적 관계의 밀도가 강화되는 체험 공간이다. 이는 텍스트를 의식화된 대상으로 마주하는 경험이다. 이처럼 다채롭게 다양한 매개 방식을 통해 시/공간을 넘나드는 하이퍼텍스트의 체험은 의식의 흐름을 타고 살아나는데, 때로는 그것이 화자의 것인지 독자의 것인지 구분이 모호한 공간임에도 독자가 적극적으로 독서 경험, 즉 텍스트의 서사 과정을 결정하는 주체로 떠오른다. 텍스트가 보여 주는 시각적, 청각적, 혹은 촉각적으로 작동하는 다층적이며 다양한 언어의 물성이 독자의 개입으로 비선형적인 하이퍼텍스트로 엮이며 집약되는 존재 관계의 체험을 주도한다. 독자는 이런 식으로 누군가의 과거를 기억하고 설명하는 행위에 개입하면서, 이 누군가의 의식과 다층적, 다각적으로 교류하는 밀도 깊은 관계 공간을 구성하는 것이다.

디지털 미디어를 통한 의식적 존재와 마주하는 경험의 또 다른 예로 핀치백의 〈에스더에게〉가 있다. 절제된 게임 형식으로 구현된 이 텍스트는 스코틀랜드 헤브리디스Hebrides 열도의 황량한 섬을 배경으

It's only at night that this place makes any sluggish effort at life. You can see the buoy and the aerial. I've been taking to sleeping through the day in an attempt to resurrect myself. I can feel the last days drawing upon me – there's little point now in continuation. There must be something new to find here – some nook or some cranny that offers a perspective worth clinging to. I've burnt my bridges, I have sunk my boats and watched them go to water.

〈그림 4〉 〈에스더에게〉 화면 캡처.

로 독자 혹은 사용자가 컴퓨터의 방향 키 혹은 조이스틱을 사용하여 여행하도록 재현해 놓았다〈그림 4〉 참조). 이 여정에서 독자는 자동차 사고로 자신의 아내 에스더를 잃은 화자가 풀어 내는 신경쇠약증에 걸려 좌초된 인생 이야기가 인간의 몸에 기억의 편린이 각인되듯 다양한 형식으로 섬의 곳곳에 새겨져 있는 것을 경험한다. 그 심각한 상처에 동반되는 고립과 굶주림, 감염 등의 고통이 화자의 정신을 더 악화시키기도 하고 동시에 환상을 보게도 하며, 주변 자연 공간에는 여러 상징과 숫자, 언어가 시각적으로 투사되어 있다. 이름 없는 화자의 존재는 게임자의 개입으로 인해 상호 간 구분이 모호해지며 트라우마를 품은 의식의 주인공이 화자의 것인지 게임을 풀어가는 독자의 것인지 혼란스럽게 된다. 비디오 게임 형식을 통해 의식의 구조가 매개화되는 생의 대면은 '내가 섬이 되어 간다'는 체험이다. 섬 곳곳에 은유와 상징을 담은 글들이 마음에 떠오르는 기억의 단편처럼 여기저기 새겨져 있는데, 이는 서사가 간헐적으로 이어지는 물리적 공간이며, 인간의 의식을 구조화한 듯한 심리적·의식적 공간이다. 따라서 독자의 독서 행위는 자신의 주체인 듯하면서도 타자화된 의식을 마주하는 형식의 경험이다. 디지털 공간에서 이같이 대상화된 존재와의 조우는 그 관계적 가능성이 무한하다. 독자로서의 인간은 디지털 텍스트를 읽으며, 때론 기억의 저장고와 같은 블랙박스로, 때론 끊임없이 밀려드는 파도로, 때론 규모를 알 수 없는 거대한 섬 등으로 다양하게 대상화된 비인간과 조우하며 교류한다.

네트워크network와 공동체

디지털 문학에서 인간과 비인간의 마주침은 기본적으로 주체와 타자의 상호 관계적 형식으로 구축된다. 디지털 공간은 다양한 인지적, 감각적 경험이 구현되는 형식의 매체를 축hub으로 상호 관계적 연결성이 매개되는 장소다. 이 관계는 텍스트가 독자에게 매개되는 방식, 즉 텍스트의 매개 형식에 의해 대응 행위가 유도되는 소극적 경험을 의미하는 것이 아니다. 오히려 디지털 텍스트와 조우하는 인간의 자기주도적 대응 양식에 따라 관계성이 구성되기에, 독자의 적극적 개입이 텍스트의 서사를 완성한다고 할 수 있다. 인간의 능동적인 개입이란 주체적·정신적 사유나 정동affect의 차원에서뿐 아니라 몸의 동적 간여라는 측면을 포함한다. 비인간으로서의 텍스트와 조우하는 인간의 대응 양식은 텍스트가 드러내는 매개 형식과 연동되며, 이 같은 관계성은 독자가 텍스트와 어울리게 되는 다양하고 다층적인 연결 지점으로서의 접점nodes을 통해 관계 지형이 확장되고 구조화되는 양상으로 나타난다. 하나의 디지털 텍스트에 다양한 독자의 참여로 구성되는 관계의 지형은 새로운 관계의 접점이 가능성으로 남아 있는 열린 개방적 네트워크라 할 수 있다. 독자와 텍스트가 연결되는 접점은 참여자의 포지션 설정positioning으로 구체화되며, 서사를 풀어 가는 여정에서 상호작용하는 네트워크의 형식으로 확장 혹은 확산되는 관계 공간이 된다.

　네트워크 구성을 통해 교차되는 존재 간 만남은 그 존재의 조우 방식을 구체화하는 존재론적 지형, 즉 공동체의 관계성에 대한 문제로 이어진다. 인간과 비인간이 결합하는 다양한 방식으로 구조화 혹은 영토화되는 존재 관계는 독자와 텍스트가 일대일로 연대하며 조우하는 형식으로 귀결되는 것이 아니며, 오히려 무수한 사용자가 참여하는 개방적 공간의 형식이다. 우리는 여기서 개별 주체 간의 관계를 넘어 텍스트를 축으로 "탈중심화decentralizing"되고 "비선형적nonlinear"으로 구조화되는 참여자의 네트워크, 즉 참여 집단이 구성되는 관계 지형을 주목할 필요가 있다. 이 지형은 시간의 흐름 속에 지속적으로 외부의 존재가 간여하기에 정치적으로 보았을 때 "비주권적인nonsovereign" 존재 관계의 공간이다(Jagoda 19). 디지털 문학을 통해 구축되는 네트워크는 단순히 컴퓨터와 인터넷을 매개로 조직화되는 관계망을 의미하는 것이 아니라, 인간과 기계 사이에 조직되거나 생성되는 다층적 연결 구조이다. 네트워크는 개방적이며 동시에 유동적, 확장적, 그리고 그 구성 요소 간의 상호 의존적 특성을 보인다. 즉, 디지털 네트워크는 정적이라기보다는 끊임없이 상호 연결되며 얽히는 역동적 리듬의 관계 공간이다. 나아가 상호 관계적 어울림은 국경 없는 디지털 공간에서 초국가적transnational으로 이루어지며 양화되는 구조일 뿐 아니라 동시에 질적 관계 구조이다. 즉, 존재관계를 추동하고 작동시키는 원심력과 구심력이 동시에 구동하는 공간이다. 그리고 존재 관계의 질적 구조가 드러내는 내적 긴장에 대한 관심은 네트워크의 미학성에 대한 추구와 연동된다. 이 존재론적 긴장은 인간과 디지털 텍스트, 혹은 인간과 비인간의 만남이 때로는 충격적이고 놀라우며, 때로는 낯설고 숭고한 경험이라 칭하는 것이기도 하다.

디지털 문학은 기본적으로 다양한 매체에 기반한 텍스트의 서사를 마치 게임처럼 주어진 낯선 문제 상황을 독자가 주체적, 창의적 방식으로 해결해 가는 여정의 형식으로 구조화된다. 예를 들어, 앤드루 스턴Andrew Stern과 마이클 마테아Michael Mateas가 기본적인 인공지능 개념에 기반하여 만든 단막 드라마[8] 형식의 텍스트 〈파사드 Façade〉는 독자 혹은 게임자의 참여로 텍스트가 완성되는 구조다. 독자는 이야기의 주된 캐릭터로 설정된 트립Tripp과 그레이스Grace 부부의 대립된 포지션을 풀어 가는 지렛대leverage 역할을 하게 되어 있다. 구체적인 서사의 방향은 독자가 텍스트에 접근하는 관계의 접점에 따라 달라진다. 여러 다른 참여자의 개입으로 이야기 속에 제시된 문제를 풀어 가는 다양한 가능성이 열려 있는 것이다. 그래서 무한한 사용자의 참여를 통해 트립과 그레이스의 문제 해결을 위한 빅데이터가 생산될 수 있다. 참여자가 이 두 사람과의 만남에서 어떤 역할을 스스로 창의하는가에 따라서 전혀 다른 텍스트의 생산이 가능하다. 트립이나 그레이스 중 어느 한 캐릭터에게 편향된 친밀감을 더 표시할 수도 있고, 그렇지 않을 수도 있다. 독자가 캐릭터의 각기 다른 포지션에 대해서 단순 도발을 감행할 수도 있다. 의미 없는 말을 던지거나 캐릭터 중 한 사람에게 이유 없이 키스를 할 수도 있다.

---

8 마테아는 이 작품이 게임이라기보다는 독자가 인물의 포지션을 설정하여 참여하는 드라마, 즉 "상호작용 드라마interactive drama"라고 강변한다.

좀 더 적극적으로 그들의 어그러진 관계를 이해하는 조력자로 치유자의 역할을 선택할 수도 있다. 두 인물 사이에서 긴장을 더 강화시킬 수도 있고 이완시킬 수도 있다. 컴퓨터는 이러한 인간의 반응에 대해 자체의 알고리듬에 따른 절차적 처리가능성procedurability으로 대응하며, 이 상호작용 과정에서 한 편의 상호작용 드라마가 생산된다 (Mateas 193). 한 사람의 참여자가 마치 드라마 작가와 같은 역할을 부여 받은 듯 서사를 풀어 가면서 구성해 낸 텍스트는 다른 많은 독자들이 만들어 낸 텍스트에 제한을 받게 되고, 마찬가지로 한 텍스트는 다른 게임자의 참여에 의해 생산된 텍스트의 제한을 받는다. 인간과 기계의 긴장은 인간과 인간의 존재론적 긴장에 제한을 받는다. 디지털 공간에서 구현되는 존재론적 긴장은 관계 지형의 질적 측면이다.

또 다른 예로 댓게임컴퍼니Thatgamecompany에서 개발한 디지털 텍스트 〈여정Journey〉이 있다. 플레이스테이션 기반의 이 상호작용 게임은 이야기를 풀어 가는 참여자가 인간의 삶과 같은 모험을 거치며 낯선 타자와 조우하는 다양한 지점intersections을 거치며 독특한 시각적, 정서적 경험을 하도록 설계되어 있다. 게임자는 기본적으로 이국적 망토를 걸친 아바타를 안내하여 사막과 같은 낯선 공간을 방황하는 가운데 여러 단계를 거치면서 90분에서 120분에 이르는 여정을 풀어 가는 형식이다. 앞에서 언급한 핀치벡의 〈에스더에게〉에서 사용자가 낯선 섬을 여행하며 느끼는 강렬한 긴장의 밀도가 〈여정〉에서도 게임의 서사를 풀어 가는 내내 지속된다. 게임자가 주목하는 것은 단순히 웅장하고 아름다운 그래픽이 자아내는 숭고한 감각적, 인지적 경험만이 아니다. 텍스트와 게임자가 상호작용하는 여정에서 즉흥적이고 비정상적이면서도 진귀한 선택의 순간이 끊임없이 이어지고, 동시에 단계마다 개입해 들어오는 다른 게임자와의 예기치 않은 조우가 벌어지기도 한다. 디지털 공간에서 서사를 헤쳐 가는 낯선 여정에는 중층적이며 역동적인 마주침의 구조 혹은 네트워크 안에 있는 게임자 자신을 발견하게 되는 지점이 가득하다. 8단계로 구성된 게임자의 여정에서 그래픽이나 오디오, 경험의 흐름이 예술적 실험과 같이 펼쳐진다는 점에서 참여자에겐 경이롭기까지 하다. 하지만 더 숭고한 체험은 이 게임을 만들어 낸 제노바 첸Jenova Chen이 주장하듯, 게임에서 서사의 얼개를 창의해 가는 과정에서 만남 주체 간에 자발적 협력으로 가능하다는 것이다.[9] 즉, 서사를 풀어 가는 게임자는 협력의 네트워크를 구성해 가는 여정에 개입하게 되어 있으며, 이야기와 공간이 임의적으로 만들어 내는 양방향적bidirectional 관계성과 상호작용, 그리고 긴장의 체험이 미학적 숭고함을 불러일으킨다. 관계 자체가 자아내는 숭고함이다. 이것이 곧 자고다Patrick Jagoda 같은 비평가들이 주장하는 "참여의 미학participatory aesthetics"이다(180). 디지털 공간에서 독자가 거치는 여정에는 예기치 않은 상황과 반응이 도처에 도사리고 있다. 기계를 매개로 한 디지털 서사 공간은 낯설고 놀라운 경험의 장이다. 동시에 독자의 적극적이고 자율적인 관계 접점 설정을 통해 텍스트가 완성되어 가는 (무한)가능성의 영역이기도 하다. 서사를 풀어 가는 능력, 인간과 비인간의 만남을 추동하는 능력은 곧 참여에 의해 다른 인간과의 네트워크를 구성해 내는 존재의 관계적 경험으로 이어지며, 이 관계성이 구조화되면서 촉발되는 미학적 긴장의 체험과 연관된다. 이렇게 인간과 비인간이 상호 제한하는 구조에서 구축되는 빅데이터화된 네

---

9 〈제노바 첸: 〈여정〉의 철학에 관해서Jenova Chen on Journey's Philosophy〉(2012) 참조.

트워크는 텍스트의 존재 가능성을 실현해 가는 방향으로 작동하는데, 참여 그룹 혹은 공동체는 텍스트의 존재론적 지형을 구체화하며 그 완전성, 미학적 완전성을 지향하는 방향으로 흐른다.

존재, 관계, 그리고 미학

디지털 문학을 통한 인간과 기계의 조우는 새로운 형식과 매체의 중요성, 공간의 문제, 상호작용, 결정되지 않은 자율적 주체의 일탈적 행로/여정, 그리고 미학적 완전성의 추구란 점에서 모더니즘의 주된 특성을 닮아 있다. 앨런 커비Alan Kirby는 디지털 기술문명이 촉발시킨 문학적, 문화적, 예술적 흐름과 모더니즘의 연계성을 인정하며 그것을 디지모더니즘digimodernism이라 정의한다. 새로운 예술적 양식 구현을 지향하는 모더니즘과 연속선상에 있으면서도 그것을 넘어서려 하는 다양한 문학적, 문화적 흐름을 뜻하는 메타모더니즘 metamodernism의 관점에서 디지모더니즘은 포스트모더니즘 이후의 문화적 풍경을 특징짓는 개념으로 의미가 있다. 제시카 프레스만Jessica Pressman은 커비와 유사하게 디지털 모더니즘digital modernism이란 용어를 사용하는데, 디지털 공간에서 인간과 텍스트의 밀도 있는 상호작용이 모더니즘과 신비평의 가까이 혹은 자세히 읽기에서 생성되는 질적 긴장 관계와 닮았다는 것이다. 그에 따르면, 텍스트와의 밀도 있는 관계성을 지향하는 디지털 모더니즘은 새로운 기술과 컴퓨팅 플랫폼computing platform에 기반을 두고 새로운 미디어를 통해 예술, 과학, 문화의 재발견을 지향한다. 그리고 이것은 텍스트와 인간의 보다 밀착되고 밀접하게 이루어지는 관계를 의미한다. 하지만 커비가 주장하는 디지모더니즘이나 프레스만의 디지털모더니즘은 디지털 문학을 통해 드러나는 인간과 기계의 본질적 관계 구조에 대해 명쾌한 설명을 제시하지는 못한다. 디지털 문학을 바라보는 해석적 인식적 관점을 제공하는 차원에서 더 나아가지는 않기 때문이다. 디지털 문학은 인간이 마주하는 기계 혹은 비인간적 주체와의 관계 작용이 불러올 수 있는 존재론적 가상semblance을 보여 준다고 볼 수도 있다. 이 가상은 이시스Isis 여신의 베일과 같아서 그것이 감싸고 있는 자연이나 실재의 본질을 드러내기보다 오히려 우연적인 베일의 존재가 더 본질적으로 부각되는 것과 같이 인간에게 혹은 인간의 몸에 보다 실제적으로 각인되는 체험으로 다가온다.

디지털 공간에서 인간의 몸을 매개로 하는 체험은 단순한 물리적 만남을 의미하지 않는다. 발터 벤야민Walter Benjamin이 주장하듯 인간의 몸과 마음은 별개의 존재가 아니다. 그는 데카르트를 비롯한 서구 철학적 전통이 인간의 몸과 마음을 별개의 속성을 가진 것으로 구분하는 이분법에 빠졌다고 비판하면서, 몸과 마음의 구별은 동일한 것의 "다른 양상different aspects" 혹은 "상像 · Gestalt"일 뿐이라고 주장한다.[10] 벤야민에게 사회문화적, 역사적 주체로서 세상과의 관계를 만들어 가는 인간을 구성하는 것은 "육화된 마음embodied mind"이다(393). 그의 관점에서 몸의 체험은 마음이나 감정, 사유, 그리고 행위의 생성과 불가분의 관계가 있으며, 개인과 자아의 한계를 벗어나 사회, 역사, 그리고 예술적 절대성을 "구성하는" 천재성ingenium이 작동하는 존재의 관계적 개념이다. 여기서 벤야민식 "구성configuration"의 개념은 일면 인간이 개입하면서 컴퓨터와 주변 장치가 결합하고

---

10 벤야민의 철학적 에세이 〈정신-신체적 문제에 대한 개관Outline of the Psychophysical Problem〉 참조.

상호 연결되는 방식을 시사하는 것이기도 하다. 디지털 문학에서는 물화된 텍스트와 몸을 투입하여 교류하고 얽히며 구성되는 방식이 곧 텍스트 서사가 된다. 인간과 비인간의 관계성 속에서 텍스트의 구조화가 작동하는 층위가 있다면, 또 다른 층위에서 텍스트를 축으로 탈중심화되고 비선형적으로 구조화되는 존재의 네트워크가 작동한다. 이 같은 존재 관계 구성의 경험은 충격이며 놀라움이고 달리 표현하면 미학적 숭고함이라 할 수 있다.

참고문헌

진경아, 《매체 미학과 영상 이미지》, 커뮤니케이션북스, 2014.

Andrews. Jim, and Pauline. Masurel. *Blue Hyacinth*. 2002. (http://www.vispo. com/StirFryTexts/ bluehyacinth3.html. 14 May 2017.)

Benjamin. Walter, "Outline of the Psychophysical Problem," *Walter Benjamin: Selected Writings, Volume 1: 1913-1926*. Cambridge, MA: Harvard UP, 2004, pp. 393-401.

Bolter. David J, *Writing Space: Computers, Hypertext, and the Remediation of Print*. Mahwah, N. J.: Lawrence Erlbaum Associates, 2011.

Bolter. David J. and Richard. Grusin, *Remediation: Understanding New Media*. Cambridge, MA: MIT P, 2000.

Bookchine. Natalie, *The Intruder*. 1999. (http://bookchin.net/projects/the-intruder/. 14 May 2017.)

Chen. Jenova, *Journey*. Los Angeles: Thatgamecompany, 2012.

Danielewski. Mark Z. *House of Leaves*. New York: Pantheon, 2001.

Egan. Jennifer, "Black Box," *New Yorker*. 4 and 11 June 2012, pp. 84-97.

Fisher. Caitlin, *These Waves of Girls*, 2001. (http://www.yorku.ca/caitlin/ waves/. 14 May 2017.)

Gumbrecht. H. U, *Production of Presence: What Meaning Cannot Convey*. Stanford: Stanford UP, 2004.

Hansen. Mark B. N, *Bodies in Code: Interfaces with Digital Media*. London: Routledge, 2006.

Hayles. N. Katherine, *Electronic Literature: New Horizons for the Literary*, Notre Dame, IN: U of Notre Dame P, 2008.

_____, *How We Become Posthuman: Virtual Bodies in Cybernetics, Literature, and Informatics*. Chicago: U of Chicago P, 1999.

Haraway. Donna, "A Cyborg Manifesto: Science, Technology, and Socialist-Feminism in the Late Twentieth Century," *Simians, Cyborgs and Women: The*

Reinvention of Nature. New York; Routledge, 1991, pp. 149-181.

Holquist. Michael, *Dialogism: Bakhtin and His World*. New York: Routledge, 2002.

Ingold. Jon, *All Roads*, 2006. (http://collection.eliterature.org/1/works/ingold__all_roads.html. 14 May 2017.)

Jagoda. Patrick, *Network Aesthetics*, Chicago: U of Chicago P, 2016.

Joyce. Michael, *Twelve Blue*. 1997. (http://collection.eliterature.org/1/works/joyce_twelve_blue.html. 14 May 2017.)

_____, *Of Two Minds: Hypertext Pedagogy and Poetics*, Ann Arbor: U of Michigan P, 1996.

Kiening. Christian, and Martina. Stercken, eds. *Mediating Time: New Perspectives on Medieval and Early Modern Culture*. Turnhout: Brepols Publishers, 2017.

Landow. Goerge P, *Hypertext 3.0: Critical Theory and New Media in an Era of Globalization*. Baltimore: Johns Hopkins UP, 2006.

Leaby. Mark, "Private Public Reading: Readers in Digital Literature Installation," *A Companion to Digital Literary Studies*. Eds. Ray Siemens and Susan Schreibman. Oxford: Wiley-Blackwell, 2013, pp. 301-317.

Mateas. Michael, *Façade*, 2005. (http://www.interactivestory.net/. Accessed 14 May 2017.)

Mateas. Michael, and Andrew. Stern, "Writing Façade: A Case Study in Procedural Authorship," *Second Person: Role-Playing and Story in Games and Playable Media*, Eds. Patrick Harrigan and Noah Wardrip-Fruin, Cambridge, MA: MIT Press, 2007, pp. 183-208.

Miller. Rand and Robyn Miller, *Myst*. 1993.

Morrissey. Judd, *Jew's Daughter*, 2000. (http://www.thejewsdaughter.com/. 14 May 2017.)

Papanagnou. Vaios, *The Garden of Forking Paths*, 2000. (http://courses.washington.edu/hypertxt/cgi-bin/www.geocities.com/papanagnou/. 14 May 2017.)

Pinchbeck. Dan, and Robert. Briscoe, *Dear Esther*, Brighton: Thechineseroom, 2012.

Pressman. Jessica, *Digital Modernism*, Oxford: Oxford UP, 2014.

"Psycho." Directed by Alfred Hitchcock. Shamley Productions, 1960.

Seegert, Alf. "'Doing there' vs. 'Being there': Performing Presence in Interactive Fiction," *Journal of Gaming and Virtual Worlds* 1-1, 2009, pp. 23-37.

Wardrip-Fruin. Noah, *Talking Cure*, 2002.

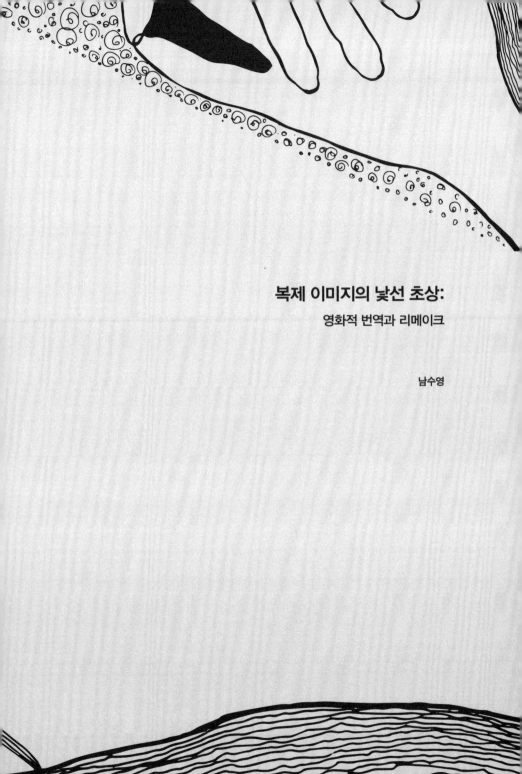

복제 이미지의 낯선 초상:

영화적 번역과 리메이크

남수영

이 글은 2015년 겨울 한국영상학회에서 처음 발표하고, 2017년 《비교문학》 제73권(75~102쪽)에 논문으로 발전시켜 게재한 글을 수정 보완한 것이다.

뉴미디어 시대, 매체의 그물망에 걸린 복제 이미지

오늘날 뉴미디어 기술은 동시 접속과 네트워크식 소통으로 특징 지어진다. 이러한 매체 환경은 다양한 방식으로 수많은 하이퍼텍스트가 연결되는 인터페이스를 요구한다. 일상적으로 마주하는 소셜 미디어가 각기 다른 타임라인 속에서 개별 사용자의 활동에 따라 다양한 텍스트를 역시 복수複數의 형태로 '재매개'하고 있음은 그 대표적 예다. 이러한 뉴미디어 시대 영상 이미지는 사용자로 하여금 다양한 차원의 시간을 현재형으로 경험하게 하는 동시에, 동시대의 사건들을 '역사'로 서사화할 수 있게 한다. 일견 모순되는 이러한 복수의 시간성은 영상 이미지의 본질적인 한 특성과 밀접한 관계를 가진다. 그것은 바로 복제reproduction다.

복제된 이미지의 창궐이 창의적이고 독창적인 예술에 위협이 될 것으로 여겨졌던 것은 분명하다. 그러나 한편으로는, 사진과 영화와 같은 복제 이미지 예술이 미적 경험을 특정 시간과 장소에 귀속된 아우라로부터 자유롭게 하여 새로운 예술적 패러다임을 제시할 수 있을 것이란 기대도 그에 못지않게 오래되었다(벤야민 1936).[1] 시대를 한참 앞서간 이 철학자의 기대처럼, 오늘날 실시간 공유되는 플랫폼과 그를 통해 하이퍼텍스트가 연결되는 이 특수한 매체적 환경은 복

---

[1] 벤야민Walter Benjamin은 1936년 〈기술복제시대의 예술작품〉에서 사진과 같은 복제 기술이 기존 예술의 수용에 가져올 변화를 예견하고 기대와 경계를 동시에 표현하였다. 개별 작품이 지닌 고유한 가치와 전통은 이어질 수 없지만, 복제 기술은 장소와 시간에 구애받지 않아 결과적으로 더 많은 사람들이 '예술'적 경험을 가까이할 수 있게 한다. 이는 한편으로는 '대중'예술의 기반이 형성되었음을 의미하며, 다른 한편으로는, 대중이 예술을 통한 정치의 영향력 안에 들어와 있다는 것을 가리킨다.

제 이미지의 의미가 단순히 기계적 생산과 복수성을 넘어서 재고될 것을 요청한다. 뉴미디어 시대에는, 특정 현실의 고유함을 담고 있는 동시에 그 역사와 분리되어 버린 이미지들이 새롭게 자신의 위치를 찾아가고 있기 때문이다.

한편, 이 글은 영화 담론 안에서 복제와 비교되는 번역의 개념을 함께 고찰함으로써, 영화에도 고전적 예술들처럼 매체적 순수함을 요구하는 것은 새로운 매체에 어울리지 않는 낡은 시각이라 비판한다. 그런 의미에서 오늘날 SNS의 파급력과 그 정치적 · 예술적 의미를 확인하며 미디어고고학적 시각, 즉 새로운 매체가 낡은 매체의 새로운 사용 방식에 기반하여 탄생한다는 전제 하에 '매체의 현재를 직시하고 그 미래를 예측하기 위해 과거를 돌아보는' 접근법을[2] 취하는 것은 유의미할 것이다. 새로운 매체에는 항상 오래된 매체가 포함되어 있기 마련이라는 매체고고학의 주장은 특히 영화에서 쉽게 증명되는데, 산업으로서 영화가 동시대 기술의 집약체라는 점에서뿐 아니라, 태생적으로 영화가 기존 예술들을 종합하여 새로운 경험을 만들어 냈다는 점에서 그러하다. 이에 본 연구는 바쟁André Bazin의 '비순수 영화를 위한' 변명을 화두로, 얌폴스키Mikhail Iampolski의 번역과 복제에 대한 구분을 적용하여, 오늘날 활발히 이루어지는 영상매체의 매개와 재매개의 양상을 재생산, 또는 복제를 만들어 내는 문화사회적 욕구 또는 심리의 발현으로 해석하고 그 의미를 되짚어 보고자 한다.

원전의 의미 전달을 중심으로 하는 번역과 달리, 원 미디어의 스타

---

2 허타모Erkki Huhtamo는 뉴미디어 예술에서 미디어 역사의 흔적을 찾는 의미와 그 방식을 (McLuhan을 차용하여) 이렇게 표현하였다("Art in the Rear-View Mirror: The Media-Archaeological Tradition in Art," *A Companion to Digital Art*. Ed. Christiane Paul, Hoboken: Wiley Blackwell, 2016, pp. 69-73).

일까지 복제하곤 하는 재매개의 경우는, 매체 간 연결이라는 그 그물망 자체가 문화적 의미작용이 일어나는 지점이라는 점에서 중요하다. 본 연구는 매개의 대상으로서 내용과 본질이 아니라, '비매개적인' 현상으로서 복제가 불러일으키는 인지와 인식의 측면을 새로운 의미화의 영역으로 조망한다. 복제는 예술의 유일성에 반하는 복제, 즉 대중화의 일환에 속한다. 복제는 대중들에게 오늘날 더 이상 익숙하지 않은 것들을 다시 낯익게 할 뿐 아니라, 이전에 미처 알지 못했던 것들을 새롭게 인식하게 하기도 한다.

마지막으로, 이와 같은 연구는 영화 이미지의 특성에 대한 고찰을 위한 텍스트 간 연구로부터 시작하여 매체고고학적 방법론으로 나아가는 과정 중에 이루어진 것이다. 이 글이 얌폴스키가 영화 텍스트의 의미 구성에 대한 하나의 해석으로 제시하는 번역과 복제 개념을 소개하고 그에 많이 의존하면서도, 오늘날 매체학에서의 복제이론과 연결 짓는 데에까지 나아가지 못하는 것은 그 때문이다. 하지만 영화 이미지의 복제적 성격이 사라져 가는 것들을 다시 환기시키고 익숙하게 하는 재-현의 문화를 포스트모던적 비역사의 공간으로부터 되살리고 지금/여기 그리고 앞으로 실현될 가능성을 지시한다는 것은 하나의 완성된 내러티브로서 완성되기 이전에 여러 부분에서 계속해서 증명될 가치가 있다. 이 글은 '복제'가 일반적으로 잉여를 생산하고 주변 문화의 역할을 한다고 여겨지는 것과 달리 대중적으로 유통되는 정보의 재평가에 기여할 수 있음을 보이고, 그 문화적 의미를 맥락화하는 역할을 수행하고자 한다.

한편, 이러한 시도는 최근 높아지고 있는 아카이브에 대한 관심과도 맞닿아 있다. 아카이브는 기억이나 의미의 소멸에 반대하는 시도이면서도 결국 그 의미가 채워지지 않는 불가능의 지점을 가리키고 있다. 오늘날 소멸에 대처하는 복제 이미지들이 오히려 과거로부터 주어진 통일성을 해체시키는 이유다. 오늘날 유통되는 이미지의 조각들은 이미 다양한 소셜미디어들 안에서 새로운 흐름을 만들어내며 집단지성의 매개가 되었다. 물론 이러한 특정 문화 현상 안에서 복제 이미지가 지니는 긍정적 의미를 더욱 깊이 있게 논의하기 위해서는, 오늘날 중첩된 매체들 사이에서 증폭되는 집단지성의 작동 양식에 대한 상세한 고찰과 비판도 함께 이루어져야 할 것은 분명하다.

영화의 (비)순수성

바쟁이 몽타주에 대해 비판적인 시각을 가졌다는 것은 잘 알려져 있다. 몽타주(편집)는―에이젠슈타인Sergei Eisenstein의 주장처럼―추상적 재현을 가능하게 하긴 하지만 이는 주로 '착각'을 통한 심리적 효과를 발생시키는 것이며, 바쟁은 이를 영화의 순수한 성격과는 상관없는 것이라 여겼다. 바쟁은 "순수한 상태에서 본 영화적 특질은 몽타주와는 반대로 공간의 단일성에 대한 전적인 사진적 존중 속에서 발견된다"고 주장한다(1953, 77). 그에 의하면, 몽타주는 반영화적인 방법으로서 특히 문학적인 것에 가깝다. 예를 들어, 편집을 통해 우리는 전혀 다른 공간에 있는 것을 마치 한 공간에 있는 것처럼 표현할 수 있는데, 그것은 그들의 물리적 소속을 넘어선 공존이 상상을 통해 만들어진 것이라 할 수 있다. 바쟁에 따르면 몽타주에 의한 영화는 영화의 순수한 특질을 버리고, 즉 기록영화이기를 멈추고, 그저 영상으로 만들어 낸 '이야기'에 지나지 않는 것이다.

그렇다면 바쟁에게 영화적인 것이란 '기록적 사실성'을 가리킨다. 물론 편집을 통해 영화적 사실성이 얻어지기도 하지만 그것은 2차적인 것에 지나지 않는다. 그의 말을 직접 빌면, 영화의 "기록적 사실성이 우리 상상력의 진실성vérité이 되기 위해서 그것은 일단 스스로를 파괴한 뒤 현실réalité 그 자체 속에 다시금 새로 태어나지 않으면 안" 된다(78). 즉 영화의 순수한 본성은 그 기록성에 있으며, 그것이 편집을 통해 '사실적'으로 새로 태어난다는 것이다. 바쟁은 더 나아가 영화의 미학적 완결성은 이렇듯 영화의 본성인 기록성과 차별화되면서도 다른 한편으로는 그 기록적 가치(실재성)를 가장 이상적으로 믿음직하게 만드는 역할로 이해한다. 그에게 영화의 미학은 영화에서 우리가 보는 사건이 "트릭에 의한 것(임)을 알면서도, 그러고도 그러한 사건의 실재성을 믿으려고 할 수 있게" 하는 지점에서 성립된다(78).

그렇다면 우리는 바쟁의 주장을 역으로 접근해 볼 수 있다. 즉, 그가 몽타주에 반하여 영화의 본성에 가장 가깝다고 찬양했던 '있는 그대로'의 현실을 담은 리얼리즘 영화조차도 영화적 순수함만으로 성립되는 것은 아니라는 것이다. 바쟁이 영화의 기록적 특성을 강조하면서도 혼합영화mixed cinema를 옹호한 것이 모순되지 않는 이유다. 바쟁에게 혼합영화는 다른 매체로부터의 각색이 이루어진 경우를 일컬으며, 이 경우 영화는 적극적으로 '영화적이지 않은 것', 또는 '비순수한 것'을 담아 내며 미학적 성취를 이룬다. 문학보다 더 문학적으로 표현되었다는 브레송의 각색영화는 영화로서는 순수하지 않지만, 그렇기 때문에 더욱 영화 매체의 가능성을 증명하며 그 미학을 구현하는 것이다.

랑시에르Jacques Rancière는 바디우Alain Badiou의 영화론을 소개하며, 그가 바쟁의 주장을 이어 가고 있다고 평한다(136). 바쟁이 기존 매체의 재현 양식을 모방하여, 원래의 것보다 더 해당 매체에 충실할 수 있다는 차원에서, '비순수 영화'를 옹호했다면, 바디우는 동시대의 모든 문화적 실천들을 반영하면서도 절대 원래의 것과 똑같이 머물러 있지 않다는 차원에서 영화의 불순함을 주장한다. 바디우는 《비미학》에서 "영화는 다른 〔여섯 개의〕 예술과 같은 차원에서 이들에 더해지는 것이 아니라, 이들을 자기 안에 끌어넣는 것이며, 다른 여섯 예술의 덤"이라 주장한다(147). 영화는 "그들로부터 출발하여, 이들을 자신에게서 벗어나게 하는 운동"을 통해 이들을 불순하게 만든다. 영화 속에서 "소설적인 것〔은〕 소설로부터 떼어 내"지고, 음악은 "회화적 암시에 의해 지"워지며, "회화의 고정성은 음악 속에서 완전히 용해된다"(147-149). 움직이는 세계를 "운동"의 형태로 복제한 영화 이미지지만, 그것 역시 영화 안에서는 원래의 운동이 아니다. "이미지는 자기 자신으로부터 떨어져 나와 영화의 실재로 되돌아간다. (…) 다른 예술들을 암시적으로 끌어와서 영화를 구성하는 일은 그 예술들을 자기 자신으로부터 떼어 내며, 결국 남는 것은 바로 〔예술들 사이의〕 금이 간 경계로, 영화가, 그리고 영화만이 그 방문을 허용하는 이념이 여기로 지나가게 될 것이다"(153-154). 영화는 이렇게 "기생적이고 불안정한 덤"인 "불순한 예술"인 것이다(154).[3]

바디우는 영화 안에서 벌어지는 사건으로서 '불순한 이념'에 주목했지만, 그 혼종성의 강조는 일견 당대의 다양한 양식들, 기술들, 표현들을 포함하는 영화를 대표적인 포스트모던적 패스티시Pastiche로 보는 시각과 유사한 듯 여겨지기도 한다. 그러나 랑시에르는 영화의 불순함을 "미메시스와 반-미메시스라는 상반된 패러다임이 작동한 결과"로 해석하고, 바로 그런 이유로 영화가 20세기 예술의 실제적

---

3 영화가 불순하지만 여전히 예술인 것은, 그것이 다른 예술들이 할 수 없는 어떤 것, 즉 이념의 방문을 가능하게 하기 때문일 것이다.

역동성을 증명한다고 주장한다.

홍미로운 것은 이런 진단이 영화는 진정한 예술이 아니거나 아니면 완전히 특별한 예술―즉, 불순한 예술이거나 불순함의 예술이며, 혼합 일반의 예술이고, 다른 예술들(소설, 음악, 회화, 연극)의 혼합으로 만들어진 예술―이기 때문에 예술의 내적 분할들에 속하지 않는다고 확언하면서 재현 시대와 반재현 시대의 분할에 대해 암묵적으로 다시 생각하도록 강제한다는 것이다. 한편으로 바디우는 이렇게 앙드레 바쟁의 주장을 계승한다. 그러나 다른 한편으로 그는 그것을 극단화한다. 그에게 있어서 영화는 다른 예술들의 혼합으로 만들어진 것만이 아니다. 영화는 그것들을 '불순화하는' 고유한 임무를 갖는다(2004, 136).

어쩌면 바쟁을 좀 더 가깝게 계승한 것은 바디우보다 랑시에르인지 모른다. 바쟁이 영화의 존재론적 사실성(지시성, 기록적 사실성)을 내세우며 영화를 모방과 창의의 이분법을 넘어서는 매체로 평가했던 것처럼, 랑시에르는 영화 안에 섞여 있는 새것과 낡은 것의 '내용'보다, 그들이 수행하는 새로운 감각의 분할에 주목했기 때문이다. 하지만 우리는 바쟁, 바디우, 랑시에르에게서 공통적으로 영화의 순수함은 포기되기 위해 인정된다는 것을 발견한다. 영화 매체의 기원으로부터 그러하듯, 진실된 움직임을 분절화하여 포착하고, 이를 다시 되살려 거짓 운동을 만들어 내는 영화는 '불순한' 예술의 대표적인 예다. 그렇다면 영화의 순수한 본성인, 기록의 역할은 어떻게 되는 것일까? 영화 이미지는 무엇을 보존할 수 있는가? 아니 영화 이미지의 보존성은 어떤 특징을 가지고 있는 것일까?

소멸에 대한 저항

인간의 육신의 외관을 인위적으로 보존하는 것은 말하자면 지속적인 시간의 흐름에서 그것을 떼어 내는 것, 곧 그것을 생명권 내에 안치시키는 일이다(바쟁 1945, 13).

번역

얌폴스키는 1997년 〈번역과 복제〉라는 글에서 바쟁이 리메이크에 관해 쓴 두 편의 글을 분석하며, 참조와 모방이라는 이름으로 나란히 놓인 텍스트들 간의 관계를 살펴본다. 얌폴스키는 비슷한 시기에 《타이레시아스의 기억》에서 '인용'의 관점으로 상호텍스트성에 대해 탐구한 바 있는데(1998), 텍스트 간 번역에 대한 이 1997년 글도 그 연장선상에 있다고 할 수 있다. 한편, 얌폴스키의 '번역'과 '복제' 개념은 벤야민에게서 온 것으로 보이지만, 이 두 개념은 더욱 중요하게도 영화 이미지의 존재론에 대한 바쟁의 이해에 기반하고 있다. 얌폴스키는 번역과 복제 간에는 명백히 유사성이 존재한다며 이를 반복의 양가적 특성으로 이해한다. "양자 모두 반복에 해당하지만 그들의 전략이 정반대"라는 것을 강조하면서 말이다(1997, 156).

번역은 언어의 자연스러운 성장과 진화에 참여한다. 그것은 중단 없는 형성의 과정(노화와 죽음을 포함한)에 포함되는 것이다. 흔히 번역은 과거에 의한 불가피한 잠식으로부터의 구원으로 간주되는 바, 그것은 죽어 가는 텍스트를 되살린다. (…) 현존의 모방을 지향하면서, 번역은 자신의 극단적인 표현 속에서 말을 이미지로 '바꾸는' 것에 이끌린다. 이상적인 번역은 유사-시각성을 획득하기 위해 언어적 한계를 뛰어넘는다. 낯선 텍스트의 복제는 여기서 무언가 새로운 작품으로 바뀌는 모험을 감행한다. 매튜 아놀드Matthew Arnold는 호머의 번역을 논하면서 번역자의 가장 중요한 과제가 호머가 청자에게 미친 감정적 영향을 재건하는 것이라고 주장했다(156).

얌폴스키의 글은 다양한 텍스트의 번역에 해당되는 설명에서 시작하는데, 이 맥락을 보면 그가 특히 매체 간 번역, 즉 문학에서 영화로의 번역을 염두에 두고 있음을 알 수 있다. 얌폴스키에 따라 우리는 바쟁이 각색에 관해 논의했던 바를 번역과 복제로 구분하여 재해석할 수 있는데, 이러한 해석은 오늘날 매체의 중첩과 매체 간 번역을 지칭하는 (재)매개 개념과 이어진다. 얌폴스키는 기계적인 치환이 아니라 원본이 가지는 감정적 효과를 재생산하는 것이 번역의 목적이라는 아놀드의 주장과, 이를 위해 언어적인 것의 한계를 뛰어넘는 '번역'을 병치하는데, 이는 근본적으로 다른 두 미디어가 병존하는 경우를 소환하는 것이다. 여기서 우리는 다양한 층위에서 다른 미디어의 재현 방식이 경유된 재현을 가리키는 재매개remediation 개념을 떠올릴 수 있는 것이다. 이에 대해서는 뒤에서 좀 더 구체적으로 논의할 것이다.
　여기서 흥미로운 것은 얌폴스키가 복제의 과제가 그 지향에 있어 번역의 그것과 완전히 반대편을 가리키고 있다고 지적하는 것이다. 번역이 과거의 것이 현재에도 살아 있도록 두 가지 시간성의 공존을 가능하게 한다면, 복제는 그것(과거의 것)이 현재에 불가능하다는 것을 증명한다는 것이다(157). 이는 번역은 원본의 고유함을 최대한 보존하고 유지하려고 하지만, 복제에서는 새로 만들어진 것이 원본의 것에 미치지 못하는 그저 하나의 카피에 지나지 않는다는 것이 분명하기 때문이다. 예를 들어, 벤야민은 영화적 '복제'에서 아우라의 상실을 이야기했는데, 이는 살아 있는 배우들, 그 물질성과 직접적 현존이 스크린 위에서 상실된다는 주장이었다. 즉, 아우라는 '지금/여기'에 현존하는 것으로서, 재현되거나 복사될 수 없다. 현존은 복제될 수 없는 것이다. 얌폴스키는 "번역이 현존의 재건을 지향한다면 복제는 그것의 상실을 표현한다"고 단언한다(157).

그러나 이러한 인식으로부터 우리는 영화가 필연적으로 모순적 특징을 지닐 수밖에 없음을 발견한다. 영화는 그 구성 요소로서 복제 이미지를 가지고 있지만, 한편으로는 그 자체로—예를 들면 언어 텍스트의 시각적 번역 등으로—현존성을 지닌 재현으로 재생되기 마련인 탓이다. 달리 말하면, 영화는 현재 일어나는 일로 주어지고 경험되지만 그 '물리적 현실'에는 원본의 '지금/여기'에 속하는, 이미 '낡아 버린' 요소들이 남아 있어 그 현재성의 감정과 모순된다는 것이다. 얌폴스키는 "영화는 현실에 너무나 밀착된 나머지 현실 자체와 더불어 그 자신이 과거로 밀려난다"고 말한다(159). 영화는 본질적으로 복제로부터 출발하지만 삶 속으로의 번역을 추구하기 때문이다. 그렇다면 영화 이미지의 경험이 내포하는 이 시대착오의 역설을 어떻게 설명할 수 있을까?[4]

〈사진적 영상의 존재론〉에서 바쟁은 필름으로 옮겨지는 시대의 특징은 변화되지 않고 그대로 유지된다는 '본성 유지'의 성격을 영화의 내재적 사실성으로 설명하였다. 그런데도 그러한 본성 유지의 성

---

[4] 이 역설은 영화의 구성 요소가 '복제 이미지'이기 때문에 발생한다. 세계로부터 '있는 그대로' 복제된 것이므로 영화 이미지는 필연적으로 그 전前 영상적pro-filimic 요소로서 특정 시대나 상황을 가리키고 있다. 그래서 우리는 예를 들면 영화 속 장면을 보며 마치 눈앞의 현재, 현실인 것처럼 몰입하지만, 그래도 그 시각적 요소가 지시하는 특수한 과거의 시간성을 무시하기 힘들게 되는 것이다.

격이 생생한 현실로 느껴진다는 것은, 마치 '살아 있는 박제' 또는 '미라 된 변화'와 같은 그의 표현들처럼 모순적이지 않은가? 얌폴스키는 (바쟁의 말대로) 사진이 자연으로부터 온 자연의 일부이듯, 필름에 보존된 해당 시대의 사물과 인물들은, 영화적 세계의 "주인공이 속해 있고 그들의 행동을 결정짓는 상황의 반복 불가능성을 만들어 낸다"고 말한다. 그러나 그는 또한 "비록 행동이 상황으로부터 관객을 분리시키고, 우리가 그것을 마치 '현재' 일어나는 것처럼 경험한다 할지라도 그와 같은 경험에는 위조의 뉘앙스가 담겨 있다"고 주장한다 (159-160). 보존된 이미지는 역사적 맥락에서 격리되어 '현실'로 재현되지만, 그 물리적 실재는 항상 과거를 가리키고 있기 때문이다.[5]

한편, 그러한 이미지는 이미 복제된 것으로서 원본의 아우라(지금/여기)는 갖지 못하지만, 그 역시 시간의 흐름 앞에 무력하다. 다시 말해, 영화는 나오는 순간부터 늙게 되고 만다. 예를 들어, 〈그림 1〉과 〈그림 2〉를 보자. 내용적으로 〈그림 1〉의 에피소드가 〈그림 2〉

왼쪽부터 〈그림 1〉 〈스타워즈 에피소드 3: 시스의 복수Star Wars Episode 3: Revenge of the Sith〉(2005), 〈그림 2〉 〈스타워즈 에피소드 4: 새로운 희망Star Wars Episode 4: Return of the Jedi〉(1983)

---

5 동시대를 그리고 있는 영화는 어쩌면 그것이 너무도 역사 현실과 닮게 되기 때문에, 이후 세대에게는 그 내용과 상관없이 과거의 것, 복고적인 것으로 인식되기 마련이다.

왼쪽부터 〈그림 3〉, 〈그림 4〉. 영화 〈해리가 샐리를 만났을 때〉(1989)의 장면.

의 그것보다 더 앞선(오래 된) 시간을 다루고 있다. 그러나 이 복제 이미지들은 영화가 만들어진 시공간을 그대로 지시하고 있다. 만들어진 해가 거의 20년 넘게 앞서는 〈그림 2〉의 장면이 〈그림 1〉보다 더 낡고 오래되어 보이는, 즉 앞선 것으로 보이는 것은 어쩔 수 없다는 것이다. 한편 〈그림 3〉과 〈그림 4〉의 〈해리가 샐리를 만났을 때〉는 1989년 영화다. 〈그림 3〉은 영화 속에서 1989년 현실보다 약 10여 년 전의 과거를 가리키고 있으며, 〈그림 4〉는 영화 이야기상 현재, 즉 동시대를 보여 준다. 그러나 이 두 사진은 오늘날의 관객에게는 그 시차를 잘 느끼지 못할 정도로 모두 오래된 과거로 인식된다. 복제 이미지가 현실에 밀접하면 밀접할수록, 현실과 마찬가지로 그 이미지도 늙어 가는 것이다.

영화 이미지는 인물, 행위, 사건 등을 '시간의 흐름으로부터 자유롭게' '보존'하는 것이 아니라, 지나간 시간 '속에서' 제시한다. 물론 현재의 현실 속에 그것이 다시 재생된다면 우리는 다시 몰입해서 현재로서 그 감정을 느낄 수 있을 것이다. 그러나 이러한 이미지는 그들이 만들어진 시대에 대한 기록인 만큼, 우리가 그 안에서 그 시대, 그 과거의 세계를 함께 보고 있다는 것은 분명한 사실이다. 이는 마치 그림 밖의 젊은 도리언 그레이와 그림 안에서 늙어 버린 그의 초상을 동시에 겹쳐 보는 것과 같다. 이것이 바로 영화 이미지가 이중적으로 혹은 모순되게 제시하는 영화의 시간성이다.

얌폴스키는 이에 대처하는 관객의 태도를 둘로 나누어 분석한다. 그 첫째는 시네필적 태도인데, 개별 영화에 속한 이미지들에 페티시적 가치와 박물관적 가치를 부여하는 것이다. 이런 태도를 가진 관객들에게 50년대 고전영화는 고루하고 낡은 것이 아니라 상실된 것을 향한 향수의 대상이 되며, 영화 "창작의 국면과 소비의 국면 사이의 간극은 원칙적인 의미를 지닌다. 특정 시대에 속한다는 것, 즉 시간적 격차는 시네필들에게 잃어버린 것을 향한 페티시적 향수, 곧 시네필적인 멜랑콜리를 위한 필수 조건으로 여겨진다"(160-161). 이런 태도 안에서 부각되는 간극, 창작의 순간과 관람의 순간의 분리는 극복되지 않으며 극복되어서도 안 된다. 오히려 과거는 복원 불가능한, 상실된 것으로 남는다. 영화는 흘러가는 것이며, 흘러가 버리는 시간이 바로 영화의 속성이라 여기는 것도 시네필적 욕망에 관여하는 것일지 모른다. 우리가 영화에서 노스텔지어라는 감수성을 느끼는 것이 바로 이런 경우다.

리메이크

반면 이러한 시간 차를 극복하기 위한 방편으로 리메이크가 시도되기도 한다. 얌폴스키는 리메이크를 "언어 텍스트에서의 번역에 해당하는 이상한 시각적 대응물"이라 칭한다(161). 리메이크 역시 소멸하는 (원본) 텍스트의 생명력을 (시간의 흐름에 대항하여) '지금/여기'에 계속 되살리려는 시도이긴 하나, 기억과 과거를 부정한다는 측면에서 시네필적 실천과는 대립된다. 리메이크에서 "원본은 그저 파괴될 뿐이며, 새로운 버전은 스스로 선행자 없는 원본을 자임

한다"(161). 흥미롭게도 할리우드에서 리메이크가 시작된 것은 고전 영화의 형식이 완성되고 그 전성기를 지나고 얼마 지나지 않은 1950년대 초인데, 그것은 기본적으로는 같은 시나리오를 가지고 반복해서 영화를 찍는 형태로 진행되었다. 이러한 리메이크에서 스토리 상이든 배경 상이든 낡은 것으로 여겨지는 것은 모두 동시대 것으로 바뀐다. 시네필의 영화는 '번역'을 중시하며 그렇게 '고전'의 기억을 보존하고자 하지만, 리메이크는 기계적으로 새롭게 베껴 쓰는 방식으로 불편함 없이 현재에 몰입하는 경험을 지향한다. 이러한 방식으로 일종의 '늙지 않는 영화'가 끊임없이 제공되고 있는지도 모른다.

얌폴스키는 "리메이크의 창조자들은 현실을 개선하고 그 안에서 낡은 요소들을 당대적인 것으로 대체"한다면서, '시네필'(의 번역)이 "기표의 차원을 물신화"한다면 '리메이크'는 "영화(복사본)와 원본(현실)의 차이"를 인정하지 않는 듯하다고 평가한다. 전자가 철저히 과거지향적이라면 후자는 과거에 대한 기억을 억압하고 현존성을 증명할 대용품들을 끊임없이 제공한다(161-162).[6] 이는 반복에 대한 새로운 인식으로 이어진다.

　시네필적인 페티시와 리메이크의 차이는 키에르케고르가 말한 반복과 회상의 차이를 떠올리게 한다. '반복과 회상, 이것은 서로 다른 방향을 향하는 동일한 움직임이다. 왜냐하면 회상되는 것은 뒤쪽을 향하면서 반복되는 반면, 진정한 반복은 앞쪽을 향하는 회상이기 때문이다.'

6　리메이크의 경우 같은 스토리를 그대로 동시대 배경으로 옮겨 놓는다. 시간적 거리뿐 아니라 공간적 거리도 마찬가지로 대부분 삭제되는데, 예를 들어 일본의 공포영화 〈링〉(1999)은 미국과 한국에서 각각의 나라를 배경으로 한 이야기로 각색되었다.

그래서 반복은, 만일 그것이 가능하다면, 인간을 행복하게 만들지만 회상은 인간을 불행하게 만든다. (…) 바쟁은 〔리메이크〕와 같은 복제는 부분적으로 '작품이 아닌 원본'의 복사에 기초한다고 지적한다. 이런 복사의 가장 본질적인 결과는 모종의 원천을 상이한 기술적 환경으로 옮겨 놓는 것과 연관된, 기술적이고 문체적인 절충주의다(162-63).

리메이크는 원본을 다른 시간, 다른 장소에 옮겨 놓는 것이기 때문에 기본적으로 변화를 수반한다. 리메이크 작품에도 시네필이 개입할 수 있는 이유가 여기에 있다. 특히 다른 스타일과 시대를 넘어 그들 사이의 유사성을 판단 평가하고, 그 영향 관계를 기술적 절충으로 설명하는 엘리트 전문가들이 그 작품에 '늙지 않는 영원성'을 부여하기도 한다.[7] 그 결과 리메이크에서도 역시 원본 형태의 유지와 더불어 몰시간성의 행복을 획득할 수 있다.

이제까지의 논의를 정리하자면, 영화는 특정 시간에 속하는 복제 이미지로 구성되기 때문에 시간의 흐름과 함께 '늙어 간다'고 할 수 있다. 그리고 그러한 과거성을 지우고 계속 새로운 것으로 쇄신하려는 욕망이 리메이크를 만들어 낸다고 할 수 있다. 일반적으로 리메이크는 현실성에 충실하지만, 그럼에도 불구하고 그 안에서 원본에 대한 참조를 읽어 내는 시도들도 가능하다. 바쟁은 주로 매체 간의 각색에 대해 이야기하긴 했지만, 영화적 현실성 안에서 원본의 특색이 두드러지게 매개된다는 점에서 각색영화를 옹호했던 그의 주장은, 오늘날 리메이크를 통해 복제·확산되는 이미지의 가능성을 이

---

7 이런 요소들은 관심 어린 관객의 눈에 의해서만 발견될 수 있을 것인데, 그런 관객이 주로 시네필, 평론가 등 소수의 식자일 확률이 높은 것은 분명하다.

해하는 데 도움을 준다.

얌폴스키는 바쟁의 논문을 세밀히 분석해서 실제로 그가 리메이크에 대해 상반된 두 가지 입장을 드러낸다고 주장한다. 리메이크가 "원작과 원천의 존재를 인정하지 않으며 그 자체로서 기표의 존재를 부정한다"고 주장하는 듯하다가, 이후에는 리메이크가 "원작과 원천을 가장 세밀한 디테일에 이르기까지 옮겨 놓는 노스탤지어적 경험"을 제공한다고 말하는 것이다(164).[8] 이렇게 과거를 지시하는 기표를 무시한다고 했던 바쟁이 다시 향수를 불러일으킬 수 있다고 인정하는 것은 물론 리메이크에 대한 그의 입장 변화를 지시한다. 그러나 더 중요한 것은, 바쟁이 후자의 입장으로 선회하는 전제에 세밀한 디테일의 직접적 복제가 작용하고 있다는 점이다.

리메이크는 기본적으로 과거의 것을 모두 당대적인 것, 현재에 가까운 것으로 바꾸지만, 때로는 과거에 속했던 것을, 그것이 이질적일지라도, 현재의 맥락 안에 그대로 옮겨 놓기도 한다. 이는 대부분 특정 장면이나 시퀀스 중심으로 진행되는데, 이것이 소위 '오마주'의 형태를 이룬다. 이렇게 작품 전체로서가 아니라 일부를 인용하는 방식을 통해 의도된 복제는 그것이 특정 과거를 완벽하게 재생산하기 때문에, 그리고 그 과거성을 가지고 있기 때문에 노스탤지어를 불러일으킬 수 있다. 이는 영화에 대해 특별한 애정을 만들어 내는 원천이 될 수 있다.[9]

---

8 이는 아마도 영화가 예술로 자리 잡으면서 나름의 전통이 쌓이고 있지만, 그 본성상 동시대성을 지니고 있기 때문에—비록 그 역시 늘어 갈 테지만—그 안에서 이어지는 리메이크 시도들을 수용할 수밖에 없다는 것을 인정한 것일 테다.

9 이는 영화를 현재의 눈으로 보는 것이 아니라 과거의 눈으로 보는 경험을 가리키는데, 우리는 여기서 지젝의 '응시의 매개' 개념을 떠올릴 수 있겠다.(슬라보예 지젝,

과거를 회복 불가능한 '상실'로 그리는 향수에 관한 영화들. 왼쪽부터 〈그림 5〉 영화 〈셰인Shane〉(1952), 〈그림 6〉 영화 〈카사블랑카CasaBlanca〉(1949).

암폴스키는 이렇게 '과거'에 속하는 디테일들이 리메이크를 시네필적 실천으로 접근시키는 지점이라 명시한다. 이는 달리 말하면, 몰입을 위한 현재의 서사라는 관점에서는 잉여적일 그 순간들이, 관객들에게는 과거 고전영화의 특정 순간들을 되새기게 하는 즐거움을 가져다줄 수 있다는 뜻이다. 흥미롭게도 이는 리메이크가 복제를 통해 다시 번역의 기능을 수행하게 된다는 의미이기도 하다. 이 과정에서 우리는 번역과 복제가 근본적으로는 같은 선상에 있는 작업이라는 것을 깨닫는다. 그렇다면 그들 간의 차이는 정확히 무엇인가? 우리가 '인식'의 문제를 따져 보아야 하는 이유다.

〈표 1〉 번역과 복제

	번역	복제
원인	영화의 모순된 시간성	
발현 양상	시네필적 페티시	리메이크
기억	향수	기억상실

"Looking Awry", 1989. 참조)

반복	뒤쪽을 향하는 반복: 노화와 멜랑콜리	앞쪽을 향하는 회상: 확장 가능성
인식의 용이함	어려움 (소수만 인지)	쉬움 (다수가 인지 가능)

인식에 관하여

리메이크와 재매개

리메이크의 목적 그리고 그 영향에 대한 논의에서, 항상 명확하게 분리되지 않고 자주 혼합되긴 하지만, 그럼에도 불구하고 번역과 복제의 차이는 밝혀 둘 필요가 있다. 번역의 목적에 기반한 리메이크는 원본에 더 무게를 두며, 그 결과인 2차 텍스트의 성과는 원본에 대한 지식을 가진 소수 엘리트의 평가에 따라 인정되는 경우가 많다. 이러한 시네필적 실천과 구분되는 리메이크는 대부분 원본의 감흥을 그대로 전달하기를—마치 그것을 의도하지 않는 것처럼—실패하고, 원본을 그대로 복제할 수 없다는 것만을 증명하곤 한다. 후자의 경우 리메이크는 원작보다 낮은 수준의 B급 영화에 머무는 경우가 많다. 또한 많은 경우, 사소하지만 명백한 원본의 표현들을 최

〈그림 7〉 시네필을 위한 오마주. 왼쪽부터 영화 〈8과 1/2〉(1963)과 〈펄프 픽션Pulp Fiction〉 (1994)의 한 장면.

〈그림 8〉 다양한 종류의 복제 이미지들로 구성된 B급 코미디 영화 〈총알 탄 사나이 3Naked Gun 33 1/3〉(1994).

대한 반영하여 멜로, 코미디, 공포 등 관객으로부터 과잉된 감정과 리액션을 불러일으키는 대중적 작품이 만들어지는 경우가 흔하다.

시네필적 번역은 다수가 인식하지 못하더라도 혹은 다수가 인식하지 못할 경우에 더욱 그 가치가 인정받는 반면에, 대중적 리메이크는 원작을 보지 못한 사람까지 포함하여 최대한 많은 사람이 그 유사성을 인식할 수 있도록 의도되는 것이 일반적이다. 인식의 용이함이라는 차원에서 시네필적 번역과 대중적 리메이크가 차별화되는 지점이다.

영화들 사이에서 리메이크는 사건 등과 같은 내용의 재현에서뿐만 아니라 배우, 의상, 소품, 미장센, 장면 구성 등 다양한 측면에서 복제를 지시하는데, 이러한 복제와 차용은 매체 간에도 이루어진다. 특히 기존 예술로부터 영화로 이어지는 각색에서 흔하다. 바쟁은 〈비순수 영화를 위하여: 각색의 옹호〉라는 글에서 영화에게 기존 예술과 동등한 수준의 명예를 부여하는 행위로 예술들 간의 상호 영향과 각색의 문제를 언급한다. 그는 영화가 전통적 예술을 리메이크하고 있다는 것이 그들에 의존한다거나 그들에 비해 2류 예술이라는 증거는 아니라고 주장한다(114).

보통 요약적으로 이루어지는 참조와 모방은 격이 떨어지는 리메이크에 해당하는 것으로 여겨진다. 영화가 이전 예술 혹은 매체의 역할들을 요약, 즉 리메이크하는 경향이 있었다는 것을 바쟁은 인정한다. 특히 영화가 이전 매체의 성과들을 그대로 반영하는 경우에 대해서, 바쟁은 내용의 각색이 아닌 매체 특성을 모방하는 차원에서 예술로서의 독립적 가치를 부여받지 못하는 것을 의식한 듯하다. 바쟁은 영화가 다른 예술에 비해 상대적으로 짧은 역사를 가지고 있음을 비추어 "아동교육이 그 아이를 둘러싸고 있는 어른들을 모방하는 것으로 이루어지듯이 영화의 진화는 필연적으로 신성화된 예술들의 실례를 따라 굴절, 변화되어 왔다"고 주장한다(114-115). 그러한 각색은 예술의 역사에서 아주 일상적이라는 것이다.[10]

마를로Malraux는 르네상스 회화가 당초 고딕 조각의 덕을 얼마나 보고 있는지를 증명해 보였다. 지오토Giotto di Bondone는 환조丸彫로 그림을 그리고 미켈란젤로는 프레스코 화법이 조각적인 회화에는 더 적합했기에 유화구油畫具라는 수단을 고의적으로 거부했다. 그리고 확실히 그것은 순수한 회화의 해방에의 길을 향해 재빨리 넘어서 버린 한 단계였다. 그렇지만 지오토가 램브란트보다 열등하다고 누가 얘기하겠

---

10 음악의 역사에도 이러한 현상은 드물지 않으며 그것은 고전시대에만 국한되지 않는다. 1730년 바흐는 헨델의 아리아의 일부를 취해 변주를 만들어 그의 부인에게 선물했는데 이것이 〈골드베르크 변주곡〉의 기원으로 알려져 있다. 바흐의 즉흥곡은 이후 바그너, 쇤베르크 등 후배 음악가들에게뿐 아니라 컨템포러리 음악가들에게도 반복되는 주제로 이어져 왔다. 오늘날 대중음악은 클래식 음악의 주제뿐 아니라 다른 뮤지션의 음악들을 샘플링하여 반복, 변주하여 사용하기도 한다.

는가? 그리고 그와 같이 등급을 매기는 일이 무슨 의미가 있겠는가? 환조의 프레스코화가 진화를 위해 필요한, 그렇기 때문에 미학적으로도 정당한 한 단계였음을 누가 부정할 것인가?(115)[11]

영화 매체의 발전적 특성을 주장하는 진화론자로서 바쟁은, 이전 예술의 재현 방식들이 영화에 반영되는 것을 당연한 것으로 보았다. 이렇게 텍스트 번역이 매체 간 각색으로 이루어지는 경우는 매체의 재매개 현상으로도 설명할 수 있는데, 이런 관점이 가장 도움을 주는 것은 사실주의의 진화를 설명하는 기술발전론일 것이다. 영화는 회화의 원근법과 소설의 서사 기법을 모방하는데, 이 모방이 몰입의 형태로, 즉 영화의 인터페이스 안에서 투명하게 제시되며 사실주의가 더욱 강화되었다고 볼 수 있기 때문이다. 물론 영화 기법은 TV나

〈그림 9〉 영화 〈크리스마스 캐롤Christmas Carol〉(2009). 디킨스의 《크리스마스 캐롤》의 각색임을 나타내며 동시에 '책'이라는 매체를 영화적으로 재매개한 장면이다.

---

11 바쟁은 영화에서 특히 다른 작품들로부터의 영향에 민감하고 이를 거부하려 했던 것은 영화사의 초기 25~30년 정도에만 두드러졌던 현상이며, 이는 영화 수단의 독자성과 제재의 독창성을 성립하기 위한 시기였기 때문이라고 주장한다.

〈그림 10〉 회화의 재매개. 영화 〈진주 귀걸이를 한 소녀
Girl with a Pearl Earring〉(2003).

게임 등으로 또 다시 매개된다.

우리는 이러한 복제를 '모방'으로 설명할 수도 있을 것이다. 그러나 중요한 것은, 이 둘 모두 예술적 성과의 차원에서 똑같이 멸시되어 왔다는 점이다. 영화 이미지의 복제적 성질을 분석함으로써 우리는 재현 양식, 방법, 스타일 등에 있어 기존의 것을 적극적으로 모방하는 것이 영화의 아주 중요한 특징이라는 것, 그리고 복제가 흔히 생각하듯 진화론적 시각에 입각해 과거에만 머물고 있는 것이 아니라는 것을 깨닫는다. 영화는 다양한 방식의 번역과 복제를 통해 가장 적극적으로 '재매개'를 수행해 온 매체다. 영화는 이전 예술들만, 즉 과거(의 영화)만을 각색하는 것이 아니라, 이제 스스로의 재현 양식의 틀을 유지하면서도—예를 들면 사각의 평면 프레임 안에서—오늘날 새로운 매체들의 특징을 끊임없이 반영하고 있다.

재매개는 하나의 미디어가 현실을 재현하는 데 있어, 다른 미디어의 재현 방식을 경유하는 상황을 일컫는다. 예를 들어, 영화 속에서 등장인물이 사진을 바라보거나 TV를 보는 것, 혹은 컴퓨터 모니

위쪽부터 〈그림 11〉 영화 〈돈을 갖고 튀어라Take the Money and Run〉(1969)와 〈그림 12〉 〈롤라 론Lola Rennt〉(1998). 각각 다큐멘터리와 게임의 형식과 스타일을 모방하였으며, 전자는 신문을 후자는 애니메이션을 재매개하였다.

터를 통해 다른 이미지를 보는 장면 등이 대표적으로 재매개가 일어나는 경우라 할 수 있다. 재매개 개념을 주창한 볼터Jay Bolter와 그루신Richard Grusin은 그 매개가 투명하게 일어나는 경우를 비매개적immediacy이라 칭하고, 반대로 분명히 그 이질적 매체성이 두드러지는 경우를 하이퍼매개hypermediacy로 설명한다(2000). 내용의 보존에 초점이 맞춰진 번역 개념과 달리 재매개 이론은 텍스트 간에 달리 경험되는 매체성에 주목한다. 이러한 맥락에서 번역이 아니라 복제로서의 영화 개념은, 매체의 성질 자체를 두드러지게 하며, 오늘날 매체 간 리메이크, 즉 재매개 현상을 설명하는 데 요긴하다.

영화적 경험은 매우 기술적으로 조직되긴 하지만, 고대부터 있어

〈그림 13〉 영화 〈맥스군 사랑에 빠지다Rushmore〉(1998)에서 1년 동안의 활동을 보여 주는 '앨범yearbook' 양식을 모방한 장면. 표면적으로는 앨범 형식을 '하이퍼매개'로 제시하지만, 동시에 컴퓨터 화면과 같은 구성에 '프레젠테이션'의 형식을 '비매개적'으로 표현한 것으로도 볼 수 있다.

왔던 매체 경험, 즉 창밖을 내다본다거나, 프레임 안의 그림을 보는 것과 같은 경험의 재매개다. 발성영화의 탄생 역시 당시에 거의 혁명적 발전으로 여겨졌지만, 매체적 관점에서 본다면 마치 책을 읽는 것과 유사하며, 오늘날 소셜미디어의 게시물조차, 벽에 자보字報를 붙이는 것과 같은 아날로그적 매체 경험이 이어지는 것이다. 물론 오늘날 영화는 이렇게 오래된 매체들을 넘어, 간매체적intermedial 확장성을 획득하고 있다. 예를 들면, 게임에 사용되는 상호작용적 서사가 영화에 반영된다거나〈그림 12〉 참조), 뉴미디어 매체에서 활용되는 프레젠테이션 기법들이 스토리를 요약 제시할 때 사용되기도 하는 것이다〈그림 13〉 참조).[12] 이러한 매체 간 번역은 우리가 지금까지 논의했던 리메이크에 해당하는 것으로, 우리는 내용적 측면에 국한되어있던 번역의 논의를 복제 이미지를 매개로 하는 간매체성 또는 재매개를 통해서, 매체의 형식과 그것이 가능하게 하는 경험으로 확대할 수 있다.

---

12 물론 프레젠테이션 역시 매체 혼종적이다. 일반적인 포스터나 슬라이드 형식에서, 오늘날에는 동영상 클립이 포함된 하이퍼 매개로, 그리고 줌zoom과 같은 다양한 카메라 워크를 모방한 형식의 프레젠테이션(e.g. Prezi) 등으로 다양하게 변화되어 왔다.

영화의 역사에서 간매체적 리메이크 역시 새로운 것은 아니다. 바쟁이 영화의 비순수성을 어떻게 포용했는지 살펴보자. 예를 들어, 바쟁은 원본에 대한 충실성이 주요 이슈였던 각색에 대하여 〈〈시골사제의 일기〉와 로베르 브레송의 문체론〉에서, 어쩌면 영화만이 가능한 훨씬 발전된 리메이크의 경우를 소개한 바 있다.

만일 브레송Robert Bresson이 책에 충실했다고만 한다면 그는 사실상 전혀 다른 영화를 만들었을 것임에 틀림없다. 그가 설령 원작에 아무것도 더 첨가하지 않기로 결심했다고 하더라도 (…) 그로서는 그 속에 존재하는 보다 문학적인 것을 희생시켜 처음부터 영화에게 전적으로 주어진, 시각적인 연출을 명백히 촉구하고 있는 무수한 통로를 그대로 보존하는 길을 선택할 수도 있었을 것이다. 하나 그는 고의적으로 반대의 길을 택했다. 둘 중에서 문학적인 것은 영화 쪽이요. 이미지가 들끓고 있는 것은 오히려 소설이다(149~150).

바쟁은 브레송의 영화를 들어, 소설 텍스트의 내용을 그대로 담아내는 단순한 충실성을 추구하기보다 그 원전의 매체성, 즉 원전의 소설적인 성격을 '충실하게' 담아낸 각색의 경우로 칭찬한다. 하지만 이러한 시도가 앞서 소개한 구도에 비추어 소수 엘리트가 인식할 수 있는 시네필적 실천의 영역에 속하는 것임은 분명하며, 그것이 바쟁의 논의가 지닌 시대적 한계일지 모른다. 영화가 문학의 형태를 유지하려 했던 것은 후자가 전자보다 더 '고급' 매체로 여겨졌던 탓도 있다. 바쟁은 영화를 옹호하기 위하여 이 글을 썼으며, 그런 이유로 이 글에서 기존 매체적 특성(즉, 문학성)이 남아 있는 경우를 더 '순수'하고 '예술적인 것'으로 평가한 게 아닌가 의심할 수 있다는 것이다. 이러한 경우 재매개는 비매개적인 몰입보다, 그것이 호출하는 매체의 성질을 분명히 남기며 동시대 환경에 맞는 각색보다는 이질적(혹은 적어도 혼종적)인 경험을 생산하는 경향이 있다. 21세기에도 등장인물이 말은 하고 있지만 무성영화의 재현 양식을 따르는 발성영화가 만들어지기도 한다.[13] 몰입을 위한 리얼리즘으로부터 거리를 두고 순수 영화의 성과였던 운동성의 세계에 다시 가치를 부여하는 것이다. 또한 마치 나지막이 말하는 것처럼 부르는 오페라의 독창부분은 낭독되는 시에 경의를 표하는 것과 같은데, 이런 예들은 매체 간 재현이 항상 관객의 동시대적 환경을 따라가는 것만은 아니라는 것을 말해 준다. 물론 오늘날 이러한 혼종적 실천들은 전통이나 고급 문화에만 의존하지 않는다. 그러나 대중음악이 랩의 형식으로 시와 고백의 언어를 노래에 담아내고 있음에도, '시'적인 가사를 이유로 포크 가수에게 노벨문학상이 부여되는 상황은, 소수의 영향력을 존중하는 시네필 문화의 경향에 빗대어 한 번쯤 다시 생각해 볼 만한 현상이다.

재인식과 확산 가능성

우리는 이미 소수의 시네필들이 인지할 수 있는 수준의 리메이크가 있다면, 원본과의 유사성보다 그 후광을 업고 한층 최신화된, 즉 동시화된 버전으로 스스로를 드러내는 리메이크도 있다는 것을 살펴보았다. 그리고 후자의 대부분은 원본에 대한 충실성보다 대중의 몰입을 유도하는 상업적 특성을 지니고 있다는 것 역시 암시한 바

---

13 때로는 자막을 포함하기도 하는데, 대부분 무성영화적 경험에 대한 노스텔지어를 목적하고 있다.

있다. 그런데 흥미롭게도 후자의 경우들에서 최신 미디어의 재현 경향을 적극적으로 반영하는 재매개가 활발하다. 이런 영화들의 경우, 투명한 인터페이스로 관객의 몰입을 유도하는 것에는 별로 관심이 없어 보인다. 최근 많은 영화들이 오늘날 유통되는 다양한 매체와 재현 양식들이 모두 반영될 수 있는 복합적 플랫폼으로서 뉴미디어 환경을 상기시키며, 20세기를 대표하는 '낡은 매체'로 변화되어 가는 영화의 위상을 재설정하는 역할을 하고 있다.

영화 속 복제된 순간들을 원본과의 관계 속에서 인식하고 그 관계 속에서만 중요시한다면, 오늘날 리메이크가 지닌 문화적 함의를 보지 못하는 것이다. 복제를 그저 마니아적 관점을 증명하고 소수의 전문가 서클을 만족시키는 반대중적 실천으로 축소시키기 때문이다. 그러나 대중적 관객의 차원을 고려한다면 어떠할까? 달리 말해, 복제 이미지를 원본과 연결시키지 못하는 일반 사람들의 인식 말이다. 얌폴스키는 그 의미를 인식하지 못하는 사람들에게 복제된 순간들은 쓸모없는 '잉여'나 어울리지 않는 스타일로 작동하며 그 텍스트에 요구되는 총체성의 해체를 불러올 수 있다고 지적한다. 즉, 간텍스트에 대한 지시적 의미를 알아채지 못하는 대중에게, 원본에 의해 부가된 장면 또는 디테일들은 뭔가 어색한 지점으로 튀게 된다는 것이다.[14] 해체된 총체성은 우리에게 이전에는 자연스럽게 보이던 것들을 새롭게 보게 한다. 이러한 지점은 서사적 목적에 대해서는 분명 잉여적인 지점이지만, 새로운 인식을 생산한다는 차원에서는 더 이상 무의미하지 않다. 복제 안에서 리메이크의 다양한 시도들은

---

14 바로 이런 지점은, 롤랑 바르트Roland Barthes가 '제3의 의미'로 설명했던 말끔한 기호 체계에서 튀어나온 잉여의 순간이 될 것이다.

이른바 불필요한 요소의 반복을 유도해 내고, 이에 따라 엘리트 중심으로 짜인 형식에서 탈피하여 새로운 스타일, 새로운 양식이 탄생할 수 있다는 것이다(176-77).

예전에는 훈련받은 전문가의 눈에만 감지되었던 것들이 이제는 광범위한 대중에게 포착되기 시작한다. (…) 리메이크에서는 배경이 변화를 겪고, 이제는 영화의 전체 스타일과 옛 스타일의 파편들(이것들은 잉여의 순간과 뗄 수 없이 연결되는데) 간에 불일치가 드러난다. (…) 리메이크 영화를 둘러싼 스캔들의 본질은 그것이 예전에는 오직 마니아에게만 보이던 비밀스런 순간들을 평범한 얼간이의 눈에도 보이도록 만든다는 데 있다. 리메이크는 엘리트적 인지의 모든 체계를 뒤흔드는 바, 그것이 안 보이던 것을 보이게 만들기 때문이다(171).

우리는 반복을 통해 이미 알고 있었던 것을 확인하는 것이 아니라 이전에 보지 못하던 것을 새롭게 인식할 수 있다. 그 인식에는 옳고 그름이 없다. 다만 해체와 변화가 있을 뿐이다. 번역의 기준에서는 복제가 필요 이상의 잉여를 생산하는 것처럼 보일지 모른다. 그러나 그러한 잉여는 철 지난 총체성이라는 신념이 그것을 초월할 수밖에 없는 외재성 앞에 부서져 버렸다는 것을 증명하는 잔재와도 같다. 한편, 일견 불필요해 보이는 것들은 반복을 통해 빅데이터를 구성하며 기계적 학습의 핵심 원리로 작동하면서 지성이란 인간만의 것이라는 신념에 균열을 가져오기도 한다.[15]

---

15 수많은 데이터에 기반하여 기계가 정보를 자동적으로 '인식'하게 하는 자동인식 기능과 그로부터의 심화학습의 결과 탄생한 인공지능은 그 하나의 예가 될 것이다.

창조적 반복의 가능성

영상 이미지를 보는 시각을 소수의 엘리트가 아니라 다수의 대중에 일치시키면 복제에 대한 또 다른 의미를 찾아낼 수 있다. 오늘날 기계적으로 복제되고 저장되는 이미지들은 그들을 발견해 줄 하나 또는 소수의 식자識者를 위해 보존되지 않는다. 이미지들은 그 자체로 데이터가 되고, 그 데이터는 이제 기계적으로 인식되기에 이르렀다. '지금/여기'에 더 이상 존재하지 않는 다른 곳의 '의미'를 불러오지 않더라도, 모두가 선택한 발자취는 지금, 여기서 최선의 선택으로 비춰질 수 있다.

볼터와 그루신의 주장대로 뉴미디어적 관점에서 "모든 매개가 재매개"인 오늘날, 기원으로서의 재현 대상보다 효과로서 재현 행위들이 스스로의 창조적 반복의 핵심인 것이다. 오늘날 미디어의 발달은 미디어가 복제의 기능보다 확산의 기능, 즉 양적 팽창에서 질적인 도약을 이루게 한다는 것을 말해 주고 있다. 그와 함께 확대되는 포스트휴먼적인 지평에서, 이제 복제는 그 매체 안에서 새로운 창조의 가능성을 발견하게 한다.

그렇다면 오늘날의 특징은 시네필 전문가가 없어진 것이 아니라 극도로 확대된 것일 것이다. 이들은 자신들이 사랑하는 텍스트를 박물관에 숨겨 두거나 그 소유를 적자嫡子에게만 넘겨 놓지 않는다. 예를 들어, 오타쿠를 지닌 마니아층은 데이터를 수집하고 그에 기반한 자료들을 재구성하여 원본보다 훨씬 더 방대한 2차 창작의 세계를 열어 놓는다.

이제 리메이크는 복제이긴 하지만 훨씬 다양한 목적으로 이해된다. 과거의 보존에 매달리기보다 철저하게 현재에 충실하다. 이를 시간성의 측면에서 설명하면, 복제와 재생산, 반복을 통해 원래의 시간성을 탈각시키는 것이라 할 것이다. 오늘날 무한 반복하는 복제 이미지들은 그 자체로 하나의 자료로서 특정 집단이나 소수의 인식을 위하지 않고 대중적 지식을 구성한다. 대중적 지식은 과거의 화려함뿐 아니라 그것이 오늘날의 재현에서 어떻게 변형될 수 있는지를 발견한다. 또한 대중적 지식은 완전히 새로운 오늘날의 매체에서 새로운 사용으로 남아 있는 과거의 매체를 발견한다.

  어쩌면 시간에의 저항이라는 영화—바쟁이 주장했던 의미에서, 그리고 일상적으로 이루어지는 번역과 복제의 측면에서—는, 이제 도달할 불멸의 시대에 예술로 살아남기 위한 방법으로 '소멸'을 성취하기 위해 자기 스스로 반짝임flash으로 변할지 모른다.

참고문헌

미하일 얌폴스키, 〈번역과 복제〉(1997), 《영화와 의미의 탐구 II》, 김수환 · 이현우 · 최선 옮김, 서울: 나남, 2017.

알랭 바디우, 《비미학》, 장태순 옮김, 서울: 이학사, 2010.

앙드레 바쟁, 〈사진적 영상의 존재론〉(1945), 〈금지된 몽타주〉(1953), 〈비순수 영화를 위하여 – 각색의 옹호〉(1967), 《〈시골 사제의 일기〉와 로베르 브레송의 문체론〉, 《영화란 무엇인가》, 박상규 옮김, 서울: 시각과 언어, 1998.

자크 랑시에르, 《미학 안의 불편함》, 주형일 옮김, 서울: 인간사랑, 2008.

제이 데이비드 볼터 · 리처드 그루신, 《재매개: 뉴미디어의 계보학》, 이재현 옮김, 커뮤니케이션북스, 2006.

Barthes. Roland, "The Third Meaning," *Image-Music-Text* (Heath, S. Trans.), New York: Hill and Wang, 1977.

Benjamin. Walter, "The Work of Art in the Age of Mechanical Reproduction," *Illuminations*. (Arendt, H. Ed.) London: Fontana, 1968.

Huhtamo. Erkki, "Art in the Rear-View Mirror: The Media-Archaeological Tradition in Art," *A Companion to Digital Art*. (Christiane Paul Ed.) John Wiley & Sons, 2016.

Iampolski. Mikhail, *The Memory of Tiresias: Intertextuality and Film*, Berkeley, Angeles, Oxford: University of California Press, 1998.

Slavoj. Žižek, "Looking Awry," October Books, 1989, pp. 31–55.

Filmography

〈Christmas Carol〉(2009). Dir. Zemeckis, R. United States: Walt Disney Pictures & ImageMovers Digital.

〈Casablanca〉(1942). Dir. Curtiz, M. Warner Bros.

〈Eight and 1/2〉(1963). Dir. Fellini, F. Cineriz, Francinex.

〈Forbidden Games〉(French: Jeux interdits) (1952) Dir. René Clément. Silver

Films.

⟨Girl with a Pearl Earring⟩(2003). Dir. Peter Webber. Pathé Pictures International.

⟨Lola Rennt⟩(1998). Dir. Tom Tykwer. Perf. Franka Potente, Moritz Bleibtreu. Filme Creative Pool.

⟨Naked Gun 33 1/3: The Final Insult⟩(1994). Dir. Seagull, P. Paramount Pictures.

⟨Pulp Fiction⟩(1994). Quentin Tarantino. Miramax Films.

⟨Ring⟩(1998). Dir. Hideo, N. Doho.

⟨Rushmore⟩(1999). Dir. Anderson, W. Macmillan.

⟨When Harry Met Sally⟩(1989). Dir. Reiner, R. Perf. Billy Crystal, Meg Ryan. Pictures.

⟨Shane⟩(1953). Dir. Stevens, G. Paramount Pictures.

⟨Star Wars⟩(1983). Episode VI-Return of the Jedi. Dir. Lawrence. Kasdan.

⟨Star Wars: Episode III⟩(2005). Revenge of the Sith. Dir. George Lucas. Lucasfilm.

⟨Take the Money and Run⟩(1969). Dir. Allen, W. Palomar Pictures International.

트랜스미디어적 경향을 가진
장소특정적 공연의 융 · 복합 예술 사례:
〈Face to Face〉와 〈En Route〉 공연 사례를 중심으로

안경희

이 글은 《한국연기예술학회》 제13집(2018. 12)에 게재된 원고를 수정 및 보완하여 재수록한 것이다.

20세기부터 활발하게 일어난 전자 매체와 테크놀로지의 발전은 "참여-생산"을 기반으로 하는 새로운 문화 콘텐츠들에 주목했다(정수희, 김봉채, 이병민, 2014). 이러한 시대의 변화와 발맞추며 '트랜스미디어'는 다양한 형태와 전달 채널들 안에서 더 확장된 분야의 콘텐츠들과 조우하며 미디어들과 융·복합을 시도하는 중이다. '트랜스미디어'는 연극의 속성인 '스토리텔링'에 맞추어져 엔터테인먼트의 경험 창출과 콘텐츠 확산을 강화시켰다(Jenkins, 2006). 새로운 콘텐츠에 대한 요구는 대중들의 문화예술 패턴의 변화에도 큰 기여를 했다. 변하고 있는 관객들을 위해 새롭고 효과적인 소통 방식을 모색하는 것은 연극 분야에서 필요하다(전윤경, 2016). 이러한 새로운 콘텐츠와 변화된 소통 방식을 보이는 트랜스미디어적 경향을 가진 것이 장소특정적 Site-sepcific 공연이다. 장소특정적 공연에서 공간의 개념은 일반 공연장이 아닌 공공건물, 대형 창고 같은 대안적 공간으로 넓혀지고 확장될 수 있다. 사방이 막혀 있는 제한된 공간인 극장에서 벗어나, 장소가 가지는 특유의 색깔과 뉘앙스를 경험할 수 있는 장소특정적 공연들은 새로운 콘텐츠에 대한 관객들의 요구에 응답한다. 객석과 무대가 분리되지 않은 공간을 자유롭게 관람할 수 있게 하며, 관객은 수동적인 인물로 머물지 않고 한 명의 또 다른 배우로 같이 공존하며 참여 형태 공연의 일원이 된다.

트랜스미디어적 개념이 장소특정적 연극과 융·복합된 사례를 탐구하여, 트랜스미디어 개념과 장소특정적 개념이 연극 장르 안에서 어떻게 융·복합 시도가 일어났고, 이러한 시도가 관객들에게 어떠한 영향을 주는지 논의하고자 한다. 트랜스미디어적인 장소특정적 공연에 대한 이해와 융·복합 시도 분석은 영국과 미국에서 활동하는 2개의 극단을 대상으로 진행하였다. 첫 번째 사례는 영국 브라이

튼에 기반을 둔 극단 드림씽크스피크dreamthinkspeak 극단의 트리스탄 샵스Tristan Sharps가 한국의 아티스트들과 호흡을 맞춘 2014년도 작품 〈페이스 투 페이스Face to Face〉이다. 문화역 서울 284에서 워크숍을 기반으로 한 작품인 〈페이스 투 페이스〉는 장소특정적 개념을 통해 다양한 시공간적 시도들과 함께 표출되는 독특한 매력을 그대로 살려 또 다른 해석의 가능성을 열어 주었다. 두 번째 사례는, 에딘버러 페스티벌과 뉴욕 등 전 세계를 돌아다니면 인터랙티브한 공연을 하고 있는 수잔느 커스텐Suzanne Kersten외 3명의 작품 〈앙 루트En Route〉이다. 도시의 거리에서 보행자 기반으로 이루어진 라이브 예술 이벤트인 이 작품은, 무심코 지나갔던 공간에 새로운 의미를 부여함으로써 재해석될 수 있다는 개념의 공연이다. 두 개의 사례 분석을 통해 장소특정적 공연들이 어떻게 융·복합적 시도를 했는지 살펴보고, 한국에서 트랜스미디어적 장소특정적 공연의 가능성과 새로운 방향을 제시하고자 한다.

트랜스미디어 개념

'트랜스미디어transmedia'란 용어는 다른 장소나 상태의 변화 또는 이전함을 나타내는 접두어 'trans-'와 매체를 의미하는 'media'가 결합하여 만들어진 합성어다. 헨리 젠킨스Henry Jenkins (2006)는 트랜스미디어를 '컨버전스Convergence', 즉 "융합"의 의미로 사용했고, 장동련은 "횡단과 초월을 뜻하는 트랜스와 미디어media의 합성어"로 "미디어를 초월한 미디어"라고 정의 내렸다(장동련, 장대련, 권승경, 2013). 신광철은 트랜스미디어를 '콘텐츠의 연속-순환생산'이라고 설명한다(신광철, 2011). 모든 정의를 종합해 보면, 콘텐츠가 하나의 형태로만 존재하는 것이 아니라 종횡무진하게 변화되고 순환적으로 재생산될 수 있음을 이야기한다. 그러나 콘텐츠는 융합 가능성과 미디어를 초월할 수 있도록 스토리가 바탕이 되어야 한다. 스토리story를 어떻게 텔링telling하는지 여부에 따라 트랜스미디어의 횡단과 초월적 성격을 그대로 반영할 수 있다. 스토리텔링은 "하나의 이야기를 다수의 매체에 각기 다른 성격으로 이야기하는 것"이다(허진, 2012). 젠킨스는 트랜스미디어 스토리텔링에서 "텍스트가 전체 스토리에 분명하고도 가치 있는 기여"를 한다고 밝힌다(Jekins, 2006). 이상적인 형태의 트랜스미디어 스토리텔링은 다양한 형태의 미디어를 첨가할 수 있는 가능성을 열어 주었고, 결과적으로 트랜스미디어 개념은 계속적인 확장을 거듭하였다. 급격한 테크놀로지의 변화 흐름에 대한 반영으로 일어난 젠킨스의 시도는 엔터테인먼트의 경험 창출과 콘텐츠의 확산을 더 강화시켰으며, 많은 분야에서 융·복합을 시도하는 토대를 제공하기도 했다. 트랜스미디어에 대한 경험은 "확장성scalability, 호환성compatibility, 이동성mobility"의 기술적 환경에서부터 시작되지만 장동련의 새로운 정의와 함께 다른 미디어와의 융·복합 시도를 통해 더 확장된 분야의 콘텐츠와 어우러질 수 있다(장동련, 장대련, 권승경, 2013).

또한 트랜스미디어의 특징은 미디어, 소비자, 디자인 측면인 세 가지로 나뉠 수 있다. 미디어 측면에서는 "진화하는 상호작용EI: Evolving Interaction", 소비자 측면에서는 "협력적 창조CC: CollaborativeCreation와 체계적이고 다차원적인 경험SM: Systematic Multi-experience", 그리고 디자인 측면에서는 "지속 가능한 아이덴티티SI: Sustainable Identity"가 그것이다(장동련, 장대련, 권승경, 2013). 이러한 특징은 진화하는 상호작용이라는 카테고리 안에서 미디어와의 무한한 상호작용에 의한 다양한 가상현실들virtual realities을 소비자가 직접 경험하게 하면서 그들의 몰입 정도를 더 극대화하고, '협력적 창조'를 통한 소비자 참여를 기반으로 하여 일방적 소비 형태로만 머무르지 않고 창조적인 방향으로 움직이게 하며 어떠한 형태로든 영향력을 행사하게 허용한다. '체계적·다원적 경험'의 측면에서는 소비자로서 다차원적인 경험을 바탕으로 다양한 소통 방식의 소비자 참여 유도를 가능하게 한다. 마지막으로 '지속 가능한 아이덴티티'는 지속 가능한 브랜드 스타일의 진화 전력을 요구하면서 기존의 획일화된 형식에서 벗어나 정체성에 대한 지속적인 물음을 가능하게 하여 진보적으로 확장될 수 있음을 시사한다. 이렇듯 트랜스미디어의 활용은 소비자와 판매자의 상호 작용에 더 큰 시너지를 발휘하며 소비자들의 요구에 맞춘 제품 생산과 판매자의 브랜딩 효과를 높여 주는 역할을 한다.

장소특정적 공연 개념

'장소특정성'이란 용어는 현대미술의 공간 확장 연구에서부터 시작되었다. 1960년대 미니멀리즘에서 작품이 전시되는 공간에 새로운 의미를 부여하며 중요한 의미 창출을 하게 되는데, 대표적인 개념이 바로 '장소특정성site-specificity이다(이지희, 2009). 미술적 연구에서 시작된 장소특정성에 퍼포먼스 개념을 도입한 것은 닉 케이Nick Kaye이다. 장소특정성이란 장소특정적 작업site-specific work' 측면에 따라, "대상object이나 사건event과 일어난 위치position의 특정한 관계를 통해서 생산된 특성들propertiess, 자질들qualities, 의미들meanings"이다(Kaye, 2000). 케이는 장소특정성을 작품과 새로운 의미를 주고받는 하나의 '교환의 장소'로 규정하였다(이지희, 2009). 명사와 동사의 개념으로 모두 사용되는 '사이트site'는 닫혀진 공간의 의미에서 '위치되어진to be situated or placed'이라는 타동사적 개념으로 확장되어 관객들에게 새로운 공간으로 다가간다(Kaye, 2000). 이러한 공간의 창출은 단순한 퍼포먼스가 행해지는 장소로서가 아니라, 그 'site'만이 가지고 있는 특유성과 끊임없이 변하는 관객의 이동성이 합쳐져 또 다른 의미가 부여된다. 케빈 헤더링턴Kevin Hetherington은 "특정한 공간들은 공연의 정체성the performance of identity을 위한 사이트의 역할을 한다고 설명한다"(Wilkie, 2004). 사이트는 단순한 장소와 공간으로만 보이는 것이 아니라, 장소 자체가 갖는 캐릭터가 공연 전반의 성격을 결정짓는 중요한 요소로 고려되기 때문이다.

강민정(2011)은 장소특정적 연극 출연의 배경을 역사적 측면과 공간적 측면, 두 가지로 나누어 논의하였다. 역사적 측면에서 최치림 (1995)은 인류가 산업화되기 이전의 일과 놀이가 하나였던 고대에서 기원되었고, 김상균(2007)은 부활절이나 성축제일 같은 봄이나 여름 거리에서 이루어진 중세 공연에서 그 근원을 찾을 수 있다고 주장하였다. 공연에 적당한 장소를 찾는 행위에서 더 나아가 그 발견된 공간에서 새로운 의미 창출과 관객의 참여로 새로운 의미의 연극 형태를 만든 것이다. 공간적인 측면에서는 1618년 이탈리아 파르마에 프로시니엄 무대 극장인 파르네스 극장이 만들어진 후, 실험적인 공연예술가들이 갇힌 공간에 대한 답답함에서 해방의 돌파구를 찾았던 것이 그 시초라고 할 수 있다. 프로시니엄 무대는 관객과 퍼포머들에게 제한된 공간에서 벗어나 야외나 거리에서 공연을 하며 관객에게 더 다가가는 개념을 제시하였다. 장소특정적 공연은 관객으로서 참여한 사람들뿐만 아니라 주변의 이목을 집중시키며 어떠한 공간이든 공연이 이루어질 수 있다는 열린 의미의 공연 문화를 만들어 냈다.

트랜스미디어 개념과 장소특정적 공연의
융·복합 예술 사례

트랜스미디어와 장소특정성 개념 정리를 통해, '컨버전스' 즉 '융합'이라는 뜻의 사용과 '스토리텔링'에 초점을 맞춘 트랜스미디어적 양상이 21세기 동시대 연극, 특히 장소특정성을 기반으로 하고 있는 연극 장르와 교차 지점이 많다는 것을 알 수 있다. 그러한 시도는 장소에 대한 일차적인 제한점에서 벗어나 새로운 공간의 창조와 소비자 측면의 '협력적 창조collaborative creation'를 끊임없이 행하고 있다는 점이다. 또한 장소특정적 공연들이 미디어 측면인 '진화하는 상호작용evolving interaction'의 방식을 효과적으로 활용하고 있다. 트랜스미디어와 장소특정성 개념의 융·복합은 단순히 관객의 참여에만 그치는 것이 아니라, 참여하고 있는 관객들을 바라보고 있는 또 다른 관객들의 존재를 통해 참여한 관객들은 연극에서 하나의 일원으로서 보여진다. 공연에서의 관객 참여와 그 참여에 동참하는 관객들을 바라보는 또 다른 관객의 시점적 추가는, 트랜스미디어적 요소들을 극대화하며 활용한다는 것을 알 수 있다. 트랜스미디어적 경향을 가진 장소특정적 공연에 대한 사례 연구는 새로운 콘텐츠와 달라진 소통 방식을 요구하는 한국 관객들을 위한 방법을 모색하는 데 효과적일 것이다.

트리스탄 샵스의 〈페이스 투 페이스face to face〉

〈페이스 투 페이스〉를 연출한 샵스는 영국 드림씽크스피크의 예술감독으로 1999년 창단 후 영상, 설치미술 등 공연 장르의 제한 없이 공공건물, 대형 창고와 같은 대안적인 장소를 중심으로 작업해

온 세계적인 연출가이다. 〈아트 플랫폼 2 - 공간을 깨우다〉라는 시즌 프로그램으로 한국에서 연극, 무용, 마임 등 실연 예술 분야의 아티스트들과 함께 복합 공간인 문화역 서울 284에서 5일간 워크숍을 공연하며 확장된 워크 인 프로그레스work in progress 단계를 보여 주었고, 샵스 연출이 어떻게 장소특정적 작품을 만들어 가는지를 직접 관찰하는 기회를 제공했다. 2014년 7월 28일자 《광주일보》에 따르면 샵스가 문화역 서울 284를 찾게 된 가장 큰 이유는 1백여 년 전 모습이 고스란히 남아 있고 그 장소만의 특징과 매력이 그대로 나타나 있기 때문이라고 한다. 2004년 새 역사 준공으로 방치되었던 구 서울역사는 2011년 원형 복원공사를 마친 뒤 복합 문화공간이라는 이름으로 다시 태어나 현재 여러 예술가들을 위한 공간으로 다양하게 사용되고 있다.

'감시Surveillance'라는 주제를 가지고 창조된 이 작품은, 우리가 무심코 지나칠 수 있는 곳에 숨은 그림 찾기 같은 재미를 더하고, '보는 것'과 '감시당하는 것' 사이에 놓인 우리가 과연 현대 사회에서 얼마나 자유로워질 수 있을까라는 질문의 답을 관객들 스스로 탐색할 수 있는 시간을 제공하였다. 관객은 단순히 한 장소에 머물러 배우들의 공연을 보는 것이 아니라, 문화역 서울 284의 공간 구석구석을 탐색하며 샵스가 의도적으로 만들어 놓은 함정들에 빠져 그것을 탐닉하게 된다.

〈페이스 투 페이스〉 공연은 역사 내의 중앙 홀에서부터 시작된다. 관객들의 입장이 모두 완료된 후 역사 내의 모든 문은 요원들에 의해 철저히 통제되고, 반대쪽 중앙에 위치한 엘리베이터의 문이 열리는 순간 국가 정보기관이라는 명찰을 목에 건 흰 셔츠와 검정 바지를 입은 요원 두 명의 등장으로 시작한다. 작품의 시작을 눈치 채기

왼쪽부터 〈사진 1〉, 〈사진 2〉. 〈페이스 투 페이스〉 시작 장면. 출처: 아츠앤코arts&co 홈페이지.

도 전에 중앙 홀에 있는 관객들은 서서히 30명 남짓의 요원들에 의해 둘러싸인다(〈사진 1〉, 〈사진 2〉 참조).

> 환영합니다. 여러분, 여러분은 지금 정부보안기관 소속 건물로 들어오셨습니다. … 국가 보안을 바탕으로 이 나라에서 자유롭게 생활하시며 시위를 하실 수 있도록 하는 것도 저희가 관여하고 있는 일입니다. 그러나 정부 보안을 현 상태로 유지하기 위해서는 지속적 관찰이 끊임없이 필요합니다. …. 그 전에 보안에 관련된 간단한 절차가 있겠습니다.…[1]

요원들의 명령에 따라 움직이면서 공연을 보러 온 관객들은 차츰 수동적인 인물들로 변하게 된다. 요원들에 의해 취조실 같은 장소에서 이름, 출신 지역, 범법 행위 여부, 불법 약물 소지 및 사용 여부, 특정 정당 소속 여부, 해외 출국 여부 등 다소 불쾌할 수도 있는 질문들을 맞이한다.

---

[1] 연출인 트리스탄 샵스의 요청에 의해 조연출 겸 통역가인 저자가 영어에서 한국어로 번역한 공연용 스크립트 중에서 발췌한 내용임(2014. 7. 18.)

왼쪽부터 〈사진 3〉 취조실로 이동된 관객들, 〈사진 4〉 취조실에서 감시된 관객들. 출처:
아츠앤코arts&co 홈페이지.

　질문에 모두 응한 관객들만이 요원의 허락과 함께 자유롭게 빌
딩 전체를 관람할 수 있다. 억압 아닌 억압적 분위기에서 해방을 맞
은 관객들은 관객으로서뿐만 아니라 자신도 모르는 채 본인 스스로
가 극 중 퍼포머로서 100퍼센트 활용된다. 샵스 연출의 〈페이스 투
페이스〉 공연에서 관객은 소극적으로 바라보기만 하던 상태에서 퍼
포머로서 참여자의 상태인 '적극적인 창조자'로 변화되어 간다. "기
다리며 기대하는 관객"에서 "걸어 다니는 관객"으로의 입장 변화에
서 오는 재미를 느끼게 된다(전윤경, 2016). 이러한 변형적인 형태는 트
랜스미디어의 특징인 '협력적 창조'를 소비자 대신 관객이 끊임없이
장소특정적 공연 전체에 시너지 효과를 창출하였다.

　요원의 통제에서 벗어난 관객들은 수동적인 상태에서 능동적인
상태로 '자유롭게' 역사 내를 돌아다니게 된다. 하지만 관객으로서의
능동적 참여는, 곧 감시에 의해 자유롭지 않은 수동적인 상태로의
환원을 야기한다. 취조실에서 자신의 인터뷰 장면이 담겨 있는 화면
을 발견하고, 심지어 역사 내로 관객으로서 최초로 등장하는 순간마
저도 '진화하는 상호작용'에 의한 CCTV 카메라로 촬영당하고 있었
음을 깨닫는 시간은 결코 길지 않다(〈사진5〉 참조). 이러한 요원들의 주

왼쪽부터 〈사진 5〉 CCTV를 발견한 관객들. 출처: 이흔정의 〈드라마시티〉. 〈사진 6〉 감시한/감시당한 요원들. 출처: 아츠앤코arts&co 홈페이지.

시와 감시의 '상호작용' 예시들은 공연이 진행되는 동안 계속 발견된다.

장소특정적 공연의 묘미라고 할 수 있는 의도적인 장치들은 문화역 서울 284 공간 구석구석에 마련되어 있다. 예를 들어, 모든 유리창이 블랙 시트지로 가려져 있는 가운데 몇몇 창들만 관객들의 보기가 허용된다. 이렇게 허용된 공간은 관객들에게 호기심을 자극하고 그곳을 관찰하게 한다. 하지만 샵스는 관객들의 호기심을 다시 요원들에 감시하는 형태로 응답한다(〈사진 6〉 참조). 감시와 감시당하기의 연속은 관객 참여의 과정이 자연스러운 꼬리잡기 놀이로 변화된다.

〈페이스 투 페이스〉는 현대를 살아가고 있는 인간들의 삶이 서로 감시하고 감시당하는 연쇄적인 관계임을 알려 준다. 극의 막바지에서 정부 요원들은 더 이상 요원으로 존재하지 않고 전쟁의 폐허 속에서 죽어 가고 있는 조각상으로 변형한다(〈사진 7〉, 〈사진 8〉 참조). 인간의 삶에 대한 덧없음을 보여 주며 일종의 전쟁에서 살아남은 이라는 암시적인 의미 전달과 함께 한국 근현대사의 질곡과 아픔을 고스란히 간직하고 있는 '역사 박물관'으로 재탄생했다.

왼쪽부터 〈사진 7〉 조각상으로 변한 정부 요원들. 출처: 아츠앤코arts&co 홈페이지. 〈사진 8〉 전쟁 폐허 속의 사람들. 출처: 이흔정의 〈드라마시티〉.

수잔느 커스텐 외 3명의 〈앙 루트En Route〉 공연

〈앙 루트〉는 2010년 에딘버러 프린지페스티벌에서 비평가들에게 큰 호평을 받으며 전 세계로 활동 영역을 점점 넓혀가고 있다. 2009년 초 오스트레일리아 멜버른의 연극계 예술가인 수잔느 커스텐, 클레어 코로바츠Clair Korobacz, 폴 모이어Paul Moir, 줄리안 리커트Julian Rickert로 구성된 〈앙 루트〉를 창조했다. 이들은 어두운 방에서 장시간에 걸쳐 앉아 있는 관객들을 보면서 지루한 연극의 버릇을 깰 수 있는 방법을 고민했고, 이러한 고민은 큰 공연장이 아닌 작은 방들로 구성되어 있는 장소의 결점들을 "공간적 다이내믹spacial dynamic"으로 적용시킬 방법으로 변화되었다(ChicagoTribune, 2016). 리커트는 "연극에는 다양한 법칙들이 있습니다. 만약 당신이 그 법칙들을 따르지 않는다면? 과연?"이라는 반항적인 질문을 던지면서 새로운 콘텐츠를 요구하는 관객들에게 〈앙 루트〉라는 작품을 선사했다.

〈앙 루트〉는 도시의 거리에서 보행자 기반으로 이루어진 라이브 예술 이벤트로 "단독 경험a solo experience"이라는 개념을 도입한 작품이다. 갇힌 공간에서 벗어나 일어난 라이브 예술인 〈앙 루트〉는 장소특정적 개념을 바탕으로 '공연의 정체성'을 만드는 살아 있는 장소로 관객들을 이동시켰다. 〈앙 루트〉 예술감독인 리커트는 "내적 삶의 범위를 넓히는 것을 목표로 하면서 건설된 액자 경험constructed experience which aims to extend the range of one's inner life"이라는 예술작품의 의제를 설정하고 관객들을 감응시켰다.

이안 우드콕Ian Woodcock(2013)은 〈앙 루트〉가 "사적이고 대중적인, 상상적이고 구체적인 것들이 교차하고 겹치는" 과정에서 이루어지는 "도시에 대한 사랑 노래love song to your city"라고 묘사한다.

이 도시를 사랑했다고 내가 당신에게 말했다면; 길들과 도로로 열어 주는 그 방식을 사랑해요, 불평 없이 날 데려가 흡수하는 그 방식을 사랑해요; 외곽들을 따라 발걸음에 바람 부는 그 방식을 사랑해요, 내 꿈 꾸기에 저항하세요, 질투 나세요?[2]

보행자의 단독 경험으로 이루어진 이 공연은 정해진 이동 경로를 다니지만 관객 스스로가 '걸어 다니는 관객'으로서 모든 것을 경험하고 느끼게 된다. 따라서 〈앙 루트〉의 공연 속에서는 수동적이고 해석적이었던 기존의 '기다리며 기대하는 관객' 형태에서 개방된 공간에서 장소의 정체성과 관계를 가지며 실행적인 관객으로 변형된다(〈사진 9〉, 〈사진10〉 참조).

새로운 개념의 외부 연극 형태인 〈앙 루트〉는 트랜스미디어적 미디어, 소비자, 디자인 측면을 모두 포괄하고 있다. 미디어적 측면에서 보면, 디지털 뮤직 플레이어보다 잘 갖추어진 디지털 디바이스를 들고 거리를 횡단할 수 있도록 관객을 초대한다(〈사진 11〉 참조). 이를 통

---

2 〈One step at a time like this...〉 홈페이지. Audience Works.

왼쪽부터 〈사진 9〉 도시 속의 단독 경험. 〈사진 10〉 새로운 공간 정체성 경험. 출처: 〈One step at a time like this...〉 홈페이지.

해 관객들은 '진화하는 상호작용'을 끊임없이 겪게 된다. 오디오 트랙과 전화기를 이용한 커뮤니케이션을 통해 시내 가두 풍경 및 빌딩 로비 그리고 카페들을 지나며 색다른 여행을 홀로 경험한다. 조심스럽게 준비된 사운드 트랙들을 들으면서 지시에 맞게 소개된 길을 따라 조각난 음악이나 다이얼로그로 이루어져 오버랩되는 내용들을 거리에서 듣는다. 이렇게 일상생활을 재구성하면서 맞게 되는 사회적인 차원은 관객들에게 도시에 대한 새로운 의미를 전달하게 된다.

따라서 트랜스미디어적 경향을 가진 장소특정적 공연인 〈앙 루트〉는 '다원적 경험'과 '지속 가능한 아이덴티티'를 끊임없이 제공하며, 관객들의 몰입 정도는 더 확대되고 다차원적으로 이루어지는 경험들을 바탕으로 기존의 연극 방식에서 찾아볼 수 없는 무한한 만족감을 관객에게 제공하게 된다. 공간에 대한 직접적인 교감의 형태로 빌딩에 앉기, 벽에 글쓰기, 숍에서 생성되는 소리를 듣기, 제공된 2달러를 사용하기, 낯선 사람과 손을 잡고 붐비는 도시의 거리를 뛰

왼쪽부터 〈사진 11〉 다원적 경험의 공간. 〈사진 12〉 색다른 공간에 대한 홀로 경험. 출처: 〈One step at a time like this...〉 홈페이지.

기 등 다양한 지시문을 통해 이전부터 존재하고 있던 단순한 공간을 변화된 공간으로 재인식하게 하며 나만의 의미가 부여된 사적인 공간으로 거듭나도록 돕는다(〈사진 12〉 참조). 이렇게 행하는 행위는 개인적이고 문화적인 영역 사이에서 관객들 스스로가 감성적인 관계를 형성하며 장소 정체성을 확립하게 된다.

문화에 대한 새로운 시각을 제시하고 있는 '트랜스미디어'와 '장소특정적 공연'의 개념은 관객들에게 새로운 개념의 자율성을 보장하며 진보된 관객 참여 형태를 보여 주고 있다. 더불어 트랜스미디어적 장소특정적 공연의 두 사례의 연구는 세 가지 결과로 더 구체화된다.

첫째, 관객의 인터랙티브한 능동적 참여도가 향상된다. 테크놀로지의 발전과 급격한 변화의 흐름과 함께 트랜스미디어에 대한 경험은 '기다리며 기대하는' 수동적인 관객의 형태를 '걸어 다니는' 능동적으로 바꾸는 하나의 계기를 마련하였다. 둘째, 다양한 예술 공간의 확장성을 통해서 사회 곳곳의 잉여 공간을 활용할 수 있다. 대중문화에 대한 소비의 급격한 패턴 변화는 21세기에 계속 현존하고 있는 답답한 프로시니엄 스타일의 연극을 이제 구시대의 산물로 취급하고 있다. 장소에 대한 제한을 없애고 우리의 상상력을 더 자극할 만한 장소의 특색과 함께 극장의 형식에만 치우쳐진 많은 대학로 공연들에게 경각심을 제공하며 단순한 형태로 전락한 공연 스타일에 일침을 가한다. 셋째, 트랜스미디어적 경향을 가진 장소특정적 공연은 디지털문화 시대 관객과의 소통이라는 면에서 상당히 긍정적이다. 다양한 예술 장르와의 융·복합을 통해서 관객과의 또 다른 소통 방법을 찾는 것은 더 많은 관객들을 공연장으로 이끌 수 있을 것이다.

새롭게 부각되고 있는 트랜스미디어의 개념과 장소특정성에 대한 개념을 바탕으로 한 융·복합적 작품인 〈페이스 투 페이스〉와 〈앙루트〉는 21세기가 지향하고 있는 연극인 동시에 변화하고 있는 관객들을 위해 새롭고 효과적인 소통 방식을 제시한다. 다수의 한 무리로 취급하는 관객이 아니라 '단독의 경험'을 중요시하고 개개인의 관객들이 더 쉽게 접근할 수 있도록 한 트랜스미디어적 장소특정적 공연들은 꾸준히 창조되어야 한다. 더 나아가 연극에서만 제공할 수 있는 독특한 경험들을 관객들에게 효과적으로 제공하기 위한 심도 있는 고민들도 꾸준히 필요하겠다.

참고문헌

단행본

Henry. Jenkins, *Convergence culture: Where old and new media collide*, NYU press, 2006.

Nick. Kaye, *Site-specific art: performance, place and documentation*, Routledge, 2013.

Mark. Poster, 'Postmodern virtualities,' *Future Natural: Nature, Science, Culture*, London, New York, 1996, pp. 183-202.

논문

Fiona Wilkie, "Out of Place: The Negotiation of Space in Site-Specific Performance", Thesis of Degree of Doctor of Philosophy, University of Surrey School of Arts, 2004.

Ian. Woodcock, "'en route' Audience Works, Social Aesthetics, and Place-Identity," *Literature & Aesthetics* 23-1, 2014.

강민정, 〈장소 특정적(Site-Specific) 극 공간 디자인 연구〉, 상명대학교 대학원 석사논문, 2011.

김상균, 〈공간을 향한 새로운 여행〉, 《한국 연극》, 2007, 53쪽.

김종두, 〈예술교육과 교육예술의 의미와 과제〉, 《연기예술연구》 12, 2018, 61~77쪽.

라비 차터베디, 〈배우-관객의 새로운 차원에 대한 발견〉, 《연기예술연구 창간호》, 2009, 99~117쪽.

방승애·윤준성, 〈공간특정성과 장소특정성의 상호적 관계에 대한 연구〉, 《한국기초조형학회》 11-3, 2010, 173~181쪽.

신광철, 〈트랜스미디어와 콘텐츠〉, 《세계한국어문학회 학술대회》, 2011, 10~11쪽.

유인두·김현정, 〈개인 휴대 단말기 스마트 폰을 트랜스미디어로 활용한 체험전시 기획 방안 연구〉, 《한국과학 예술포럼》 5, 2009, 1~11쪽.

이지희, 〈장소 특정적 미술(Site-Specific Art)에 대한 담론적 연구〉, 홍익대학교 대학원 석사논문, 2009.

장동련·장대련·권승경, 〈미디어확장과 진화에 따른 트랜스브랜딩(Transbrand

ing)〉,《디자인학연구》26-1, 2013, 435~463쪽.

정수희·김봉채·이병민, 〈문화콘텐츠 생산의 메커니즘으로서 트랜스미디어콘텐
　　츠에 대한 담론적 접근〉,《한국콘텐츠학회 2014 추계종합학술대회》2014,
　　151~152쪽.

최치림, 〈환경연극의 공간에 관한 연구: 빵과 인형극단, 스네익 씨어터, 퍼포먼스
　　그룹을 중심으로〉,《창론》14, 중앙대학교 예술연구소, 1995.

허진, 〈트랜스미디어 환경에서의 감성 마케팅을 위한 사용자 경험디자인에 대한
　　고찰〉,《한국콘텐츠학회》12권 9호, 2012, 197쪽.

기타

〈공연예술계의 색다른 접근 [공연 예술]〉,《아트인사이트》http://www.artinsight.
　　co.kr/news/print.php?no=23101. (접속일 2016. 05. 30.)

〈문화역 서울 284, 박제된 공간을 깨우다〉,《문화역 서울 284》. https://
　　www.seoul284.org/blog/%eb%ac%b8%ed%99%94%ec%97%ad%ec
　　%84%9c%ec%9a%b8-284-%eb%b0%95%ec%a0%9c-%eb%90%9c-
　　%ea%b3%b5%ea%b0%84%ec%9d%84-%ea%b9%a8%ec%9a%b0%eb%8b
　　%a4-14-7-15/. (접속일 2016. 05. 29.)

《광주일보》, 2014년 7월 28일자, 〈기차 떠난 '문화 플랫폼' … 100년의 시간여행〉
　　http://www.kwangju.co.kr/read.php3?aid=1406473200529441205. (접속
　　일 2016. 06. 15.)

《한국 디자인 진흥원》, 옛 서울 역사. 복합 문화공간 '문화역 서울 284'로 재탄
　　생 http://www.designdb.com/dtrend/trend.r.asp?menupkid= 235&pkid
　　=10414. (접속일 2016.06.20.)

이흔정, 〈Dramatic. City〉,《드라마인》. http://www.drama-in.kr/2014/08/face-
　　to-face.html. (접속일 2016. 06. 01.)

《ChicagoTribune》, 〈'En Route' in Chicago: What if you did a show and one
　　person came?〉 http://www.chicagotribune.com/entertainment/theater/ct-
　　ott-0722-jones-loop-20110721-story.html. (접속일 2016. 06. 21.)

《One step at a time like this…》, 〈Audience Works〉 http://www.onestepata
　　timelikethis.com/enroute.html. (접속일 2016. 06. 13.)

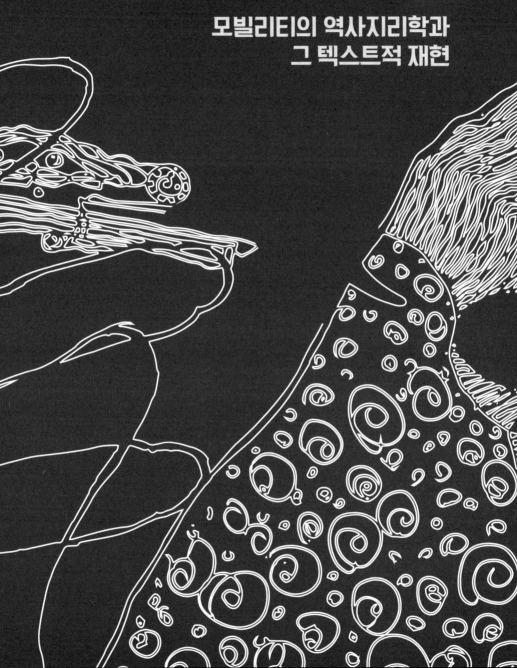

3부

모빌리티의 역사지리학과
그 텍스트적 재현

모빌리티 표현의 일본 근대소설론 서설

김주영

임모빌리티에서 모빌리티로

일본은 근대 이전에는 섬나라이면서도 조선이나 오키나와 정도와 제한적으로 외교를 했을 뿐,[1] 기본적으로는 폐쇄적인 농경사회였다. 고대에서는 견수사遺隨使와 견당사遺唐使가 중국 문명을 받아들이는 역할을 했으나, 신라가 삼국을 통일한 이후 외부와의 접촉을 끊고 지냈다. 또한 각 마을은 농지와 산림을 얼마나 소유하고 있느냐에 따라 '가문'의 지배와 종속 관계가 형성되어, 실상 같은 일본 안에서도 쉽사리 이동할 수 있는 상태가 아니었다.[2] 노벨문학상 작가 가와바타 야스나리川端康成의 유명한 소설 《이즈의 무희伊豆の踊り子》(1926)에는 마을 어귀에 "거지, 유랑광대는 출입 금지"[3]라고 써 놓은 모빌리티의 제한을 둔 문구가 등장한다. 균질적이고 안정된 집단이 '불순한' 외부인에 의해 손상되고 싶지 않다는 마을 공동체의 메시지이다. 또한 이 소설은 같은 마을 안에서도 여행자가 머물러야 할 장소가 엄격하게 구별되어 있는 것을 자세하게 표현하고 있다. 《이즈의 무희》가 나온 1920년대에는 일본 사회의 근대화가 어느 정도 진척되었음에도 불구하고, 소설은 일본의 임모빌리티 문화를 놓치지 않았다.

일본은 가장 말단 지역부터 중앙에 이르기까지 임모빌리티를 기본으로 하는 사회였다. 그런데 근대화를 추진하려면 전통적인 임모빌리티 문화를 모빌리티 문화로 개량해야만 했다. 일본의 문호 나쓰

---

1 田中健夫,《対外関係史研究のあゆみ》, 吉川弘文館, 2003, 73~88쪽.
2 水谷修 外 編,《日本事情 ハンドブック》, 大修館書店, 1995, 257쪽.
3 川端康成,《伊豆の踊り子》, 新潮文庫, 1950, 34쪽.

메 소세키夏目漱石와 모리 오가이森鴎外는 비슷한 시기에, 지방에서 도쿄로 상경하여 청춘의 방황을 겪고 성장하는 소설을 발표한다. 나쓰메 소세키의 《산시로三四郎》(1908)(《아사히신문朝日新聞》)와 모리 오가이의 《청년青年》(1910~1911)(《스바루スバル》)이 바로 그 소설인데, 바야흐로 모빌리티 시대로 바뀌고 있다는 것을 문호들은 직감하고 있었던 것 같다.

하지만 일본의 근대화가 단숨에 모빌리티 시대로 직진한 것은 아니다. 그렇다면 왜 모빌리티에 기초한 근대화가 필요했던 것일까? 일본의 근대를 모빌리티 테크놀로지의 역사와 비견해 볼 수 있다. 페리 제독이 이끄는 함대가 1853년 도쿄 앞바다에 출현했을 때 일본이 황급히 두 손을 든 것도 바로 선박 기술의 격차를 실감했기 때문이다.[4] 당시 일본의 선박 기술로 페리 함대와 맞서는 것은 계란으로 바위 치기와 마찬가지였고, 처음 증기선이 출현한 이 사건으로 일본은 실제 한 번 싸워 보지도 못하고 나라의 근간이 흔들리기 시작한다.[5] 일본에서 이동성 문제가 핵심 키워드로 떠오른 사건이었다.

주지하는 바와 같이 모빌리티 테크놀로지에 기반한 이동과 접촉은 근대의 질서를 만들었다. 대항해시대를 거쳐 신대륙의 타자를 발견한 서양과 동양의 명암이 엇갈린 것도 모빌리티 욕망과 테크놀로지의 뒷받침이 있었기 때문이다. 그리고 그 거센 대항해의 모빌리티 주체가 남성이었던 것처럼 근대의 이동, 교류를 주도한 것도 남성들일 수밖에 없었다. 강압적으로 개항을 당한 일본은 1868년 메이지유신을 통해 국내적 질서를 재편성함으로써 새로운 에너지를 결집시

---

4 遠山茂樹,《明治維新岩》(現代文庫), 岩波書店, 2000.
5 歴史教育者協議会 編,《人物で読む近現代史(上)》, 青木書店, 2001, 2~9쪽.

〈사진 1〉 이와쿠라 사절단.

키고자 했다. 그 과정에서 서양의 문명과 기술을 배우고자 하는 붐이 일어 때로는 사절단 일행이, 때로는 유학생들이 서구로 가는 이동이 시작되었다.

　일본 정부는 1871년 12월 23일부터 1873년 9월 13일까지 약 2년에 가까운 기간 동안 미국과 영국 등 유럽 선진국 12개국을 순방하는 '이와쿠라 사절단'을 파견했다. 이와쿠라 도모미岩倉具視를 전권대사로, 기도 다카요시木戸孝允·야마구치 나오요시山口尚芳·이토 히로부미伊藤博文·오쿠보 도시미치大久保利通를 부대사로 한 정부 수뇌부 및 유학생 등 총 170명으로 구성된 대규모 사절단은 개화기 일본 근대 형성에 커다란 영향을 미쳤다.

　〈사진 1〉에서 가운데 일본 전통복장을 고수하면서도 구두를 신은 이와쿠라를 두고 왼쪽부터 4명의 부대사인 기도, 야마구치, 이토, 오쿠보가 양복을 입고 있다. 170명 중에 신여성 교육을 의식하여 5명의 여성을 참여시켰지만 형식적인 것에 불과했고, 샌프란시스코에서 촬영된 이 사진이 상징하는 것처럼 일본의 근대는 남성들의 풍경

으로 시작되었다.

　그런데 이 사절단의 순방은 정치·외교·학문적인 측면 외에 의외로 일본의 모빌리티에 획기적인 전기를 마련했다. 사절단은 먼저 샌프란시스코항에 도착하여 당시 막 개통된 대륙횡단철도를 타고 동부로 향했다.[6] 사절단이 일본을 떠나 처음 마주한 것이 모빌리티 테크놀로지였던 것이다. 그리고 당시 최대 무역국이자 공업국이었던 영국에 가서는 "번영과 부강의 원천이 철과 석탄"[7]에 있다는 것을 여실히 깨닫는다. 서구 열강을 견문하고 돌아온 이와쿠라는 일본에 처음으로 사립철도를 도입함으로써 일본의 모빌리티에 획기적인 전기를 마련하였다. 1881년 8월 1일, 이와쿠라 도모미를 비롯한 화족(귀족)들이 출자하여 사철私鉄인 '일본철도' 창립을 추진하여 그해 말 설립 허가를 얻어 낸다.[8] 당시 일본은 국철 사업에 착수하고 있었다. 그런데 국유 철도회사 설립이 진행되던 중 정부 재정 부족으로 철도 사업이 지지부진하자 이와쿠라 도모미가 적극적으로 나선 것이다. 귀족들의 자본출자로 일본에 최초로 사설 철도 모빌리티가 도입되었다는 사실은, 일본의 모빌리티 환경을 잘 보여 준다. 서구만큼 자본주의가 성숙하지 못한 근대 초기의 일본에서는 부를 장악한 귀족 권력이 자본가의 역할을 대신하고 있었다. 미미 셸러Mimi Sheller가 말하는 모빌리티 정의의 관점에서 보자면, "권력이 모빌리티/부동성을 통제하면서 행사"[9]되는 전형적인 예라고 할 수 있다.

6 　鳥海靖 外 編,《日本近現代史研究事典》, 東京堂出版, 1999, 64쪽.
7 　鳥海靖 外 編,《日本近現代史研究事典》, 65쪽.
8 　鉄道大臣官房文書課編,《日本鉄道史 上編》, 鉄道省, 1921, 406쪽(国立国会図書館デジタルコレクション).
9 　미미 셸러,《모빌리티 정의》, 최영석 옮김, 앨피, 2019, 17쪽.

유럽 의식하기와 모빌리티

1890년 모리 오가이는 근대소설의 시초라 불릴 만한 소설《무희舞
姬》를 발표했다. 이보다 2~3년 전에 일본문학사가 공인하는 첫 근대
소설《부운浮雲》이 나와서《무희》는 첫 번째라는 타이틀은 놓쳤지만,
실상《부운》이 미완으로 끝난 소설이어서 완성도에서는《무희》가 본
격적인 근대소설의 명실상부한 시작이라고 볼 수 있다. 특히 모빌리
티와 근대라는 측면에서 보면 더욱 그러하다. 모리 오가이는 이 소
설을 이렇게 시작하고 있다.

> 석탄을 일찌감치 모두 실었다. 중등객실의 테이블 부근은 매우 조용
> 하여 전등 빛이 환히 비추는 것이 도리어 허무하게 여겨진다. 오늘 밤
> 은 밤마다 여기 모이는 트럼프 패거리들도 바깥의 호텔에 자러 나가서
> 배에 남아 있는 것은 나 혼자이다.[10]

일본 근대소설의 시작은 증기기관을 움직이는 화석연료로 장식되
고 있었다. 이와쿠라 사절단이 영국에서 철과 석탄을 근대적 부강의
원천으로 보았다는 점은 앞에서도 지적한 바 있다. 석탄을 가득 실은
채 유럽에서 일본으로 돌아오는 "배"가 호치민에 정박했을 때 이 모
빌리티 주체는 선실에 "혼자" 남아 있었다. 이러한 표현들은 이 근대
의 새로운 주체가 서양을 의식하면서 형성되었다는 것을 보여 준다.
그런데 왜 주인공은 전등 빛이 환히 비추는 중등객실에 혼자 남아
있었을까? 중간에 배가 정박한 호치민의 풍경처럼 이 여행 중에 가

10　森鴎外,《舞姬》,《森鴎外全集》第一卷, 岩波書店, 1971, 425쪽.

시화되어도 될 만한 풍경은 그려지지 않고 서구에서 일본으로 이동하는 것만이 그려지는 이유는 무엇일까? 이동 공간은 단지 목적지에 도착하기 위해 오로지 투여되는 시간만이 아니라 그 속에 경험이 담긴 '비장소'[11]인데, 모리 오가이는 비장소에 대해 그다지 주의를 기울이지 않는다. 이것은 단숨에 월경을 해 버리는 경계로서의 국가에 지나치게 기대고 있는 모빌리티 의식이다. 즉, 서양과 일본의 사이 공간이 비장소가 되어 버리는 것이다.[12]

주인공은 5년 전에 평소 소원이 이루어져 "양행洋行의 명령을 관청으로부터 받고 이 호치민 항구까지 왔을 무렵에는 눈으로 보는 것, 귀에 들리는 것들이 모두 신선하기"만 했다고 서술한다. 필자가 "양행"으로 번역한 것은 오리엔탈 인식이 지금 수준과 동일할 수는 없었을 것이므로, 동서 교류의 초기 모빌리티의 느낌을 살리고자 한 것이다. 그때 주인공은 그 신기한 점을 기행문으로 적어 일본에 보내고 "당시 신문에 실려 세상 사람들에게 평판이 자자"했었다고 회상한다. 그런데 그 후 5년이 지난 지금 귀국길에 오른 "나"는 자아를 성찰하는 '자기' 관찰자의 시점을 획득하고 있었다. 서술자는 다음과 같이 말한다.

---

11 주지하는 바와 같이 비장소의 정의는 여러 가지가 있다. 여기서는 순간적·일시적이며 수명이 짧은 곳이고 어떤 특정 역사 및 전통의 영향을 받지 않는 곳을 지칭하는 개념으로 사용한다. 예컨대 비장소에는 고속도로나 공항, 슈퍼마켓 등이 들어가는데 본질적으로는 여행자의 공간이라 할 수 있다.(팀 크레스웰,《장소》, 심승희 옮김, 시그마프레스, 2014, 74쪽. 참조)
12 이 글의 주제는 아니지만 이와쿠라 사절단도 마찬가지로 미국과 영국, 유럽 국가 순방 후 들렀던 스리랑카, 말레이시아, 홍콩, 상해를 거쳤지만(鳥海靖 外 編, 65쪽), 관심의 대상조차 되지 못하는 것을 볼 수 있다.

지금 와서 보니 유치한 사고나 분수도 모르는 무책임한 발언, 그렇지 않아도 세상에 널린 동식물이나 금속·광물, 나아가 풍속 따위조차 진기한 듯이 적은 기사를 교양이 풍부한 사람은 어떤 식으로 보았을까 나. 이번에는 귀국 길에 오를 때 일기를 쓰려고 생각해서 산 노트도 아직 백지인 채로 있는 것은 독일에서 학문을 탐구하던 중에 일종의 니힐 아드미라리Nihil admirari · 無感動적인 성격이 몸에 베어 버렸기 때문일까? 아니다, 그렇지 않다. 여기에는 또 다른 이유가 있다.[13]

물론 5년의 시간이 지난 만큼 주인공이 성장하여 어린 날의 미숙한 자신을 돌아보면서 성찰하는 시점을 가질 수는 있다. 그런데 눈여겨봐야 할 것은 "양행"의 시작에서 감동적이었다던 "동식물이나 금속·광물, 나아가 풍속"이 진부해졌다는 인식, 즉 주인공의 모빌리티 경험의 변주다. 주인공을 "양행"의 여행자 시점에서 5년이라는 거주(=교류)의 모빌리티로 변주시킨 변곡점이 바로 "독일"이라는 유럽을 의식하고부터이다.

여기서 우리는《무희》가 독일(=유럽)을 매개로 일본에서 최초로 본격적인 근대소설의 주체를 형성하고 있다는 점, 그리고 그것을 가능하게 하는 모빌리티 소설이었다는 점을 확인할 수 있다. 따라서 주인공은 "실제 동東으로 돌아오는 지금의 나는 서西로 향해 항해하는 옛날의 내가 아니라"고 동/서의 모빌리티 경험을 통해서 새롭게 탄생한 주체를 거론하는 것이다.[14]

13 《舞姬》, 425쪽.
14 덧붙이자면 더욱이 주목할 만한 가치가 있는 서술이 바로 뒤에 이어진다. "세상살이의 쓰라림을 알았고, 사람의 마음이 믿음이 가지 않는 것은 말할 것도 없고 나 스스로 내 마음조차 변하기 쉬운 것도 깨달았다"(《舞姬》, 425쪽)고. 브린디시Brindisi

모리 오가이의 《무희》가 나오고 10여 년이 지난 1901년, 나쓰메 소세키는 런던 유학 시절의 관찰을 담은 《런던 소식倫敦消息》을 일본의 잡지 《호토토기스ホトトギス》에 보낸다. 그 첫머리를 살펴보자.[15]

(…) 그리하여 오늘 4월 9일의 밤 시간을 송두리째 투자하여 뭔가 소식을 전할까 생각하네. 전하고 싶은 소식들이 많이 있네. 이쪽에 와 보니 어찌 된 일인지 사람이 착실해진 모양일세. 이모저모 견문할 때마다 일본의 장래에 관한 문제가 빈번히 뇌리에 떠오르지 뭔가.[16]

《무희》에서도 그랬지만 남성 엘리트들은 해외에서 얻은 정보를 전달하고자 하는 의식이 강했다. 이처럼 유학생이 해외의 사정을 본국에 송고함으로써 정보의 이동을 통해 무언가에 '기여'해야 한다는 지향성은 충분히 납득할 만하다. 어찌 보면 국비로 파견된 해외 유학생 자체가 서구의 학문을 몸 안에 체득하여 본국으로 실어 나르는 '매체'이기도 한 것이다.

그런데 이 서간체 평론 《런던 소식》의 첫머리 글을 보면 주어 표현이 생략되어 있다. 이 글은 나쓰메 소세키가 그의 친구인 문학자 마사오카 시키正岡子規[17]에게 보낸 편지글로, 서간체 특유의 인칭에

항을 출발해서 20여 일이 지난 이 남성 주인공은 이 소설의 독자들은 다 아는 사실이지만 독일에 임신한 채 발광한 독일 여성을 버리고, 엘리트 관료인 친구 아이자와相沢의 도움으로 다시 관직으로 돌아오기 위해 일본으로 향하는 것이다. 자신의 내면이 통제 불능한 상태에 놓여 있다는 것을 발견하는 것이야말로 근대의 자아와의 대면이었던 것이다.

15 《런던 소식》의 분석은 앞서 발표한 필자의 논문(〈일본 근대소설과 이동, 교류의 전략적 글쓰기〉,《일본어교육》56, 2011)을 모빌리티 관점에서 전면적으로 개고하였음.

16 筑摩文庫版,《夏目漱石全集 10》, 1988, 648쪽.

17 마사오카 시키는 《호토토기스》의 편집자였는데, 나쓰메에게 소설을 쓰도록 권함으

구애받지 않는 형식으로 구성된 것이다. 여기서 중요한 것은 서간문의 커뮤니케이션에서 발신자와 수신자의 공동체적인 성격이 중요한 기반을 이룬다는 점이다. 인칭을 생략해도 읽히는 것은 발·수신에서의 문맥들을 공유하기 때문이다. 젊은 시절의 나쓰메는 런던의 "견문"이라는 모빌리티 경험을 "일본의 장래에 관한 문제가 빈번히 뇌리"에 스치는 지식으로 변환시킨다. 이 남성 주체들이 외국의 모빌리티 체험을 통해 고민한다는 행위는 그들의 엘리트성을 담보해 주는 것이다. 서간체 문장의 수신자를 '자네들君ら'로 지정하여 남성 지식인 공동체의 상호 커뮤니케이션 의식을 형성하는 점도 주목할 대목이다.[18]

국가가 파견한 유학생 신분이었던 나쓰메는 역시 나라의 미래를 짊어진 청년이었다. 그의 외국 모빌리티 경험은 개인적 차원을 넘어 국민과 국가를 논함으로써 국민국가 차원의 모빌리티로 이어진다.

이 나라[영국]의 문학과 미술이 얼마나 성대하고 또 그 성대한 문학과 미술은 얼마만큼이나 깊이 국민들의 심성에 감화를 주고 있는가, 이 나라의 물질적인 개화가 어느 정도나 진보하였고 그렇게 진보한 이면에는 어떠한 조류가 드리워져 있는가, 영국에 무사라는 말은 없어도 신사라는 말이 있는데 그 신사는 과연 어떠한 의미를 가지고 있는가, 어느 만큼이나 일반 사람들이 여유로우며 근면한가, 여러 가지 것들이 눈에 들어옴과 동시에 한편으로 여러 가지 거슬리는 일도 생긴다. 때로는

로써 훗날 도쿄대에서 교편을 잡고 있던 나쓰메가 아사히신문사 전속 작가로 활동하는 데 촉매제 역할을 한 인물이다.

18 남성 지식인들의 상호 커뮤니케이션에 대해서는 졸고 〈일본 근대소설과 이동, 교류의 전략적 글쓰기〉, 《일본어교육》 56, 2011 참조.

영국이 싫어져 빨리 일본으로 돌아가고 싶어진다. 그때면 또 일본 사회의 모습이 눈에 떠올라 기분이 깨지고 한심하다는 생각이 든다. 일본의 신사가 덕성이나 체력 그리고 심미라는 점에서 매우 결핍되어 있는 것이 우려스럽다. 그러한 신사가 얼마나 태연스레 한 얼굴을 하고 득의만 만한지, 또 그들이 얼마나 속이 텅 비어 있는지, 그들은 얼마만큼이나 공허한지, 그들이 어느 정도 현재의 일본에 만족하여 일반 국민을 타락의 구렁텅이로 유도하는지도 스스로 모를 정도로 근시안적인지 등등 여러 가지 불평들이 치밀어 오른다.[19]

"이 나라"와 "일본"을 비교하는 서술자는 국가의 운명을 짊어진 공동체적인 주체이다. 인용문 이외에 가끔 등장하는 '나吾輩'는 스스로의 행동에 대해서 표현할 때 '나僕'라는 호칭을 쓰기는 하지만 전반적으로는 국가 공동체의 시점을 체현하고 있는 주체인 것이다. 따라서 이 서술자의 영국 유학 모빌리티는 개인의 모빌리티 자본으로서의 네트워크 형성 따위는 안중에도 없다. 국민적 서사를 서술하는 관찰적 시점에 모빌리티 자본이 동원되는 것이다.

이런 점에서 독일 체험을 문학화한 모리가 개인의 연애, 성장과 관련한 모빌리티 자원을 활용한 것과는 대조적이다. 그런데 두 작가에게는 근본적인 공통점이 있다. 그들의 서구 모빌리티 체험이 독일이 되었든, 영국이 되었든 본국인 일본의 모빌리티 네트워크에서 벗어나지 못하고 있다는 점이다.

---

19 《倫敦消息》, 648~649쪽.

남성 엘리트의 모빌리티/젠더 모빌리티

앞에서 모리의 《무희》가 고백체로 서양의 모빌리티 체험을 담았고, 《런던 소식》이 서간체로 런던의 모빌리티 장소성을 정보로 담아내고 있는 점을 지적하였다. 작가 모리가 독일 유학을 통해서 서양 문학을 도입했다는 것은 일본문학사에서 정설이다. 오늘날 우리는 장르의 모빌리티 체현자로서 모리를 통해 당대 엘리트 지식인의 면모를 볼 수 있다. 나아가 소세키가 영국에서 서구 문명에 충격을 받고 돌아와 일본 근대 지식인의 불안정한 자아를 그려냈다는 점도 문학사에서는 상식이다. 이처럼 모리와 나쓰메의 서구 모빌리티가 대서특필되는 이유는, 간단히 말해서 남성 지식인으로서 유럽 제국으로 이동하고 그 문화와 교류한 모빌리티 역량 때문이다.

나쓰메의 유명한 장편소설 《산시로三四郎》(1908)의 첫 장면이 규슈에서 도쿄로 향하는 장거리 열차에서 시작되는 것은 상징적이다.[20]

---

20 일본에서는 모빌리티 용어를 도입하기 전부터 교통지리적인 관점에서 철도에 관한 연구가 축적되었다. 문명개화기 일본에서 기차의 도입이 도시를 어떻게 변용시키는지, 그리고 사람들의 생활 습관과 신체 리듬이 어떤 식으로 변화해 왔는지에 대한 논의들(原田勝正, 《明治鉄道物語》, 講談社. 2019, 老川慶喜, 《日本鉄道史 幕末・明治篇 – 蒸気車模型から鉄道国有化まで》, 中央公論社, 2014)이 그 예다. 다만 이와 같은 이동 연구들이 모빌리티 연구와 다른 점은 정주주의적 시점을 고수하는 데에 있다. 즉, 기차가 도입된다는 의미를 단순히 교통의 편리나 이동 시간의 단축, 개인의 생활 습관 등으로 분절화해서 보아서는 안 되며 철도 모빌리티의 예를 들자면 집이나 여관 혹은 직장 등 출발하는 지점에서 역까지의 이동 자원, 이동 수단과의 연결성, 이동 경로의 혼잡성, 또 변두리인지 번화가인지, 동시에 겹치는 경로를 이동하는 사람들과의 만남과, 그곳이 비즈니스 지구라면 커피나 간편한 조식을 위한 편의점들의 존재도 유동적이다. 예컨대, 편의점이나 커피숍에는 점원이 출근하는 경로가 있을 것이고 가게에 납품을 목적으로 하는 물류의 이동 등 모빌리티 망이 형성될 것이다. 즉, 모든 것들은 이동성, 흐름의 연장선상에 있는 것이지 결코 정지된 단면 따위는 존재하지 않는다. 모빌리티 사유에서는 공간조차도 정지된 단

주인공 청년 산시로는 구마모토의 고등학교를 졸업하고 도쿄제국
대학에 입학하기 위하여 처음으로 도쿄에 가는 길이었다. 일본 최고
학부로의 유학 모빌리티, 비록 국내 여행이지만 지금과는 달리 40여
시간에 이르는 기차 여행이었다. 그 기차에는 도쿄제국대학의 교양
학부에 해당하는 일고一校의 교수인 히로타広田 선생님도 타고 있었
는데, 그 남성 지식인들 간의 대화가 의미심장하다.

　"아무래도 역시 서양인은 예쁘네요." 하고 말했다.
　산시로는 딱히 대답할 요량도 없어서 그저 네 하고 웃고 있었다. 그
러자 수염 아저씨[나중에 히로타 선생님이라는 것을 알게 됨]는,
　"우리들 서로 처량하구먼." 하고 말을 꺼냈다. "요런 얼굴을 하고 이
렇게 약해 빠져서야, 아무리 러일전쟁에서 이겨 일등국이 되었어도 쓸
모가 없어요. (…) 자네는 도쿄가 처음이라니 아직 후지산을 본 적이
없겠군. 조금 있으면 보일 테니 잘 봐 두게나. 그게 일본에서 제일가는
명물일세. 그 밖에는 자랑할 만한 것이 아무것도 없네. 그런데 그 후지
산은 자연적으로 예부터 있었던 것이니 도리가 없네. 우리가 만든 것도
아니고"(…).[21]

　아직 도쿄에 도착하지도 않았는데 산시로는 다른 세상 사람과 대
화를 하고 있는 것처럼 느낀다. 그는 만약 구마모토에서 이렇게 말

면이 아니다. 우리들이 정지된 것으로 여기는 공간도 하이데거 식으로는 사물이 어
떻게 우리들과 관계를 맺고 있는가에 따라 의미가 변용하는 장인 것이다.(김진택,
〈공간화의 새로운 모색: 모바일 아키텍처를 중심으로〉, 김태희 외, 《모빌리티 사유
의 전개》, 앨피, 2019, 166쪽)
21　夏目漱石, 《三四郎》, 新潮文庫, 1943, 20쪽.

했다면 금방 얻어맞든가 역적 취급 당하기 십상이라고 긴장한다. 그런데 위의 히로타 선생님의 시점은 《런던 소식》에서 본 해외 모빌리티 경험으로 습득된 생각과 흡사하다. 이것은 근대 초기 엘리트 남성 지식인이 역시 마찬가지 엘리트 남성 후배에게 자신이 품은 생각을 전하는 공론장의 한 단면이다.

게다가 장르의 모빌리티 관점에서 생각한다면 소설이란 장르는 다른 서사 형태와는 다른 특별한 전파력을 가지고 있어, 근대소설이 이식되면서 문화도 운반된다.[22] "사람과 기계의 역사적 상호작용"[23]은 소설이라는 장치에서도 예외가 아니어서 "근대의 사회 시스템은 정보의 일원화 그리고 신속, 광범위한 전달을 필요"로 하였다.[24] 근대소설은 모빌리티 기술 발전, 예컨대 선박·기차·전차 등 교통 기술에 의한 사람의 왕래, 매체를 통한 전파傳播 기술들과 공진화되어 온 것이다. 그 가운데에 여성의 모빌리티는 어떠한가? 21세기 초인 지금도 한국에서 비즈니스차 비행기를 타고 세계를 넘나드는 상사원의 모습이라 하면, 여성이 아닌 남성을 떠올릴 확률이 훨씬 높을 것이다. 여성들의 비즈니스 출장이 빈번함에도 말이다. 한편으로 남편과 동반하는 이미지이거나 혹은 휴가·관광·레저와 같이 여성의 비행기 모빌리티는 여가의 모빌리티로 서열화된다.

지금부터 대략 100년 전 어느 날 일본의 젊은 여성 지식인이 미국으로 향한다. 젊은 여성 지식인 하면 통상 자동적으로 젠더 모빌리티를 떠올릴 수 있다. 그런데 여기서는 단순히 모빌리티 환경에서

---

22 亀井秀雄,《〈小説〉論－〈小説神髄〉と近代》, 岩波書店, 1999, 11쪽.
23 紅野健介,《書物の近代》(ちくま学芸文庫), 筑摩書房, 1992, 10쪽.
24 앞의 책, 11쪽.

차별적 대우를 받는 여성이라는 의미에서만이 아니라, 닮은 것처럼 보이면서도 다른 해외 모빌리티 경험에 주의를 기울일 것이다.

작가 미야모토 유리코宮本百合子는 국비 유학생 자격으로 파견된 모리나 나쓰메와는 달리 건축사인 아버지를 따라 19세의 어린 나이에 미국으로 가(1918) 콜롬비아대학에 유학한다. 아버지와 동반한다는 서사는 위에서 지적한 '남편과 동반하는 이미지'의 연장으로 볼 수 있다. 그리고 그녀는 미국에서 일본인 유학생과 만나 부모가 반대하는 결혼을 감행한 후 귀국하는데, 그 내용들이 그녀의 삶을 소재로 삼은 소설에 고스란히 담겼다. 이 짧은 미야모토의 서사에서도 남성 엘리트 지식인의 해외 유학 모빌리티와의 차이를 느낄 수 있다.

〈사진 2〉 작가 미야모토 유리코. 1950년(쇼와 25) 촬영. 출처: 위키피디아.

우선 생각하게 되는 것은, 아버지와 동반한 미국에서 일본인 유학생과 결혼하는, 다시 말해서 가정으로 환원되는 비-주체적인 모빌리티를 어떻게 평가할 수 있을까 하는 것이다.

미야모토의 소설 《노부코伸子》(1924)의 주인공 노부코는 뒤에서 언급하는 것처럼 미국에 전혀 공감하지 못한다.[25] 그도 그럴 것이 그녀의 미국 체재는 본국의 네트워크 안에 머물고 있었다. 미국까지 이동하는 데에는 아버지의 모빌리티 자본

---

[25] 《노부코》의 분석은 앞서 발표한 필자의 논문(〈모빌리티로 본 미야모토 유리코문학의 재해석〉, 《日本語文學》 82, 2019)을 모빌리티 관점에서 전면적으로 개고하였음.

이 투여되었으므로 그녀에게 특별한 모빌리티 역량이 요구되지도 않았다. 이러한 분위기를 알기 위해서 텍스트에는 없는 내용을 참조하려 한다. 실제로 자전소설의 모델인 작가는 작품에서처럼 아버지가 먼저 귀국을 하고 계속 미국에 남아 유학 생활을 한다. 스물 남짓한 딸을 두고 먼저 귀국하게 된 아버지는 다음과 같이 미국에 남은 딸을 위한 네트워크를 구축했다는 내용을 부인에게 알린다.

> 유리코가 미국에 체재하는 동안에 쓸 돈은 요코하마 쇼킨正金 은행 지점장 이치노미야ㅡノ宮 씨에게 맡겨 두기로 했소. (동 씨는 진정한 신사로 그 누구보다 신용할 수 있음) 전반적인 일은 총영사 야타矢田 씨 (동 부인은 시마네현 사람인데 선친이 근무하실 적에 누이 다카코鷹子와 친분이 있어 때때로 마츠에 있던 우리 집에 놀러 왔음. 유리코를 보더니 어딘가 다카코와 닮은 구석이 있다면서 친밀감을 보였고, 마침 두 명의 딸이 있는데, 그중 큰딸 쪽은 유리코와 동년배라서 더욱더 좋다고 생각함)와 니혼 유센郵船 지점장 가메이亀井 씨 또 딘ディーン 씨 등 친절히 돌봐 줄 만한 사람들에게 부탁을 해 두었소. (…)[26]

이 짧은 문장에 어린 여성이 미국에 체재하는 데 필요한 모빌리티 자본이 총망라되어 있는 것은 놀라운 일이다. 딸을 염려한 아버지의 행동은 자연스러운 일이지만, 이것은 미국에서 아버지의 네트워크 자본이다. 체제 경비는 일본의 파견은행 지점장에게, 외국 체제의 신변 안전은 총영사에게, 귀국길 확보 등은 선박운송회사 지점장

---

26 유리코의 부 中條精一郎가 처 葭江에게 보낸 1919년 1월 12일 서간(大森壽惠子, 《早春の巣立ち-若き日の宮本百合子》, 新日本出版社, 1977, 210쪽 재인용.)

에게, 여성적인 생활 면에서는 동향 출신인 총영사 부인과 동년배의 딸들, 그리고 현지 미국인으로 보이는 인물에 이르기까지, 아버지의 모빌리티 자본은 일견 완벽해 보인다.

앞에서 이와쿠라 사절단에 5명의 여성이 포함되었다고 했는데, 미야모토의 상황을 통해 그들의 젠더 모빌리티를 쉽게 유추할 수 있다. 미야모토와 이와쿠라 사절단의 차이는 아버지의 모빌리티 자본에서 국가의 모빌리티 자본으로 확대된 기생寄生의 모빌리티에 다름 아니다.

모빌리티 네트워크/모빌리티 장소성

국가의 운명을 짊어진 남성 지식인들의 모빌리티든 기생寄生하는 여성의 모빌리티든, 메이지明治나 다이쇼大正 시기 문학에서 그리는 해외 이동 모빌리티 서사는 매우 단조롭다. 게다가 외국과의 이동·교류의 모빌리티 경험을 소재로 한 문학작품도 매우 적다. 그것은 다양한 원인이 있겠지만 모빌리티의 관점에서 보면 일본 근대문학의 임모빌리티라고 명명할 만하다.

그렇다고 하더라도 이주, 이동, 교류의 글쓰기로 구성된 텍스트는 의식적·무의식적으로 타국(주로 서양)에서의 모빌리티 경험을 내면화하고 표현한 것으로 해석할 수 있다. 대부분의 문학사가들이 나쓰메 소세키의 런던 생활이나 모리 오가이의 독일이라는 장소가 일본 문학으로 발현되어 방향타 역할을 했다고 인정하고 있다. 그런데 이와 같은 문학사관의 기반에는 다음과 같은 전제가 있다. 즉, 서양의 선진 문명 경험을 내면화함으로써 일본의 근대 지식인들이 공통적으로 겪는 아이덴티티의 문제를 그려 냈다는 것이다. 그런데 남성 엘리트 지식인들이 서양 선진국을 경험한 결과론적인 담론만으로 '서양 대 일본'이라는 공식이 성립해야만 한다는 필연성도 없다. 앞에서 지적한 것처럼, 아시아의 풍경을 버리고 곧바로 서양으로 연결되는 발상이 문학사의 기술 방법에도 따라붙는다. 마치 서양이 하나의 나라이고 그것에 대항하는 일본이 있다는 식의 관념이야말로 오늘날 왜 근대 문학자들의 모빌리티 담론에 주의를 기울여야 하는지를 여실히 보여 준다.

일본에서 곧바로 서구로 초점 이동이 되는 모빌리티의 문제는 남성 작가들만의 문제가 아니었다. 그들의 관심이 서구에 쏠렸듯 미야모토는 미국에서의 생활을 그리면서 왕복하는 항로에서의 풍경을 공백으로 만들고 순간 이동을 해 버린다. 따라서 이처럼 이동 상황에서 왜 표현의 단절들이 발생했는지 분석할 여지를 주며, 이것은 국민국가에 기반한 근대성에 집착하여 개인성이 억압되었거나, 혹은 임모빌리티 문화에 익숙한 나머지 이동 자체에 대한 의식이 결여되었을 가능성도 배제할 수 없다.

모리 오가이의 《무희》에서 주인공 도요타로豊太郎는 장래가 촉망되는 엘리트 공무원이었다. 독일에 파견되어 일을 하면서도 대학에서 학업에 매달렸던 그는 운명의 장난처럼 에리스라는 여성과 만나게 된다. 극단에서 무용수로 일하던 그녀가 부친상을 치를 돈이 부족해 슬퍼하는 모습을 본 도요타로가 초면임에도 도움을 주었는데, 이를 계기로 친하게 된 두 사람을 일본인 동료들과 상사가 공사관公使館에 모함하여 면직되는 사태가 벌어진다.

평소 베를린 유학생 중에서 어느 세력 있는 그룹과 나 사이에는 껄끄러운 관계가 형성되어 그 사람들은 나를 시기하고 의심한 나머지 나에 대해서 험담을 하기에 이르렀다. (…) 그 사람들은 내가 함께 맥주도 마시지 않고 당구의 큐도 잡지 않는 것을 꽉 막힌 생각과 욕망을 억제하는 힘이라고 결론을 내리고 조롱을 해 댔다.[27]

베를린에서 주인공 청년의 모빌리티 네트워크는 본국과 연결된 일본인 사회였다. 오로지 파견 업무와 학업을 병행하느라 여념이 없던 도요타로는 본국의 네트워크가 단절됨으로써 모빌리티 자본, 즉 거주와 학비가 끊어지게 된다. 여기서 그에게는 두 개의 네트워크가 새롭게 생성되는데 하나는 본국에 있는 친구의 도움이며, 또 하나는 독일 여성 에리스와 더욱더 깊은 관계를 맺게 된 것이었다. 본국에서 대신의 비서관으로 일하던 엘리트 공무원 친구 아이자와相沢가 도요타로에게 통신원이나 외교 순방을 하는 대신의 통번역 아르바이트 등을 구해 준다. 한편 도요타로는 생활비를 아끼기 위해 에리스의 집으로 입주하게 되고 둘의 사랑도 더욱 깊어 간다.

모빌리티 관점에서 이 소설을 평하면, 면직 후 새롭게 생성된 본국 네트워크와 이주국 네트워크가 주인공 청년에게 갈등을 조장하는 유학생 모빌리티 서사라고 할 수 있다. 결국 주인공 청년은 본국을 잃지 않기 위해 사랑을 잃는 아픔을 선택함으로써 귀환 서사로 막을 내린다. 해외에 거주할 수 있는 모빌리티 네트워크가 붕괴됨으로써 귀환할 수밖에 없다는 것은, 일본의 네트워크가 독일로 이동한 것과 같은 현실을 보여 준다. 이는 당시 남성 지식인을 국가라는 틀 안에 묶어 둠으로써 그들이 얼마나 임모빌리티의 속성을 갖게 되었는지를 잘 보여 주는 예이다.

---

27 《舞姬》, 429쪽.

마지막 예시로 주인공의 미국 체험을 시작으로 결혼과 이혼 문제를 다룬 장편소설《노부코》[28]의 모빌리티 경험에 대해 살펴보려 한다. 주인공 노부코의 뉴욕 생활도 일본인 사회 속에 싸여 있는 것은 마찬가지다. 유학생을 위시하여 일본인 커뮤니티에 속한 사람들과의 사교 모임에 가기 위해 그녀는 아버지와 함께 허드슨강가를 걷는다. 다시 한번 말하면, 그녀에게 뉴욕에서의 모빌리티 네트워크는 아버지의 소개로 획득된 자산이다. 그 모임은 "최근에 고국에서 온 모 문학박사를 중심으로 편하게 만나는"[29] 자리였다. 미국이라는 땅에서의 이동과 교류가 일본인 유학생 모임 혹은 일본에서 왔다는 모 문학박사와 같은 일본인 네트워크인 것이다. 그 모임에 나가기 싫었던 노부코의 감성은 주변 공간을 부정적인 시선으로 바라본다.

　　아버지와 딸은 음산하게 블라인드가 내려진 커다란 쇼윈도를 끼고 왼쪽 모퉁이를 돌았다. (…) 가는 방향 쪽으로 큰길 하나를 사이에 두고 저편이 허드슨강으로, 가끔 예리한 밤의 강바람이 스쳐 갔다. 리버사이드공원의 잎이 다 떨어진 수목 사이로 차갑게 창백한 가스등이 어렴풋이 켜져 있는 것이 눈에 들어온다. 노부코는 추위와 쓸쓸함이 밀려들어 왠지 모르게 기분 나쁜 이상한 긴장감을 느꼈다. 그녀는 자신도 모르게 힘껏 아버지의 팔에 매달렸다《伸子》, 9쪽).[30]

28　미야모토 유리코는 개인사를 소재로 한 대표작《노부코》에 뒤이어《두 개의 정원二つの庭》(1947),《도표道標》(1950)를 집필하여 3부작을 완성한다. 특히 미국의 유학 모빌리티를 서사한《노부코》에 이어,《도표》는 혁명 직후 소비에트에서 체재하고 유럽을 돌아 일본으로 회귀하는 모빌리티 소설이다.
29　《伸子》, 7쪽.
30　《伸子》의 인용은《宮本百合子全集》第三卷, 新日本出版社, 1979, 9쪽.

노부코에게 미국은 아버지의 영향력으로 구성된 일본의 네트워크 그 자체였다.[31] 뉴욕에서의 워킹 모빌리티는 허드슨강, 리버사이드공원의 풍경을 즐기는 관광객들과는 사뭇 다르다. 있어서는 안 될 곳에 있는 듯한 임모빌리티 감성, 낯선 풍경에 대한 거부의 걸음걸이다. 이것은 뉴욕이 노부코 자신의 장소가 아닌 아버지의 장소라는 메시지다. 미국은 "단순한 '공간'"에 불과하며 "사회적 의미를 가진 이른바 '장소'"[32]가 되지 못한다. 따라서 노부코는 뉴욕의 명소인 허드슨강이나 리버사이드공원을 기분 나쁜 느낌과 긴장감이 도는 터부의 영역으로 설정하고, 자신이 있을 장소로 받아들일 마음이 전혀 없는 것이다. "산책은 혹자에게는 모빌리티를 뜻했으나, 여성을 가정 영역으로 강등시킴으로써 혹자에게는 부동성"[33]을 갖게 할 수 있다. "자신도 모르게 힘껏 아버지의 팔에 매달렸다"는 표현처럼, 독립적으로 이동성을 획득하지 못하고 가부장제 시스템을 아비투스로서 체득하고 있는 노부코는 아버지의 보호 없이 미국을 '장소화'하지 못한다. 다만 문화적으로 체득한 아비투스와 모빌리티 체험만으로 감지된 비장소에 대한 거부감의 차이가 미묘한 울림을 준다. 자전소설은 쓰는 과정에서 작가 스스로의 경험을 재구성하는 단계를 거친다. 이때 관념적인 영역만 남기고 모빌리티 표현이 결락된 것도, 그녀가 제대로 독립적인 이동성을 가지지 못한 데에서 기인한 것이다.

31 김주영, 〈일본 근대소설과 이동, 교류의 전략적 글쓰기〉, 《일본어교육》 56, 2011.
32 이상봉, 〈모빌리티의 공간정치학 장소의 재인식과 사회관계의 재구성〉, 김태희 외, 《모빌리티 사유의 전개》, 앨피, 2019, 58쪽.
33 피터 애디, 《모빌리티 이론》, 최일만 옮김, 앨피, 2019, 159쪽.

모빌리티 서사의 재해석

　현재도 크게 다르지 않지만, 지금으로부터 1백여 년 이상 이전에 해외로 이동하는 모빌리티 경험을 서사한다는 행위가 어떤 것인지 진지하게 검토된 적이 없었다. 오리엔탈리즘, 포스트콜로니얼, 월경, 탈경계, 트랜스내셔널리즘에 관한 많은 논의들은 국내뿐만 아니라 일본에서도 많이 있었다. 그러나 여성 작가의 텍스트는 말할 것도 없고 남성 작가의 이국 체험을 모빌리티의 관점에서 논하는 경우는 매우 드물었다. 본 글에서 다루고자 한 것은, 모빌리티 테크놀로지의 발달이 강조되는 지금 모빌리티 문학연구를 어떻게 수행할 수 있을까 하는 문제의 틀을 만드는 것이다. 모빌리티 문학연구는 이동하는 주체와 이동 경로 및 기술, 이동의 장소성, 이동하는 문맥·제 관계들·문화적·역사적 코드들이 얽히고설킨 텍스트 세계를 해석한다.

　이와 같은 텍스트 해석을 통해서, 모빌리티 테크놀로지에 의해 개항이 된 나라 일본에서 해외 모빌리티 경험이 일본의 근대를 어떤 방향으로 이끌었는지 판단할 자료들을 얻을 수 있다. 1백여 년 전 일본 지식인에게 독일, 영국, 미국은 선망의 대상이었다. 그리고 모빌리티 경험을 가진 지식인들은 스스로 획득한 모빌리티 자산으로 모빌리티 서사를 만들어 냈다. 모리 오가이의 경우 독일에서의 모빌리티 경험이 본국 네트워크와의 관계성 속에서 서사되고, 스스로를 국가에 종속된 임모빌리티 존재로 규정하는 모빌리티 서사를 탄생시켰다. 여기서 뿌리 깊은 일본 문화의 임모빌리티 문제와 일본 근대의 실질을 연결지어 생각해 볼 수 있는 실마리를 찾을 수 있을지도 모른다.

　영국에 거주한다는 것이 일본과 연결된, 즉 국가와 연결된 신체로서의 모빌리티를 의미하는 나쓰메 소세키의 시점은 일본이 자랑하는 문호의 문명비판의 원천이 모빌리티와 깊이 관련되어 있다는 것을 시사한다. 이들 남성 엘리트 지식인들이 국가와 밀접하게 연결된 해외 이동 모빌리티 서사를 가졌다면, 정말 극소수에 지나지 않았을 여성 엘리트 지식인의 모빌리티 서사는 어떤 점에서 유사하고 어떤 점에서 다를 수 있을까? 그리고 그것들은 오늘날 젠더론과 어느 지점에서 만날 수 있는가? 이런 질문들에 대한 정밀한 독해가 필요하다.

　모빌리티 문학연구는 이동성과 부동성의 문제틀을 설정함으로써 미야모토 유리코의 텍스트에서 서구 이동이 얼마나 일본적인 것이었는지 읽어 낸다. 본론에서 암시한 것처럼 노부코에게 뉴욕이 살풍경한 장소, 즉 타인의 장소였다는 것은 그녀의 모빌리티가 부자연스럽다는 반증이기도 하다. 이것들을 정밀하게 읽을 때, 그녀의 장소성이 가부장제(이 경우 남성이었으면 국가에 해당하는)에 대한 표면적인 순응과 본능적인 거부의 틈새를 왕래한다고 해석할 여지가 충분하다. 다시 말해서 노부코가 미국 안에 있는 또 다른 일본을 거절하는 몸짓으로 읽히기도 한다는 것인데, 이런 식의 반응이 남성적인 것들과 얼마나 유사하고 어떤 차이를 보이는지 모빌리티 텍스트 연구를 통해 답을 찾아야 할 것이다. 이 글을 통해, 해외로의 이주 모빌리티에서 적어도 근대 일본의 대표적인 두 남성 작가 모리 오가이와 나쓰메 소세키에게 국경의 모빌리티가 의식된 것, 대표적인 여성 작가인 미야모토 유리코에게서는 해외에서 가부장제의 아비투스에 혼란을 느끼고 있다는 점을 확인할 수 있었다. 이런 질문과 해석들은 일본을 국민국가의 틀로 재단하여 정주 공간에 지나친 집착을 보여 온 기존의 연구를 유동적으로 만들 수 있다는 점에서 유효하다.

참고문헌

김진택, 〈공간화의 새로운 모색: 모바일 아키텍처를 중심으로〉, 김태희 외, 《모빌리티 사유의 전개》, 앨피, 2019, 166쪽.

김주영, 〈일본 근대소설과 이동, 교류의 전략적 글쓰기〉, 《일본어교육》 56, 2011.

김주영, 〈모빌리티로 본 미야모토 유리코문학의 재해석〉, 《日本語文學》 82, 2019.

미미 셸러, 《모빌리티 정의》, 최영석 옮김, 앨피, 2019, 17쪽.

피터 애디, 《모빌리티 이론》, 최일만 옮김, 앨피, 2019, 159쪽.

이상봉, 〈모빌리티의 공간정치학 장소의 재인식과 사회관계의 재구성〉, 김태희 외, 《모빌리티 사유의 전개》, 앨피, 2019, 58쪽.

팀 크레스웰, 《장소》, 심승희 옮김, 시그마프레스, 2014, 74쪽.

老川慶喜, 《日本鉄道史 幕末・明治篇 – 蒸気車模型から鉄道国有化まで》, 中央公論社, 2014.

大森壽恵子, 《早春の巣立ち – 若き日の宮本百合子》, 新日本出版社, 1977, 210쪽.

亀井秀雄, 《〈小説〉 – 論〈小説神髄〉と近代》, 岩波書店, 1999, 11쪽.

川端康成, 《伊豆の踊り子》, 新潮文庫, 1950, 34쪽.

紅野健介, 《書物の近代》 (ちくま学芸文庫), 筑摩書房, 1992, 10쪽.

遠山茂樹, 《明治維新岩》 (現代文庫), 岩波書店, 2000.

鳥海靖 外 編, 《日本近現代史研究事典》, 東京堂出版, 1999, 64쪽.

田中健夫, 《対外関係史研究のあゆみ》, 吉川弘文館, 2003, 73~88쪽.

鉄道大臣官房文書課編, 《日本鉄道史 上編》, 鉄道省, 1921, 406쪽(国立国会図書館デジタルコレクション).

夏目漱石, 《三四郎》 新潮文庫, 1943, 20쪽.

夏目漱石, 筑摩文庫版 《夏目漱石全集 10》, 1988, 648쪽.

原田勝正, 《明治鉄道物語》, 講談社, 2019.

水谷修 外 編, 《日本事情 ハンドブック》, 大修館書店, 1995, 257쪽.

宮本百合子, 《伸子》, 《宮本百合子全集》 第三巻, 新日本出版社, 1979, 9쪽.

森鴎外, 《舞姫》, 《森鴎外全集》 第一巻, 岩波書店, 1971, 425쪽.

歴史教育者協議会 編, 《人物で読む近現代史(上)》, 青木書店, 2001, 2~9쪽.

해방 직후 일본의 모빌리티 시스템과 '자이니치'의 형성:

이회성의 《백년 동안의 나그네百年の旅人たち》를 중심으로

양명심

이 글은 《일본어문학》 제84집(2019. 2)에 게재된 원고를 수정 및 보완하여 재수록한 것이다.

이회성李恢成과 사할린의 조선인들

과거에나 지금이나 우리의 삶 속에서 '이동'은 어떠한 이유나 형태로든 계속되어 왔다. 이동에 주목하여 사회를 바라보는 새로운 관점으로 모빌리티 패러다임을 제시하고자 했던 사회학자 존 어리John Urry는 저서《모빌리티》에서 모빌리티의 의미를 이동하거나 이동할 능력이 있는 것, 떼 지어 몰려다니는 무리나 무질서한 집단, 위로 또는 아래로의 사회적 모빌리티, 이민 또는 반영구적인 지리적 이동이라는 네 가지 의미로 정리[1]하고 있다. 여기서 '모빌리티'는 다양한 유형과 물리적 이동의 시간성을 포함하며 그 범위는 신체적 움직임에서부터 기술에 의해 확대된 자전거, 버스, 자동차, 기차, 배, 비행기, 휠체어, 목발 등에 이르기까지 매우 다양하다.[2] 어리는 이동 형태의 다양함을 언급하면서 물론 새로운 통신 기술 덕분에 물리적 이동이 불필요할 수도 있지만, 새로운 교통 통신 기술이 근대사회를 새롭게 특징짓기도 한다고 지적한다. 또한 이동은 사회에서 점차 하나의 권리로 간주되기도 하지만, 이동을 거부당한 사람들은 여러 형태로 배제되는 이동의 이데올로기 역시 존재한다고 강조한다.[3]

이 글에서 주목하는 일본 식민지 시기에 사할린으로 건너가 그곳에서 해방을 맞이한 조선인의 복잡한 루트를 통한 이동과 이동 서사는 당시 일본의 모빌리티 시스템[4]이 피식민 주체였던 조선인에게 어

---

[1] 존 어리,《모빌리티》, 강현수·이희상 옮김, 아카넷, 2014, 31쪽.
[2] 존 어리,《모빌리티》, 33쪽.
[3] 존 어리,《모빌리티》, 50쪽.
[4] 모빌리티(이동성)는 사람, 사물, 기계, 정보, 생각, 이미지 등 인간과 비인간의 이동성을 의미한다. 그리고 역사적으로 보행, 기차, 자동차, 비행기, 통신 등의 순으로 발

떻게 기능했는지를 보여 주는 좋은 근거가 된다. 사할린은 종전에는 일본의 영토였지만 그 후 연방법에 따라 여러 민족이 이동하여 함께 살게 되었다. 그리고 재일조선인들은 제2차 세계대전 중에 강제징용으로 동원되어 탄광이나 군수공장 등에서 노동력을 착취당하다가 해방을 맞이하였다.

사할린의 조선인들은 한반도로 귀국하기 위해 일본 각지에서 시모노세키下関, 센자키仙崎, 하카타博多 등의 항구로 쇄도하였다. 이들은 언제 승선할 수 있을지도 모른 채 항구 주변 숙소들을 전전했고, 급조한 판잣집이나 창고 등을 임시 숙소로 사용하면서 승선을 기다려야 했다. 이렇게 한꺼번에 대규모의 인구 이동이 이루어짐에 따라 수송과 방역 문제는 물론, 일본에서는 심각한 노동력 부족과 석탄 위기, 치안 문제 등이 불거지기도 했다. 일본열도와 한반도 사이를 정기적으로 운항하던 연락선은 미군 공습 등으로 1945년 6월부터 폐쇄되었으며, 그 후로는 다른 항로를 통한 부정기적인 연락선만이 취항하고 있었다.[5]

이회성의 장편소설 《백년 동안의 나그네》는 해방 직후 조선인들이 가라후토樺太에서 홋카이도北海道로 귀환해 오는 과정을 그리고 있다. 사할린에서의 생활을 정리하고 비밀리에 해협을 건너 나가사키長崎 수용소까지 힘겹게 오지만 결국 조국으로의 귀국의 꿈을 접어야 했던 이회성의 실제 체험을 모티브로 한 이 소설은, 당시 '사할린에 버려진 조선인'의 역사 그 자체라고 말할 수 있다.

달해 온 모빌리티 시스템은 인간과 비인간의 혼종 시스템으로서 설명된다.(존 어리, 《모빌리티》, 605쪽 참조.)
5 국사편찬위원회, 재외동포사총서 10《일본한인의 역사(상)》, 2009, 161쪽.

지금까지《백년 동안의 나그네》에 대한 연구는 작가의 유년 시절 체험이 녹아 있는 '사할린'이라는 특수한 공간적 배경을 중심에 두고 진행되었다. 구체적으로는 유랑하는 조선인의 삶을 디아스포라로 확장하여 고향과 민족(국가)의 문제에 접근하는 분석이 이루어졌다.[6]

　유숙자는 이 작품을 "오랜 문학적 도정을 지나 다시 한 번 고향 사할린으로 거슬러 올라가 자신의 정치사상적 입장을 등장인물을 빌려 조국의 통일과 민족의 문제에 관해 심도 있게 제시하고 있다"[7]고 평가하며 이회성 문학을《백년 동안의 나그네》를 통해 자리매김하고 있다. 박광현은 "이회성 작품 속에서 사할린을 둘러싼 기억의 차이와 그 의미에 주목하면서 사할린-일본열도-분단 조국으로 이어지는 심상의 네트워크를 구성하는 방식"에 대해 분석하고 있다.[8]

　이 글은 이러한 기존 선행 연구를 바탕으로《백년 동안의 나그네》를 통해 재일조선인이 해방 직후에도 귀국하지 않고 일본에 정주하기를 스스로 선택하면서 오늘날의 '자이니치'로 재형성되는 과정을 일본의 모빌리티 시스템을 중심으로 고찰해 보고자 한다.

　존 어리는《모빌리티》에서 다섯 가지 이동 양식, 즉 보행·기차·

6　이회성의《백년 동안의 나그네》를 다룬 선행 연구로는 유숙자, 〈在日 2세의 문학〉, 《재일한국인 문학연구》, 월인, 2000, 9~237쪽; 박호영, 〈이회성의 문학작품에 나타난 장소 이미지 – 가라후토 마오카를 심으로〉, 홍기삼 편, 《재일한국인 문학》, 솔, 2001, 220~236쪽; 박정이, 〈李恢成《百年の旅人たち》一察〉, 《日語教育》 21, 2002, 195~229쪽; 변화영, 〈고백과 용서의 담론: 이회성의《백년 동안의 나그네》를 중심으로〉, 《국어문학》 44, 2008, 193~214쪽; 박광현, 〈'재일'의 심상지리와 '사할린'〉, 《한국문학연구》 47, 2014, 225~259쪽; 민병은, 〈1945년 전후 사할린 거주 한국인들의 민족적, 문화적 정체성 형성에 있어서의 다양성 연구 – 이회성의《백년 동안의 나그네》 분석을 중심으로〉, 《한일민족문제연구》, 2016, 161~196쪽. 등이 있다.

7　유숙자, 《재일한국인 문학연구》, 월인, 2000, 85쪽.

8　박광현, 〈'재일'의 심상지리와 '사할린'〉, 《한국문학연구》 47, 동국대학교 한국문학연구소, 2014, 231쪽.

자동차·비행기·통신을 제시하고 그것이 모빌리티 시스템으로서 갖는 역사적·기술적·사회적·공간적 특성을 설명한다.[9] 이때 모빌리티는 하나의 시스템을 전제로 하며 오늘날 이러한 시스템들은 표 구매, 석유 공급, 주소, 안전, 통신 규약, 환승, 웹사이트, 배가 정박하는 부두, 환전, 패키지 여행, 짐 보관소, 항공교통 제어, 바코드, 교량, 시간표, 감시 장치 등을 포괄한다.[10] 특히, 여기서 시간표는 기차, 사람, 활동을 특정 장소와 시점에 규범적으로 위치시키는 통치성을 지닌 강력한 시스템이라고 할 수 있다.[11] 19세기 철도를 통한 이동의 기계화는 시간표와 속도 모두에 대한 관심을 유발시켰다. 이들은 미래 교통 발달의 특성에 대해, 점점 시간표화된 사회생활의 성격에 대해, 변형된 통치성에 대해, 경제적 진보에 대해, 인간이 기계와 함께 살아가는 전반적인 방식에 대해 큰 영향을 주었다.[12]

따라서 이 글에서는 구체적으로 《백년 동안의 나그네》에 등장하는 조선인들이 조국이라는 목적지를 향해 이동해 가는 과정에서 모빌리티 시스템에 의해 순응하는 주체로 스스로 훈육되는 과정을 분석해 보고, 훈육되는 과정에서 겪는 피식민 주체의 번민과 심리적 고뇌의 표출 방식을 살펴볼 것이다. 모빌리티 시스템이 당시 조선인에게 어떻게 작용했는지 살펴봄으로써 물리적 이동을 삶의 본질로 인식했던 재일조선인의 특수한 삶을 보편적 이동의 개념으로 확장하여 모빌리티 텍스트 분석 방법을 모색해 보고자 한다.

9　존 어리, 《모빌리티》, 14쪽.
10　존 어리, 《모빌리티》, 41쪽.
11　존 어리, 《모빌리티》, 186쪽.
12　존 어리, 《모빌리티》, 189쪽.

패전 후 사할린의 조선인과 일본의 모빌리티 시스템

사할린은 쿠릴열도와 함께 러시아의 사할린주에 속하는 섬이다. 사할린이 일본령이 된 것은 1905년 러일전쟁이 끝나고 포츠머스조약이 체결되어 북위 50도 이남의 남사할린을 넘겨받고 난 이후이다. 일본의 패전 이후 1946년부터 러시아가 영유권을 행사하게 됨으로써 현재 사할린은 러시아의 행정 지역에 속하게 되었다.[13]

러일전쟁의 승리로 일본이 획득한 남사할린에는 여러 개의 탄광이 있었고, 제2차 세계대전 때 일본은 조선에서 수많은 노동자를 동원했다.[14] 구소련 지역에 거주하던 조선인은 약 4만여 명으로 추산되는데 정확한 수는 알려지지 않았다. 그중 일본인과 결혼한 소수의 사람들만이 가족과 함께 일본으로 어렵게 건너올 수 있었다. 구소련 지역에 거주하던 일본인은 점령 당국과 구소련의 대일이사회 간에 협의가 이루어져 협정을 맺고 귀환이 가능했으나, 조선인들은 구소련·일본·남북한 당국의 무관심과 소극적 대응으로 인해 방치되었다.[15]

《백년 동안의 나그네》는 "배에서 내리는 일반 승객과 귀환자들보다 앞서 한 무리의 조선인들이 트랩에 나타난 것은 7월 27일 새벽이었다. 아오모리항의 칙칙한 잔교에 옆구리를 붙인 세이칸 연락선의 돛대 위를 갈매기 몇 마리가 날고 있었다."[16]는 서두로 시작된다. 소

13 이준영, 〈1910~20년대 조선인의 가라후토 이주와 인식〉,《일본근대학연구》 59, 한국일본근대학회, 2018, 353쪽.
14 국제고려학회 일본지부 '재일코리안사전' 편집위원회,《재일코리안사전》, 선인, 2012, 202쪽.
15 국사편찬위원회, 재외동포사총서 10《일본한인의 역사(상)》, 168쪽.
16 이회성,《백년 동안의 나그네》, 김석희 옮김, 프레스빌, 1995, 9쪽.(이하 텍스트 인용은 쪽수만 표기함)

〈그림 1〉 등장인물들의 행로(《백년 동안의 나그네》(상)에서).

설의 첫 부분에 등장하는 '세이칸연락선青函連絡船'은 아오모리 역과 홋카이도 하코다테 역 사이를 왕래하는 철도 연락선이다.

19세기 철도는 기차 객실과 기차역이라는 두 가지의 매우 중요하고 새로운 사회적 교류의 공간을 발생시켰다. 작품 속에서 조선인들은 객실과 기차역에서 만나는 불특정 다수의 일본 귀환자들로부터 교류와 경계의 이중적 감정을 느끼게 되는데, 철도 승객들이 이전에는 볼 수 없었던 그 밀폐된 공간들에서 수많은 이방인과 함께 존재한다는 점에서 그 두 곳은 중요한 의미를 갖는다.[17]

함께 사할린을 떠나온 조선인 무리는 다섯 가족과 독신자 1명을 포함해 모두 20명이었다. 노부부와 임산부, 젖먹이 아기까지 구성원은 다양했다. 이들은 다나카 순사와 도무라 경부보 두 사람의 감시와 지휘를 받으면서 나가사키까지 압송될 예정이며, 미군정청의 명령에 따라 일본에서 해외로 추방당하게 되어 있었다. 사할린에 거주

---

17 존 어리, 《모빌리티》, 196쪽.

하는 일본인을 귀국시키는 사업이 시작된 것은 1946년 11월이었다. 그 대상에서 제외된 조선인들은 일본인 귀환자들의 모습을 시샘과 불안이 섞인 눈으로 바라볼 수밖에 없었다.

난생처음 기차를 보았을 때의 기억이 되살아났다. 이른 아침부터 읍내가 술렁거렸다. 무슨 일이 일어났을까. 무언가 불길한 사건이 일어난 게 분명했다. (…) 그러나 상투를 튼 흰 옷차림의 농민들은 무언가를 보기 위해 달려가고 있었다. 아이들도 맨발로 어른들을 따라 달려갔다. 사람들은 외쳐 댔다. "화차다!" "화차다!" 그러나 그것이 도대체 무엇인지, 그 "물체"가 그의 머릿속에서는 전혀 잡히지 않았다. 그래도 노인들이 탄식과 두려움 속에서 내뱉는 말에 따르면, 쇳덩어리인 듯한 그 "물체"에는 귀신이 살고 있고, 일본인들이 이 나라를 집어삼키기 위해 그 귀신의 힘을 이용하고 있다는 것이었다. 마을 사람들은 두려워하면서도 달리고 있었다. 무서운 것을 보고 싶은 본능을 이기지 못했던 것이다. 마을 사람들은 변두리에 있는 다리 위에 모여, 그 쇳덩어리가 나타나기를 이제나저제나 기다리고 있었다. 이윽고 기관차가 마을 변두리의 포플러 나무 밑에서 연기를 내뿜으며 나타나자, 마을 사람들 사이에서 야릇한 외침 소리가 터져 나왔다. 방바닥에 무릎을 꿇고 하늘을 우러러보며 주문을 외는 이도 있었다. 괴로운 나머지 가슴을 쥐어뜯는 이도 있었다(상권, 58쪽).

위 인용문은 유근재가 20년이 지난 현재 시점에서 화차 아닌 완행열차를 타고 일본인 아내와 아이들을 데리고 조국으로 돌아가는 길에 처음 '기차'라는 물체를 보았던 어린 시절을 회상하는 장면이다. 이들에게 기차는 '신기'하고 '두려운' 물체였으며, 특히 조선인들에게 '기차'는 일본이라는 국가 시스템의 상징이자 조선인을 위협하는 부정적 이미지의 상징물로 여겨지고 있다.

일본의 산업혁명을 추진한 주체는 메이지유신으로 성립된 절대주의적 국가였다. 메이지 정부는 철도 건설을 교통정책의 최우선 사항으로 삼았다. 당초 계획된 철도 선로의 부설 구간은 신구新舊 정치적 중심 도시인 도쿄東京와 교토京都 사이였다. 중앙집권 강화가 그 목적이었던 것이다. 이 구간과 나란히 도쿄, 요코하마横浜, 교토, 오사카大阪, 고베神戸같은 정치 · 경제의 중심지와 개항지를 잇는 노선이 계획되었다. 1891년에는 우에노-아오모리 간, 1900년에는 고베-시모노세키 간 철도가 개통되어 철도로 일본을 종단할 수 있게 되었다. 1906년에는 철도 국유화 정책이 시행되어 전국의 선로 총 연장거리가 5천 마일에 이른다. 결국 일본은 러일전쟁 이전에 전국적인 철도망이 거의 짜인 것이다.[18]

일본의 철도는 도입 당시부터 서구 근대 문명의 섭취, 모방을 축으로 하는 이른바 '문명개화'의 추진 기능을 기대하고, 결과로서 다분히 표면적으로 '문명개화'에 머무르지 않고 사회 시스템의 변혁과 이용자의 의식 변화를 유도하는 의미에서의 근대화를 추진하였다.[19]

이러한 철도 시스템이 바로 당시 지배국이었던 일본이 조선인을 압송하는 수단이자 장치였다. 이러한 모빌리티 시스템에 의해 인간의 시공간이 구획되고 인간이 그 시스템에 맞춰 행동하는 모습은 비인간이 인간을 규제하는 현상이며 개인의 이동, 즉 움직일 수 있는

---

18 박천홍,《매혹의 질주, 근대의 횡단》, 산처럼, 2003, 82~83쪽.

18 박천홍,《매혹의 질주, 근대의 횡단》, 산처럼, 2003, 82~83쪽.
19 이용상 · 정병현, 〈한국, 일본, 만주의 철도현황 비교연구〉,《한국철도학회 논문집》 18-2, 한국철도학회, 2015, 158쪽.

것과 없는 것을 국가 시스템이 결정하는 대표적인 예라고 할 수 있다. 작품 속에서도 정해진 노선과 항로, 기차 시간표라는 시스템에 의해 조선인의 행동이 제약을 받고, 사고가 통제되면서 조선인 스스로가 그 시스템에 의해 훈육되는 과정을 보여 주고 있다.

일본의 모빌리티 시스템과 '조선인' 사이의 간극

모빌리티란 개인(또는 사물, 지역) 간 이동의 차이가 만들어 내는 정치에 해당하며, 행위체(사람과 사물)의 다양한 경험과 의미가 결합되고 실천되는 실체이며, 장소에 의해 모빌리티가 제한되고 또한 모빌리티가 새로운 장소(정체성)을 만든다. 즉, 모빌리티는 단순히 장소적 이동이나 공간의 변화가 아니라, 이동에 의해 나타나는 다양한 정치, 실천 및 장소의 관계이다.[20]

《백년 동안의 나그네》는 등장인물들이 사할린을 출발하여 기차에 오르기까지 개인의 과거가 기차가 목적지를 향해 달려가면서 그 진실이 서서히 밝혀지는 형식을 취하고 있다.

작품은 1947년 여름을 시간적 배경으로 하고 있으며, 내용은 크게 귀환자 조선인들이 아오모리를 출발하여 시모노세키에 도착하기까지 열차 안에서 벌어지는 사건 중심의 이야기와, 도착 후 수용소 생활을 거쳐 다시 새로운 출발을 시작하는 이야기로 나뉜다. 이 출발은 일본에 남기로 결정한 조선인들이 새로운 '자이니치'로 재형성됨을 의미한다. 전반부는 기차라는 철도 시스템 안에서 이동과 함께

---

20 이용균, 〈모빌리티의 구성과 실천에 대한 지리학적 탐색〉, 《한국도시지리학회지》 18-3, 한국도시지리학회, 2015, 151쪽.

과거를 둘러싼 등장인물들의 불신과 갈등, 불안과 공포가 복잡한 인간관계를 통해 서술되고 있으며, 후반부는 '고백 행위'를 통해 심리적 압박, 극한 상황에서 구원의 길을 모색하는 과정이 그려지고 있다. 1945년 일본의 패전으로 조선인은 해방을 맞이했지만 사할린이 소련의 지배하에 놓이면서 그들은 일본인도 조선인도 아닌 상태에 놓이게 된다. 결국 소설 속의 조선인들은 각자가 짊어진 사할린에서 범한 죄의식으로부터 도망치듯 탈출을 감행한다. 먼저 중심 인물이라 할 수 있는 박봉석과 후처 춘선은 의붓딸 사토미와 친척 일가를 버려 두고 가족들끼리만 섬을 빠져나온다. 여기에 여관 주인 유근재와 일본인 아내, 탄광에서 일본인을 살해한 과거가 있는 주두홍과 그 사실을 알고 있는 이재길, 박봉석의 장남 준호와 아야코, 아야코의 남편 서만철, 목사 최요섭과 윤마리아 부부가 이야기를 이끄는 주요 인물이다. 이렇게 한 무리의 조선인들이 같은 열차를 타고 오무라大村 수용소까지 강제 연행되는 과정이 그려지고 있다. 이들은 열차 안이라는 한정된 공간에서 숨 막히는 긴장 관계를 유지하며 일본열도를 종단한다. 그 과정에서 등장인물 각자가 짊어진 어두운 과거가 기억과 회상에 의해 서서히 윤곽을 드러낸다.

열차는 완행이긴 하지만, 선로 위를 달리고 있는 한은 확실하게 앞으로 나아갈 것이다. 도중에 탈선하거나 충돌하는 일이 없다면 그게 당연한 일이고, 머지않아 목적지에 도착할 것이다. 설령 정해진 시간보다 훨씬 늦게 도착한다 해도 언젠가는 도착할 것이다. 사람들은 그것을 알고 있다. 하지만 그것이 자신의 인생에 어떤 의미를 갖는지에 대해서는 놀랄 만큼 모르고 있었다. 당장의 일만 해결되면 안도의 숨을 내쉬고, 일희일비하고 있을 뿐이다. 이제 곧 종착역에 도착하면, 그들을 호송하는 일본인 경찰관이 무슨 지시를 내릴 것이다. 그 지시에 얌전히 따르기만 하면 목적지에 도착하게 될 것이다(상권, 121쪽).

인용문의 박봉석의 독백을 통해 알 수 있듯이 열차에 타고 있는 조선인들은 모두가 과거의 죄를 짊어진 채 그 죄에서 벗어나기 위해 기차에 올랐다. 차량의 규칙적인 흔들림을 당연하게 받아들이며 기차에 모든 것을 내맡기고 있는 조선인들은 표면적으로는 태평스러운 만족감을 드러낸다. 일본인들과 격리된 채 차량 하나를 독차지하고 있었던 조선인들에게 호송 중인 신세라는 것만 빼면 이것은 사치스러운 여행과 같았다. 그러면서도 자신의 운명이 어떻게 될지 예측할 수 없는 불안감 속에서 그들은 일본 순사의 지휘와 시스템에 저항하지 않고 따르기만 하면 목적지까지 무사히 도착할 수 있을 것이라고 스스로를 안심시킨다. 그리고 이러한 무의식적인 심리적 불안과 공포는 비일상적인 신체적 징후를 통해 드러난다. 이를테면, 이러한 시스템과 조선인 사이의 간극은 실제 이재근의 도망과 탈주라는 일탈 행위로 표출되기도 하고, 박봉석의 셋째 아들 진호의 절름발이 흉내나 막내딸 요시코의 간질 발작 증상과 같은 무의식적인 신체 징후들로 표면화되고 있다.

다시 기적 소리가 울렸다. 이번에는 아까보다 짧았다. 역이 가까워지면 기차는 반드시 두 번 신호를 보내어, 자기가 지금 다가가고 있다는 것을 알리려 한다. 기관차의 그 신호는 마치 인간이 숨을 헐떡이며 달리는 모습을 연상시켰다. (…) 석탄을 아궁이에 집어넣으면서 목적지에 다가가는 이상, 기관차는 쇠와 인간이 하나가 되어 필사적인 공동 작업을 벌이는 곳이라는 인상을 자아냈다(상권, 245쪽).

〈그림 2〉 나가사키 하리오섬 수용소. 출처: 《백년 동안의 나그네》(상).

　인용문은 기관차의 신호 속에서 숨을 헐떡이며 달리는 인간의 모습을 연상시키며 시스템과 인간이 일체화되어 가는 과정을 보여 주고 있다. 열차가 목적지로 향해 가는 기차 안에서 일본인과 조선인 사이에 눈에 보이지 않는 갈등과 적개심도 생겨나기 시작한다. 특히, 숨 가쁘게 달리는 열차 밖에 펼쳐져 있는 전쟁이 휩쓸고 간 폐허의 경관들, 즉 불에 타서 삭막하게 변해 버린 도시, 곳곳에 쌓인 기왓장과 벽돌 더미가 희뿌옇게 햇빛을 반사하고 있는 모습은 조선인들의 심리를 한층 더 불안하게 만든다. 전쟁이 남긴 끔찍한 광경을 기차 안에서 바라보며 조선인들이 느낀 공포는 결국 신체적 징후들을 통해 발현된다. 죽은 어머니의 피를 이어받아서 그렇다고 믿는 장남 준호의 '충치 소리', 일부러 오른쪽 어깨를 들어 올려 몸을 한쪽으로 기울인 모습으로 걷는 셋째 진호의 '절뚝거림', 거품을 물고 쓰러지는 막내 요시코의 발작 증상, 간질병과 같은 비일상적 신체적 징후는 기차로 호송되는 과정에서 제국주의의 규율에 맞게 자기 신체를 변형해 가는 과정이라고 할 수 있다. 신체와 모빌리티 시스템의 불일치의 양상이 신체적 징후를 통해 드러나는 것이다.

> 요시코의 간질 발작이 지금까지 재발하지 않았다는 데 생각이 미친 것이다. 엄밀히 말하면 하코다테에 상륙한 뒤로는 한 번도 발작이 없었다. 이것은 반가운 일이었다. 딸의 간질은 정말로 나았을까? 무엇 때문일까? 그는 요시코를 어르면서 생각했다. (…) 그토록 걱정거리였던 요시코의 지병이 지난 두 달 동안은 전혀 재발하지 않았다. 어쩌면 이 애는 간질이 아니었던 게 아닐까?(상권, 185쪽)

귀환선에 오른 뒤에도 조선인들은 일본인들이 언제 습격할지 모른다는 불안감 속에서 지낸다. 한밤중에 파도 소리에 흠칫 놀라 눈을 뜨기도 하고, 왜 일본인도 아닌 놈이 속임수로 배를 탔느냐고 저마다 욕을 해대면서 그와 식솔을 멍석에 말아 몽둥이로 두들겨 패는 꿈도 꾼다. 귀환선이 드디어 하코다테항에 입항했을 때는 겨우 살았다며 안도의 숨을 쉬기도 하지만, 그 후에도 배는 나흘 동안 항구에 정박해 있었고, 귀환자들은 이런저런 신고서를 쓰고 예방주사를 맞으며 대기하는 과정을 거쳐야 한다.

인용문에서 알 수 있듯이, 요시코의 간질 발작이 하코다테에 상륙한 뒤로는 한 번도 일어나지 않는다. 해방 직후 조선인들의 불안정한 역사에 기인한 신체적 징후들이 심리적 안정을 되찾음과 동시에 사라져 간다. 무의식적인 신체적 징후들은 시스템에 대한 저항 불가능성을 의미하며, 신체적 징후가 사라진다는 것은 조선인들이 점차 제국의 시스템에 맞게 스스로 훈육된 결과로 해석할 수 있다.

훈육되는 주체, 만들어지는 '자이니치'

디아스포라는 외적인 이유에 의해, 대부분 폭력적으로 자기가 속해 있던 공동체로부터 이산離散을 강요당한 사람들 및 그들의 후손을 가리키는 용어[21]로 설명된다. 그리고 기존의 디아스포라 서사 연구는 이산, 고향과 타향, 민족과 국가를 둘러싸고 뿌리내리지 못하고 표류하는 인간의 정체성을 중심으로 이루어졌다. 그러나 이 글에서는 모빌리티, 모빌리티 시스템에 의해 인간의 무의식, 인간의 행동 방식과 사고방식이 훈육된다는 것에 주목한다. 작품 속 조선인은 이동 과정과 이동의 경험 속에서 모빌리티 시스템이라는 정해진 체계에 의해 일본적인 생활 방식에 적합하도록 스스로 훈육되었다는 것이다.

'재일조선인'은 크게 첫째, 1945년 8월 15일 이전 일본의 정치력이 대한제국의 주권을 좌우하게 되었던 시기와 1910년 8월부터 1945년 8월까지 조선이 일본의 식민지였던 시기에 생계를 해결하기 위해 일본열도에 와서 장기적으로 거주했던 조선인, 둘째, 1939년 9월부터 1945년 8월까지 국가총동원법에 의거한 대일본제국의 전시동원정책으로 일본열도에 배치된 조선인의 가족과 자손, 셋째, 1945년 8월 15일 이후 계속해서 일본에 살았던 사람들과 그 자손을 가리키는 개념[22]으로 사용되고 있다. 여기서 훈육된 주체로서의 '자이니치'는 식민지 시기 황국신민으로서가 아닌 해방 이후 주권을 되

---

21 서경식, 《디아스포라 기행》, 김혜신 옮김, 돌베개, 2006, 14쪽.
22 도노무라 마사루, 《재일조선인 사회의 역사학적 연구》, 신유원 · 김인덕 옮김, 논형, 2010, 15쪽.

찾은 해방 조국의 국적을 지닌 조선인으로서의 '자이니치'라는 점에서 중요한 의미를 갖는다.

작품 속에서 조선인 박봉석은 1945년 일본의 패전으로 해방을 맞이했지만 일본의 협력 조직이었던 협화회의 간부로 활동했던 이력이 있다. 이 때문에 같은 동포를 속이고 조부모를 남겨 둔 채 가족만 데리고 사할린을 탈출하게 되고, 그 죄책감을 안고 있다. 또한 조국으로의 귀환을 꿈꾸며 사할린에서 일본으로 건너왔지만 조선의 분단과 경제적인 혼란 상태를 전해 듣고 일본 재류허가를 받아 일본에 남기를 선택했다는 것에도 죄책감을 가지고 있다. 이러한 죄의식에 대해서 작품 속에서는 최 목사라는 종교적 매개를 통한 고백 형식을 취함으로써 구원의 길을 모색하고 있다.

> 고백은 인간을 드높이는 행위야. 민족도 마찬가지지. 그것은 대립하는 한 인간의 존재를 통일된 자기로 이끌어 가는 것인데, 그 근저에 있는 것은 생명의 긍정이야. 고백이 인간적 가치를 갖는 건 바로 그 때문이지(하권 22장 313쪽).

등장인물들은 최 목사를 찾아와 각자 숨겨 왔던 죄를 고백한다. 박봉석은 자신이 가족을 지키기 위해 아내에게 했던 행위, 민족을 배반하고 일본 협력 조직에 가담했던 행동 등 사할린에서의 일과 수용소까지 오는 과정에서 있었던 일을 고백한다. 춘선은 자신이 아이를 낳을 수 없는 여자라는 것, 복수가 두려워 의붓딸을 버리고 왔다는 것, 조국으로 돌아가면 남편을 버릴 것이라는 계획까지도 모두 고백한다.

이들은 신의 대리자로 설정된 최 목사를 통해 죄 사함을 받으려

한다. 이처럼 자신을 드러내는 '고백 행위'는 기차로 호송되는 과정, 시스템에 의해 규제받는 훈육의 과정이 만들어 낸 결과라고도 볼 수 있다. 심리적인 불안과 공포, 조국에 대한 열망을 고백 행위를 통해 해소하고자 하며 훈육되는 조선인의 모습이 곧 '고백 행위'라는 형태로 드러남을 알 수 있다.

두 가족은 4호동 현관을 함께 나섰다. 한여름이었다. 찌는 듯한 더위가 사람들의 온몸을 휘감았다. 유근재가 배낭을 한번 추스르고 나서, 걸걸한 목소리를 쥐어짰다. "자, 그럼 이제 슬슬 '사막 골짜기'로 떠나 볼까." "그건 또 무슨 소리야?" 박봉석이 의아한 듯이 유근재의 위엄 있는 얼굴을 바라보았다. 하지만 곧 식구들의 얼굴을 둘러보면서 목청을 높였다. "좋아, 출발이다!"(하권 340-341쪽)

조선으로 돌아가는 귀국선이 8월 9일에 떠나기로 결정되었다는 통보를 받고 그들은 긴장했다. 일행은 귀국을 둘러싸고 반응이 양분되어 있었다. 조선인들은 처음 목적했던 바와 달리 일본에 남는 사람들과 이번 배로 조국으로 귀국하는 사람들로 나누어진다. 남기로 결정한 박봉석, 유근재 가족이 귀국하는 일행을 전송하고, 그들은 '자이니치'라는 또 다른 정체성으로 새로운 삶을 시작하는 것으로 소설은 마무리된다.

열차는 목적지를 가지고 있다. 하지만 인간은 그 종착역에서 내린 뒤에도 남은 인생을 살아가기 위해 또다시 땅 위를 걸어가지 않으면 안 된다. 그런데 나에게는 목적지여야 할 그 땅이 없다(상권, 301쪽).

왜 그토록 염원하던 조국을 눈앞에 두고 일본에 남아야만 하는지, 남아서 이곳에서 다시 시작하는 삶이 무엇을 의미하는지, 복잡한 심경으로 박봉석 일가는 다른 떠나는 가족들을 배웅한다. 가족을 선택할 것인지 조국을 선택할 것인지, 피할 수 없는 선택의 상황에서 결국 일본에 남는 것을 선택하지만, 그 결정이 그들에게는 또 다른 고통의 시작을 암시하고 있을 뿐이었다. 여기서 그들이 강요가 아닌 스스로 일본에 남기로 결정한 존재로 다시 '자이니치'의 삶을 시작하려 했다는 점에서 매우 상징적이다.

민족적 주체로서 해방과 더불어 조국으로 돌아가려는 꿈을 안고 귀환선에 올라타고 열차를 통한 이동 과정과 수용소 생활을 거친 조선인들은 조국으로 귀환할 것인가 일본에 남을 것인가를 선택해야 하는 지점에 이른다. 그리고 심리적 번민과 고뇌의 과정을 통해 식민화된 주체성을 유지하는 길을 택하게 된 것이다. 귀환하는 조선인들과 반대편에 서서 또 다른 '자이니치'의 역사를 쓰게 된 그들의 선택은, 일본의 모빌리티 시스템에 의해 저항 불가능한 형태로 스스로 적응하고 훈육되면서 또 다른 조선인으로 재형성되는 결과를 가져왔다. 이 선택은 식민제국하의 '일본인'으로서가 아닌 해방 민족으로서 '조선인'이라는 국적을 회복한 주체로서 선택한 '자이니치'의 삶인 것이다.

정주하는 '자이니치'의 형성

이동은 단순히 개인이라는 미시적 단위의 일상생활에만 국한되지 않는다. 각종 소식과 정보, 난민 · 노동자들을 비롯한 다양한 사람들, 물리적인 것 이외에도 사회 안에서의 계층 이동 등 한 국가, 사회, 그리고 전 세계를 배경으로 '모든 것'들이 이동하고 있다. 이동의 형태 역시 점차 변화했고, 이는 우리의 삶의 모습과 사회를 변화시켰다.[23]

이 글에서는 이러한 이동의 보편성을 재일조선인의 특수성과 연결하여 사할린에서 일본으로 다시 조국으로의 이동을 꿈꾸었던 조선인들이 일본의 모빌리티 시스템에 의해 스스로 재형성되는 과정을 살펴보았다. 철도 시스템은 산업혁명과 더불어 등장한 최초의 기계화된 모빌리티 시스템이다. 기차는 '공공 이동화'를 확대하면서, 서로 모르는 사람들을 대규모로 집단 이동시키기 시작했다.[24] 이처럼 근대화의 상징인 철도 시스템이 당시 조선인을 강제 송환하는 제국의 시스템으로 어떻게 기능했는지를 《백년 동안의 나그네》를 통해 살펴보았다. 해방 직후 일본이 조선인에게 적용했던 규제의 방법은 인간을 통한 것이 아닌 모빌리티 시스템이라는 훈육 장치에 의한 것이었다. 그리고 그 시스템에 의해 훈육되는 과정에서 빚어지는 조선인의 심리적인 갈등과 고뇌는 등장인물들의 무의식적인 신체적 징후를 통해 표출되고 있다.

작품 속에 일관되게 등장하는 제국의 모빌리티 시스템의 상징이라 할 수 있는 철도가 이 조선인들에게는 근대성의 상징이 아니라 스스로를 일본의 2등 국민이자 정주하는 '자이니치'로 만들어 가는 훈육의 장치였던 것이다. 이를 통해 모빌리티 시스템과 인간 삶의 긴밀한 관계를 포착해 낼 수 있다.

---

23 이민주, 〈모빌리티 사회를 읽는 새로운 패러다임〉, 《로컬리티인문학》 15, 부산대학교 한국민족문화연구소, 2016, 344쪽.

24 존 어리, 《모빌리티》, 15쪽.

참고문헌

국사편찬위원회, 재외동포사총서 10《일본한인의 역사(상)》, 국사편찬위원회, 2009.

국제고려학회 일본지부 '재일코리안사전' 편집위원회,《재일코리안사전》, 선인, 2012.

도노무라 마사루,《재일조선인 사회의 역사학적 연구》, 신유원, 김인덕 옮김, 논형, 2010,

박광현, 〈'재일'의 심상지리와 '사할린'〉,《한국문학연구》47, 동국대학교 한국문학연구소, 2014.

박천홍,《매혹의 질주, 근대의 횡단》, 산처럼, 2003.

서경식,《디아스포라 기행》, 김혜신 옮김, 돌베개, 2006.

유숙자,《재일한국인 문학연구》, 월인, 2000.

이민주, 〈모빌리티 사회를 읽는 새로운 패러다임〉,《로컬리티인문학》15, 부산대학교 한국민족문화연구소, 2016.

이용균, 〈모빌리티의 구성과 실천에 대한 지리학적 탐색〉,《한국도시지리학회지》18-3, 한국도시지리학회, 2015.

이용상 · 정병현, 〈한국, 일본, 만주의 철도 현황 비교연구〉,《한국철도학회 논문집》18-2, 한국철도학회, 2015.

이준영, 〈1910~20년대 조선인의 가라후토 이주와 인식〉,《일본근대학연구》59, 한국일본근대학회, 2018.

이회성,《백 년 동안의 나그네》상, 김석희 옮김, 프레스빌, 1995.

이회성,《백 년 동안의 나그네》하, 김석희 옮김, 프레스빌, 1995.

존 어리,《모빌리티》, 강현수 · 이희상 옮김, 아카넷, 2014.

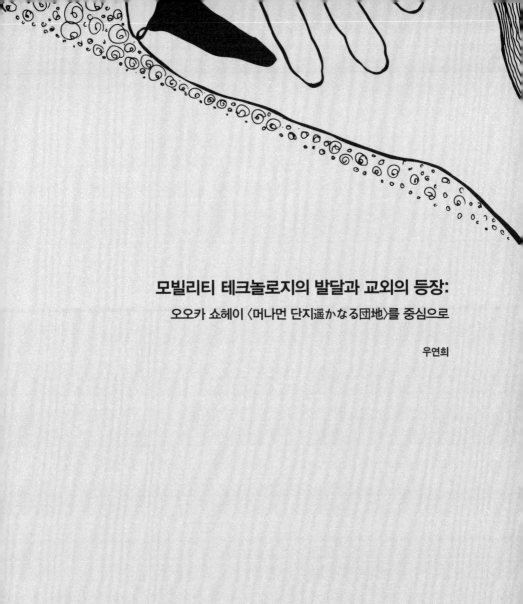

모빌리티 테크놀로지의 발달과 교외의 등장:

오오카 쇼헤이 〈머나먼 단지遥かなる団地〉를 중심으로

우연희

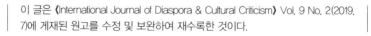

이 글은 《International Journal of Diaspora & Cultural Criticism》 Vol. 9 No. 2(2019. 7)에 게재된 원고를 수정 및 보완하여 재수록한 것이다.

모빌리티 테크놀로지의 발달과 이동

오늘날 우리의 삶과 사회에서 이동의 문제는 새로운 현상은 아니지만 매우 중요한 요소다. 사람과 사물, 각종 자원들과 같은 물리적인 것 외에 정보, 사회 내에서의 수직적인 이동 등 국가와 세계를 무대로 모든 것들이 이동하고 있다. 이러한 이동성 증가는 경험하지 못했던 여러 사회현상과 문제들을 유발하고 있다. 존 어리John Urry는 이동으로 인해 발행하는 여러 현상에 주목하여 사회를 바라보는 관점으로 '모빌리티 패러다임mobility paradigm', '모빌리티 전환mobility turn'을 제시하였다. 모빌리티 패러다임은 기존의 "정태적이고 고정적인 구조에서 동태적이고 유동적인 이동"[1]을 중심으로 사회를 바라보는 것을 말한다. 모빌리티 전환은 가정에서부터 기업에 이르는 모든 사회적 실체가 복잡하고 다양한 이동을 어떻게 경험하고 전개하는지를 강조한다.

사람과 사물의 물리적 이동은 모빌리티 시스템의 발달로 그 형태가 달라지고 사회에 대한 파급력도 더 커졌다. 산업화 이전에는 걷기, 말타기, 가마, 사륜마차 여행, 내륙 수로, 바다 항해 등의 모빌리티 시스템이 주로 이용되었다. 오늘날 중요한 모빌리티 시스템의 대부분은 1840년대와 1850년대 영국과 프랑스에서 비롯되었다. 모빌리티 시스템들의 상호 의존적 발전은 "물질세계에 대한 경탄할 만한 '지배'를 가져온 근대의 이동화된 세계의 골격을 규정했다."[2] 철도 노선을 따라 주거지가 형성되고 자동차 도로를 따라 도시가 확장되

---

1 이희상, 《존 어리, 모빌리티》, 커뮤니케이션북스, 2016, 2쪽.
2 존 어리, 《모빌리티》, 강현수 · 이희상 옮김, 아카넷, 2014, 43쪽.

었다. 대표적인 모빌리티 시스템인 철도의 발달로 주거지와 직장이 분리되고 쉼터에서 일터로의 통근이 전 세계에 전파된 것도 그 하나의 예이다. 실제로 1840년대와 1850년대 영국의 철도회사는 단지 기차역을 짓는 것만으로도 철도 주변 지역의 인구통계를 변화시킬 수 있다는 것을 경험했다.

이처럼 모빌리티 테크놀로지의 발달은 기존 도시의 모양을 바꾸고, 새로운 땅을 개척하고, 사람들이 이동해 거주할 있는 동력이 되었다. 처음 철도와 자동차가 등장했을 때는 두려움의 대상[3]이었지만, 철도가 가진 정시성과 규칙성이 일상으로 스며들면서 점차 사람들의 삶을 변화시켰다. 영국의 경우 철도는 주거 패턴을 변화시킨 계기로 작동했다. 경제적 여유가 있는 사람들은 불결함과 인구 과밀, 전염병이 고질적인 문제였던 런던을 떠나 교외로 주거를 옮겼다. 직주 분리, 즉 일터와 거주지가 분리된 삶을 살기 시작한 것이다. 19세기의 직주 분리 현상은 여객 수송용 철도가 등장한 과거 유럽에만 국한되지 않고 철도가 보급된 세계 각지로 확산되어 나타났다.

철도가 보급된 국가들 중에서 특히 일본은 철도 대국으로 일컬어진다. 대도시의 도시철도 교통 분담률이 50퍼센트 이상 될 만큼 철도가 중요한 교통수단으로 이용되고 있다.[4] 일본은 "전 세계에서 가

---

3 1800년대 초반 철도 운행은 사람들로 하여금 난폭함과 잠재된 파괴적 위험을 느끼게 했다. 공포의 느낌은 기차가 마치 총알같이 무시무시한 속도로 공간과 시간을 뚫고 지나간다는 비유에서 잘 드러난다. 이러한 까닭에 철도 여행을 특징짓는 모든 경쾌함, 쾌적함, 안정감은 상존하는 잠재된 공포 의식을 동반한다. 그러나 언제든지 생길 수 있는 참사에 대한 두려움을 철도가 새로운 일상으로서 의식 속에 자리 잡기 전까지만 지속된다.(볼프강 쉬벨부쉬, 《철도여행의 역사》, 박진희 옮김, 궁리, 2010, 168쪽)

4 이용상 외, 《일본 철도의 역사와 발전》, 북갤러리, 2017, 6쪽.

장 규모가 크고 현대적이고 효율적인 대중교통 시스템을 보유하고 있으며", 수도 도쿄는 "13개의 지하철 노선과 10개의 지상철 노선을 통해 매일 1,400만 명의 승객을 실어 나르는" 도시로 설명된다.[5] 철도 대국인 일본 역시 초기 철도가 놓인 연선을 따라 교외 주거지가 개발되었으며, 전후戰後에는 같은 모습의 건물이 대규모로 모여 있는 단지團地[6] 형태가 나타난다. 철도의 도입과 그에 따른 주거지의 교외화, 대단지의 형성과 같이 삶의 형태와 직결된 변화는 문학작품의 전경으로서 재현된다. 이 글에서는 일본의 초기 교외, 전후 교외가 그려지는 문학작품을 통해 모빌리티 테크놀로지 발달에 따라 형성된 교외의 모습을 살펴보려고 한다.

그간 일본 문학에서 철도와 같은 모빌리티 테크놀로지는 관광을 가능하게 하거나 식민지 영토 확장에 기여하는 매개로서 분석되었다. 삶의 형태를 규정하는 근간으로서의 모빌리티 테크놀로지에 대한 연구는 간과되었다고 할 수 있다. 이에 본 글에서는 철도와 같은 모빌리티 시스템의 발달로 나타난 교외가 일본에서 어떤 형태로 형성되었는지 탐구해 보고, 문학작품을 통해 전후 생성된 교외(단지)의 모습을 확인하고자 한다. 교외의 단지를 배경으로 하는 작품이 모빌리티 시스템인 철도와 자동차의 발전이 없었다면 탄생하지 않았다는 점에 초점을 두고, 일본의 전후적인 요소가 작품에 어떻게 드러나는지 살펴보겠다.

---

5 이언 게이틀리, 《출퇴근의 역사》, 박중서 옮김, 책세상, 2016, 214쪽.
6 '단지'란 중고층의 아파트군에 점포, 공원, 학교 등의 시설이 갖추어져 있는 대규모 주택지를 의미한다.

철도의 발달과 초기 교외의 형성

근대 교외는 철도와 같은 모빌리티 테크놀로지의 발달과 도시 성장의 결과로 형성되었다. 교외는 교통의 발달에 따라 변화되었는데, 철도를 중심으로 한 초기의 교외는 자동차로 내달리는 현대의 교외와는 다른 모습으로 발달했다. 19세기 말의 교외는 증기력에 의존하는 기계화된 시스템인 철도에 의존하여 철도 노선을 중심으로 성장해 나갔다. "강력한 기계가 인간의 경험 속에서 겹쳐지면 이때부터 기계는 하찮은 어떤 것이 아니라 그것 없이는 살아갈 수 없는 인간 생활을 구성"[7]한다. 초기 철도는 마치 날아가는 것처럼 굉장히 미끄럽고 경쾌하며 안전한 것으로 체험되었던 반면, 난폭함과 잠재된 파괴적 위험을 느끼게 하며 잠재된 공포 의식을 동반했다. 초기 철도 운행은 충격적으로 받아들여졌으나 시간의 흐름에 따라 일종의 제2의 자연처럼 사람들의 의식 속에 일상화되었다.[8] 사고에 대한 두려움은 철도가 새로운 일상으로 들어오자 사라지고 철도를 중심으로 삶이 재편되었다. 철도는 "농촌을 일정한 속도로 통과하면서 매우 놀라운 방식으로 일상 속으로 들어가 변형"[9]시킬 수 있는 힘을 갖고 있었다. 이러한 철도의 성격은 팽창하는 도시를 교외로 분산시키는 역할을 담당했다. 철도로 인한 생활의 변화는 유럽에서는 19세기, 북미에서는 19세기 후반에 일어났고, 북미보다는 유럽과 일본에서 그 영향이 더 크고 특징적으로 나타났다.[10]

7　존 어리, 《모빌리티》, 177~178쪽.
8　볼프강 쉬벨부쉬, 《철도여행의 역사》, 167~168쪽.
9　존 어리, 《모빌리티》, 178쪽.
10　존 어리, 《모빌리티》, 179쪽.

이동을 기계화한 최초의 시스템인 철도 시스템은 접근성과 비접근성을 동시에 가진다. 초기 철도는 신속하게 도시의 중심부로 접근할 수 있게 해 주었지만 요금이 비싸 모든 계층이 이용할 수는 없었다. 처음에는 부유층이, 그 다음에는 중산층이 교외로 이동했고 그러면서 들판이었던 곳에 거대한 주거지가 들어섰다.[11] 초기부터 여가, 가족, 자연에 무게를 두었던 교외 지역은 배제의 원리에 기초해 불결함과 인구 과밀로부터 벗어나기 위해 형성된 것이다.

이처럼 도심에서 교외로 쉼터, 거주지가 이동되는 현상을 교외화 suburbanization라 한다. 중심도시의 거주 기능이 주변 지역으로 확대되면서 전개되는 여러 현상과 그 과정을 말한다. 근대 모빌리티 테크놀로지의 생산물이라고 볼 수 있는 '교외郊外'가 의미하는 바는, 단순히 도시를 벗어난 미개척지에 정주하기 시작한 것 이상의 시사점이 있다. 교외를 지칭하는 단어인 'suburb'의 어원에서도 알 수 있듯이, 교외는 도시와의 상관관계 속에 존재하는 장소다.[12] 도심으로 통근할 수 있는 거리에 거주 기능을 대신하거나 보완하는 지역으로서 교외가 형성되고 팽창되어 나갔다.

초기 교외화가 철도 노선을 중심으로 이루어졌다면, 자동차 보급 이후에는 도로의 발달에 따라 교외 주택지가 생성되었다. 철도와 자동차로 인해 생성된 교외는 그 모빌리티 시스템의 성격에 따라 다른 발달 양상을 보인다. 자동차는 자유의 느낌을 부여해 주고, 대중교통을 탈 때마다 감내해야 했던 일시적인 통제권 양보로부터 운전자

---

11 이언 게이틀리, 《출퇴근의 역사》, 70쪽.
12 홍지학 · 신은기 · 김광현, 〈근대 교외건축이 재현하는 도시성의 특징〉, 《대한건축학회 논문집: 계획계》 27(8), 2011, 207쪽.

들을 해방시켜 주었다.[13] 기차를 타려면 표준시에 따른 기차 시간표에 맞춰 기차역까지 가야 하고 낯선 타인과 한 공간을 공유해야 했는데 그러한 불편함에서 벗어나게 해 준 것이다.

미국에서는 1940년대 후반부터 중산층 샐러리맨 가정을 중심으로 도심에서 자동차 도로로 연결되는 '레빗타운levittown'[14]이라 불리는 교외 주택지가 형성되었다. 1950년대 전반 미국에서는 중산층 샐러리맨 가정에 냉장고·세탁기·텔레비전 등의 가전제품이 보급되고, 잔디가 있는 교외의 주택지에서 단란한 가족을 꾸리고 풍요로운 소비생활을 하는 대량 소비형 '아메리칸 라이프 스타일'이 생겨났다.[15] 미국의 이러한 교외의 모습은 전후 일본의 단지형 교외에서도 유사하게 나타난다. 이처럼 철도와 자동차와 같은 모빌리티 시스템은 도시의 팽창과 교외 주거지 생성에 주요한 동력으로 작용했다.

일본의 근대 교외 지역은 유럽과 마찬가지로 철도 노선을 중심으로 생성되었다. 일본의 철도 사업은 메이지 신정부 수립 직후인 1872년 10월 도쿄 신바시新橋와 요코하마橫浜 구간의 29킬로미터를 개통하면서 시작되었다. 그 후 철도는 일본 근대화의 주요한 수단으로 활용되었다.[16] 19세기 말에 철도 노선이 개통되었지만 일본에서

---

13 이언 게이틀리, 《출퇴근의 역사》, 113쪽.

14 레빗타운이라는 명칭은 그 교외 주택 양식을 형성한 인물인 윌리엄 레빗William Levitt의 이름에서 유래했다. 윌리엄 레빗은 헨리 포드Henry Ford 등과 함께 미국의 의식주 생활에 대량생산소비형 라이프 스타일을 성립시킨 대표적 인물로 유명하다. 레빗타운은 포드의 대량생산 원리가 적용되어 한 가지 모델로 1만 7천 채의 주택으로 구성되었다.(이언 게이틀리, 《출퇴근의 역사》, 137쪽)

15 요시미 슌야 외, 《냉전 체제와 자본의 문화》, 허보윤 외 옮김, 소명출판, 2013, 277~278쪽.

16 일본에서 철도 건설이 결정된 동기는 1868년에 성립된 메이지 정부가 에도江戸 막부를 대신하여 권력체제를 구축하는 데 있어 강력한 중앙집권체제를 조속히 확립해야

'교외'라는 단어는 전전戰前의 백과사전 항목에도 없고 전후 1970년 대까지도 《다이지린大辭林》에 나오는 정의 정도의 개념이었다.[17] 《다이지린》에 교외는 "도시 주변에 있고 삼림·논밭 등이 비교적 많은 주택지구. 변두리" 정도로 설명되어 있다. 요시미 슌야吉見俊哉는 '교외'를 다음과 같이 정의 내리고 있다.

일반적으로 '교외'라 일컬어지는 것은 도심에 통근하는 고용노동자 층의 거주에 특화된 도시 근교 지역을 가리킨다. (…) 거주하는 사람들 대부분이 그 지역 내부가 아니라 그 지역에서 통근 가능한 범위의 '도 심'에서 근무하는 고용노동자와 그 세대 구성원이며, 자영업자 대부분 도 그러한 통근자들의 일상적인 수요를 충족시키기 위해 활동하는 정 주 지역이다. 이것이 우리가 '교외'라 부르는 장소의 '경제적 정의'이다. 'suburb'라는 영어가 지시하는 것처럼, 그것은 지리적으로뿐만 아니라 경제적으로도 도시에 부속한 정주지인 것이다.[18]

교외는 고용노동자층이 도심으로 통근하기에 적합한 거리에 위 치하며 거주에 특화된 도시 근교 지역을 말한다. 교외는 독립된 영 역이 아니라 도심과의 관계성 속에서 성립되는 '도시에 부속한 정 주지'인 것이다. 교외에서 도심으로의 통근은 앞서 지적했던 것처럼 이동을 가능하게 하는 철도와 자동차의 발전과 보급으로 인해 가능 해졌다. "통근이 교외를 만들어 냈고 나아가 교외의 생활 방식을 만

한다는 필요성에서 찾을 수 있다.(이용상 외, 《일본 철도의 역사와 발전》, 40쪽)
17 小田光雄, 《〈郊外〉の誕生と死》, 論創社, 2017, p. 24.
18 요시미 슌야, 《도쿄 스터디즈》, 오석철 옮김, 커뮤니케이션북스, 2006, 147~148쪽.

들어 냈으며 주거 패턴을 변화시킨 첫걸음"[19]이 되었던 것이다.

일본의 철도에 따른 교외 지역 개발은 유럽과 비슷한 과정으로 전개된다. 도시 근교에 철도 노선을 건설하고 역을 중심으로 거주지를 만들어 부동산 가치를 올리고 철도의 수요도 창출하는 방법이 그것이다. 일본의 경우 사철私鉄의 연선 개발이 교외지 개발에서 큰 역할을 하고 있다는 점이 서구와 구별되는 지점이다.[20]

일본 교외의 주택 개발은 한큐阪急電鉄의 창업자인 고바야시 이치조小林一三 등에 의해 관서지방에서 먼저 일어났고, 곧 관동지방으로도 전파되었다. 다이쇼大正기에 이르자 야마노테선山手線의 권내를 넘어선 사쿠라신마치桜新町나 닛뽀리日暮里 와타나베마치渡辺町, 고마고메駒込, 야마토무라大和郷 등이 개발되었다. 개발로 인해 당시 야마노테선을 넘어선 지역은 '교외'로 자리 잡았다.[21] 구라카즈 시게루는 일본 '교외'의 모습을 "도심부와 연결된 철도역이나 간선도로를 축으로 상업지역·학교·공원·행정시설 등이 정연하게 배치되어 있는 광경"으로 설명했다. 또 이러한 모습은 일본의 가장 평균적인 풍경이지만, 교외에 인공적인 도시를 설계한다는 사상, 기능 공간을 합리적으로 배치한다는 발상은 교외 주택지가 개발되던 이 당시[22]에

---

19 이언 게이틀리,《출퇴근의 역사》, 52쪽.

20 역을 중심으로 한 분양지의 개발에 그치지 않고 연선으로 시설 유치(대학이나 레저 시설), 터미널 역의 상업 센터화 등 민영철도를 축으로 한 '시가지 조성' 사업을 전개한다. 이와 같은 사철 자본에 의한 도시 개발 방법은 한큐 그룹의 창업자인 고바야시 이치조가 고안했다.(고시자와 아키라,《도쿄 도시계획 담론》, 장준호 편역, 구미서관, 2007, 72쪽)

21 다이쇼 말기까지 도쿄의 메구로目黒구, 세타가야世田谷구, 스기나미구杉並구의 대부분은 무사시노武蔵野의 잡목림과 논밭으로 덮여 있던 교외의 농촌이었다.(고시자와 아키라,《도쿄 도시계획 담론》, 90쪽)

22 교외가 베드타운이 되는 것은 1907년 전후부터이다. 그 요인으로 샐러리맨 인구의

탄생한 것이라고 지적한다.[23] 이처럼 전차와 철도를 비롯한 교통수단의 발달은 낡은 공간 형식을 무너뜨리면서 새로운 공간 형식인 교외를 창출했다. 일본의 교외는 서구와 마찬가지로 경제적, 지리적으로 도시에 부속한 정주지라는 점에서는 공통점이 있다. 그러나 사철이 역을 중심으로 한 분양지 개발뿐만 아니라 상업시설 건설, 학교 유치 등 교외의 시가지 조성 사업을 담당한 점은 서구와의 차이점으로 꼽을 수 있다.

일본 '전후' 교외와 단지문학

일본의 교외는 앞에서 말했듯이 20세기 초 세부선西武線, 관서 한큐의 연선 등에 의해 만들어진 교외 주택지의 탄생과 함께 발생했다. 도쿄와 오사카를 중심으로 한 대도시에 국한된 것이 아니라 전국적인 현상이었다. 초기 철도 노선을 따라 생성된 교외는 전후 고도성장기와 도시화를 거치면서 더욱 다양해지고 넓은 지역으로 확산되었다.

전후 일본의 고도성장기는 인구 증가와 더불어 대량 이동이 일상화되어 대도시를 향해 많은 인구가 집중됨으로써 시작되었다. 전후의 일본 인구통계 자료를 보면 "1960년부터 10년간 일본의 인구는 약 1,000만 명이 증가하였다. 그러나 도시 인구는 약 1,500만 명 증

증가와 도쿄의 서쪽 교외로의 철도 발달, 1900년대에 야마노테(야마노테선 안쪽 황거에서 서쪽으로 펼쳐진 지역)의 개발이 거의 끝난 점을 들 수 있다.(요시미 슌야, 《도쿄 스터디즈》, 161~163쪽)
23 구라카즈 시게루, 《나 자신이고자 하는 충동》, 한태준 옮김, 갈무리, 2015, 102쪽.

가한 반면 도시 이외의 군郡·부府의 인구는 500만 명 감소"[24]한 수치를 보인다. 고도성장은 이러한 급속한 인구 증가와 더불어 '가까이-유용한' 모빌리티 시스템을 통한 이동으로 전국적으로 사람들의 활동 영역이 넓어지게 했다. 고도성장기는 "동원과 상실의 전쟁이 끝나고 복원과 부흥의 시기를 거쳐, 1955년부터 1973년까지 약 1,980만 명으로 인구가 증가하고 이동함에 따라 새로운 정주 형식을 요구한 시기"[25]라고 설명할 수 있다. 인구 증가와 인구 이동이 맞물리면서 고도성장기에 사회적인 재편과 구축 작업이 극대화된 것이다.

이러한 거대한 인구 이동으로 전후의 교외가 형성되었다. 인구 도시화와 더불어 도시로 집중되어 증가하는 세대를 수용하기 위한 주택 건설 러시가 일어났다. 대부분은 일본주택공단(현 도시재생기구) 등의 개발에 의한 대규모 집합주택을 중심으로 하는 베드타운 건설이었다.[26] 전후에 생성된 교외는 단지 형태로 1960,1970년대에 전국 각지에 건설되었다. 교외에 건설된 단지는 도시로 노동력을 제공하고 도시로의 인구 집중을 억제하는 역할을 담당했다. 이렇게 생성된 단지에는 연령, 세대 구성, 직업 등 비슷한 속성의 주민이 많이 입주하였으며, 이들이 고도경제성장기 일본을 지탱했다. 즉, 30,40대를 중심으로 아이를 동반한 부부들이 교외형 단지에 대거 입주했고, 이들이 '단지족団地族'이라 불리며 전후 소비사회의 주요한 동력으로 작용했던 것이다. 교외형 단지는 이전과 다른 주택 구조를 선보였는데, 다이닝과 주방을 구분한 구성과 개수대와 같은 시설 완비로 동경의

---

24 시마조노 스스무 외,《역사와 주체를 묻다》, 남효진 외 옮김, 소명출판, 2014, 107쪽.
25 시마조노 스스무 외,《역사와 주체를 묻다》, 84쪽.
26 나카무라 마사노리,《일본 전후사 1945-2005》, 유재연·이종욱 옮김, 논형, 2006, 181쪽.

대상이 되었다. 그렇다고 누구나 입주할 수 있었던 것은 아니다. 입주 조건에 연간 수입 하한선이 제시되는 등, 단지에 입주하는 사람들은 비교적 경제적으로 여유 있는 사람들이 다수를 차지했다.

전후 일본의 교외화는 소비사회화와 동시에 진행됐다. 베이비붐 세대인 단카이団塊 세대[27]의 생애별 단계에 따라 교외형 단지 형성이 확대되었다. 단카이 세대를 중심으로 하는 젊은 노동자와 학생이 대도시로 집중적으로 이동하는데, 이들의 주거 형태는 처음에는 기숙사 또는 하숙으로 시작해서 아파트로 옮겨 간다. 그리고 결혼하고 아이가 생기면서 단지와 마이홈으로 스프롤sprawl 현상을 보이며 확대되어 갔다.[28] 이렇게 생성된 교외형 단지의 뉴타운은 직주 분리를 바탕으로 한 도시의 노동자주택으로 부부와 미혼 자녀로 구성된 핵가족을 표준으로 해서 만들어졌다.[29] 이렇게 생성된 핵가족은 부부에 아이 2명인 표준 세대로 일본 가족 형태의 대다수를 차지했다.

현대문학으로서의 교외문학도 교외에 단지가 건설되던 시기에 처음으로 출현했다. 오다 미쓰오小田光雄는 1960년대 후반에 발생한 교외문학에 대해 산업구조 전환에 의한 소비사회화, 단지, 패전과 점령, 생활양식의 획일화, 자동차 사회, 미국적 풍경의 출현과 같은 요소를 담고 있다고 분석한다. 일본 근현대문학사에 '교외문학'이라는 장르가 정립되어 있지는 않지만, 그 시대의 특징적인 사회적 변화와 현상

---

27 단카이 세대団塊世代는 제2차 세계대전 패전 직후인 1947~1949년(1951년 또는 1956년까지 포함하는 경우도 있다)에 걸쳐 태어난 1차 베이비붐 세대를 말한다. 작가 사카이야 다이이치堺屋太一가 1976년에 발표한 소설《단카이 세대団塊の世代》에서 처음 등장했다.

28 小田光雄,〈90年代郊外文学の位相〉,《都市住宅学》30, 2000, p. 13.

29 上野千鶴子,〈高度成長期と生活革命〉,《戦後日本スタディ_ズ》, 紀伊國屋書店, 2009, pp. 181-182.

을 담고 있어 의미 있는 '구분'이라 여겨진다. 오다는 단지를 배경으로 하고 있는 대표적 작품으로 아베 고보安部広房의《불타 버린 지도燃えつきた地図》(1967), 후루이 요시키치古井由吉의《처은妻隱》(1970), 무라카미 류村上龍의《한없이 투명에 가까운 블루限りなく透明に近いブルー》(1976), 다테마쓰 와헤立松和平의《멀리서 치는 천둥遠雷》(1980), 도미오카 다에코富岡多恵子의《일렁이는 토지波うつ土地》(1982), 시마다 마사히코島田雅彦의《부드러운 좌익을 위한 희유곡優しいサヨクのための嬉遊曲》(1983)을 꼽는다.[30] 이 작품들은 전후의 탄생부터 쇠퇴까지를 훑으며 "전후적 이공간으로서의 단지, 혼주사회混住社会로서의 교외, 패전과 점령을 노출하는 교외, 농촌의 내부에서 바라본 교외, 여성의 시점에서 본 단지와 신흥 주택지로서의 교외, 고향으로서의 단지와 교외"를 그리고 있다. 여기서 교외는 그 의미의 변모를 통해 일본 전후의 흐름을 확인해 내는 키워드로 작동하고 있다.[31]

요시미 순야는 인공적이고 밝고 위생적이며 균질한 뉴타운에 대해, 전후 일본 대중의 무의식이 집약된 장소라고 볼 수 있지만 오히려 대중의 무의식이 보이지 않도록 혹은 무의식을 보지 않아도 되도록 만들어진 곳일지도 모른다는 양가적 의미를 부여했다.[32] 무의식이 집약된 장소인 교외의 뉴타운은 전후 일본을 상징하는 장소다. 밝고 위생적인 교외의 모습에는 1945년에 패한 전쟁을 단절하고 과거

---

30 가와모토 사부로川本三朗는《교외의 문학지郊外の文学誌》에서 도쿄의 교외 생활을 잘 그리고 있는 아동문학 작품으로 이시이 모모코石井桃子의《논짱, 구름을 타다ノンちゃん雲に乗る》(1951)를 들고 있다. 쇼와 초기 도쿄 근교에 사는 중산계급 가정의 이야기이다.(川本三朗,《郊外の文学誌》, 岩波書店, 2012, pp. 1-2)

31 小田光雄,〈90年代郊外文学の位相〉, p. 16.

32 요시미 순야,《도쿄 스터디즈》, 169쪽.

를 망각한 채 생활의 '3종 신기三種の神器'인 흑백TV, 세탁기, 냉장고를 사고 기뻐하는 전후 대중의 모습이 중첩된다. 단지 형태의 교외가 곳곳에 개발되기 시작한 1960년대는 전쟁 책임 회피에 대한 반발로 일어났던 안보투쟁이 실패하고 시민이 고도경제성장기 경제적 풍요 속으로 흡수되어 간 시기다. 다음 장에서는 전후의 상징으로서 교외형 단지가 형성되는 시기부터 부흥기를 지나 점차 낡고 퇴락하는 모습을 그린 일련의 작품들 중에서, 도시의 팽창과 거대한 이동이 일어나기 시작한 고도성장기의 단지를 배경으로 한 오오카 쇼헤이大岡昇平의 희곡 〈머나먼 단지遙かなる団地〉를 중심으로 교외의 모습을 살펴보겠다.

일본 소설 속 교외와 단지

일본에 철도가 막 생기기 시작한 시기에 교외와 전차가 등장하는 작품은 구니키다 돗보国木田独歩의 〈무사시노武蔵野〉(1898)를 들 수 있다.[33] 이 시기 교외는 도심의 베드타운 역할을 하는 거주지로 형성되기 전이었다. 〈무사시노〉에는 도쿄에 사는 내가 무사시노를 산책하면서 자연의 아름다움을 묘사하고 풍경의 대상으로서 교외가 그려져 있다. 1907년 다야마 가타이田山花袋가 발표한 〈소녀병少女病〉에는 교외인 센다가야千駄谷에서 도심인 간다 니시키초神田錦町까지 전차로 통근하는 주인공이 등장한다. 전차를 타고 직장까지 이동하면서 각 역마다 탑승하는 여학생들을 몰래 훔쳐보는 일을 즐기는 주인공의 내면이 주로 기술되어 있는데, 이 무렵부터 전차의 발달로 도쿄

---

33 요시미 슌야, 《도쿄 스터디즈》, 162쪽.

를 시가지(시내)와 교외로 구분하는 이분법이 강하게 인식되기 시작했다.[34]

이 글에서는 일본 전후의 교외의 모습을 잘 담고 있는 작품으로 오오카 쇼헤이의 희곡 〈머나먼 단지〉를 중점적으로 보려고 한다. 오오카 쇼헤이는 전후 새롭게 등장한 주거 형태인 교외형 단지에 관심을 갖게 되면서 "단지라는 새로운 집단 주거 형태를 연극으로 만들어 보고 싶다"[35]는 동기에서 교외의 단지를 무대로 하는 희곡을 창작했다. 오오카의 〈머나먼 단지〉는 《군조群像》(1966. 12)에 발표된 희곡으로, 1967년 1월 12일부터 24일까지 극단 '구름雲'의 제12회 공연으로 도쿄 도시센터홀에서 초연되었다. 당시 신문 기사에 "오오카의 장편 처녀 희곡으로 발표되었고 단지, 정신병, 교통사고와 같은 현대풍속 속에서 생겨난 웃음이 특징"[36]이라는 평이 실렸다. 당시 현대적인 것이라 여겨지던 단지와 교통사고, 정신병이 소재로 활용되고 있음을 확인할 수 있다.

오오카 쇼헤이는 전쟁소설, 역사소설, 비평 등으로 일본 전후 문단에서 '전후'를 꿰뚫는 작가로 자리매김했다. 오에 겐자부로는 오오카에 대해 "동시대의 통념에 대해 끊임없이 비평적이고 근본적 자세를 유지"하고 있다고 평가했다. 또한 오오카의 독자성을 인정하며 "전후의 모든 시기에 동시대와 동시대 문학에 대해 늘 근본적 비평성을 가지고 있다"고 평가했다.[37] 오오카의 시대를 향한 비평의식은 전쟁과 역사를 소재로 한 작품에 국한되지 않고 전후 일본의 현대적 일

---

34 요시미 슌야, 《도쿄 스터디즈》, 162~163쪽.
35 大岡昇平, 《大岡昇平全集 16》, 筑摩書房, 1996, p. 676.
36 〈現代風俗の "笑い" 描く〉, 《朝日新聞》, 1966. 12. 15.
37 大江健三郎, 〈戦後世界につらぬく 批評性〉, 《国文学 解釈と鑑賞》, 1979, pp. 34-36.

상을 그린 작품에도 동일하게 적용된다.

〈머나먼 단지〉는 도쿄의 서쪽 교외 1시간 반 정도 거리에 있는 단지가 장소적 배경으로 설정되어 있다.

입주한 지 2년 정도 된 새로운 단지 내의 도로. 4월 말. 배경은 줄지어 선 단지의 건물, 잔디, 공터에 작은 벚꽃이 피기 시작하였다. 토요일 오후 5시 즈음. 쇼핑을 마치고 돌아오는 주부, 여학생들이 지나고 있다.[38]

줄지어 선 단지 건물을 배경으로 쇼핑을 마친 주부들이 지나고 있다. 도시로의 인구 집중과 교외 단지 개발이 이루어진 이 시기에는 이미 일터와 분리되어 주거지가 성립되어 있었다. 앞에서 살펴보았듯이, 배경이 되는 교외형 단지는 부모와 아이로 구성된 핵가족 샐러리맨들이 대부분을 차지했다. 고도경제성장기 이전 농업이 중심이었을 때는 대가족이 표준적인 스타일이었으나, 고도경제성장기에는 부부와 아이만을 단위로 하는 가족이 일반화되었다.[39] 남편은 거주지와 분리된 일터에서 근무하고 아내는 전업주부로서 가정을 돌보는 가족 형태가 단지의 대부분을 차지했다. 전후의 바로 이 시기에 '전업주부'라는 용어가 생겨났으며 이른바 '가족' 이미지 역시 이때 형성되었다.[40]

---

38 大岡昇平,《大岡昇平全集 12》, 筑摩書房, 1996, p. 676.
39 1963년에 출판된《단지의 모든 것団地のすべて》에 단지는 '젊은 부부와 유아의 사회'이며, 특히 중학생부터 결혼 전까지의 연령층과 노년기의 주민이 적었다.(生活科学調査会 編,《団地のすべて》, 医歯薬出版, 1963. 박승현, 〈1DK의 마이홈 초고령사회의 가족과 주거 – 도쿄 키리가오카 도영단지의 재건축과정 연구 –〉,《차세대인문사회연구》, 2011, 229쪽 재인용)
40 成田龍一,《戦後史入門》, 河出書房新社, 2015, p. 96.

희곡의 주인공인 가라사와 후미오는 같은 회사 선배의 제안으로 2DK[41]인 선배의 집에 동거하게 된다. 이야기는 가라사와가 처음 이사한 날 단지 안에서 우연히 마주친 고향 선배 마에다 겐조의 집을 방문하면서 전개된다. 가라사와 앞을 지나는 마에다 겐조와 처제 유아사 스에코는 스포츠 웨어를 입고 캐디백에 골프 클럽 네다섯 자루를 넣어 어깨에 메고 있다. 가라사와는 부러워하며 마에다에게 3LDK에 살면서 주말에 골프를 치는 생활이 고급스럽다고 말한다. 이에 마에다는 "특별히 3LDK가 아니어도 이 단지 사람들은 단지 바로 앞에 있는 연습장에 다닌다"고 대답한다. 단지 주변에 골프 연습장이 있어서 여가 활동으로 스포츠를 즐기는 일이 '단지족'의 일상화된 삶으로 그려진다. 앞서 말했듯이, 당시 입주 조건에 급여 조건이 포함되어 있을 정도로 단지에 입주하는 사람들은 대체적으로 경제적 여유가 있는 사람들이었다.[42] 실제로 "급여가 집세의 5.5~9배가 되지 않으면 입주 자격이 없어서, 그에 달하지 못한 사람은 장래 급여가 이만큼 오른다는 증명서를 내고서야 입주가 가능"[43]했다. 가라사와는 회사 선배에게 "같이 살자고 하지 않았다면, 신입사원 봉급으로는 단지에 들어오는 건 어림도 없다"며 감사의 마음을 전한다. 가라사와가 팸플릿에 안내된 집세를 바탕으로 월수입을 역산하

---

41 DK란 다이닝 키친의 줄임말로 식사를 하는 다이닝 공간과 조리를 하는 키친 공간이 하나가 된 공간을 말한다. 2DK란 다이닝 키친과 방 2개의 배치를 의미한다.

42 대도시 근교에 형성된 단지의 집 크기는 부부와 두 자녀 정도를 예상하여, 40제곱미터에서 60제곱미터 정도의 2DK, 3DK가 많았다. 집세는 중류 샐러리맨 월수입의 40퍼센트 정도에 해당하여 민간아파트와 비교해도 낮은 편이 아니었다. 그러나 모던한 주거 양식 때문에 설립 초기의 입주 추첨이 매우 치열했다.(박승현, 〈1DK의 마이홈 초고령사회의 가족과 주거 – 도쿄 키리가오카 도영단지의 재건축과정 연구 –〉, 229쪽)

43 原武史・秋山駿, 〈団地と文学〉, 《群像》 63-11, 2008, p. 140.

는 다음 장면이 그 반증이다.

> 마에다: 집세를 물어도 실례가 아니야. 가격은 팸플릿에 써 있어. 만오천 엔이야.
> 가라사와: 만오천, 그러면 기준 월수입이 7만이라는 건가, 10년이 지나도 불가능할 것 같아.[44]

가라사와는 "조용한 환경, 모던한 건물, 품위 있는 사람들"로 구성된 단지는 '천국'이라며 동경한다. 단지에 대한 이러한 동경은 집 안의 근대적인 주거 양식에서 비롯된 것이다. 당시 단지, 뉴타운은 자는 공간과 먹는 공간의 분리, 세대 분리가 된 주거 양식을 실현시켰고, 서양식 화장실과 스테인리스 싱크대, 베란다를 갖춘 2DK 주택 규범을 정착시켰다. '단지족'이라는 신조어가 만들어질 만큼 '단지'라는 주거 양식은 전후 일본 사회에서 새롭고 충격적인 것이었다.[45] 가라사와가 마에다의 집세를 듣고 월수입을 유추하는 장면은 당시 단지 입주 조건에 급여 수준이 엄격히 적용되고 있었음을 말해 준다. 신입사원 월급으로는 입주가 불가능했던 단지에는 최첨단 시설이 설비되어 있었다. 마에다 집을 묘사하는 부분을 살펴보자.

> 거실, 부엌. 소파 세트, 스탠드, 스테레오 등 3LDK에 어울리는 장식. 막 식사를 마친 참, FM 음악이 흘러나오고 있다. 마에다, 식탁에 앉

---

44 大岡昇平,《大岡昇平全集 12》, p. 682.
45 박승현, 〈1DK의 마이홈 초고령사회의 가족과 주거 – 도쿄 키리가오카 도영단지의 재건축과정 연구 – 〉, 231쪽.

은 채로 담배를 피우고 있다. 요시코, 스에코, 에이프런 차림으로 싱크
대 앞에 서 있다.[46]

거실과 부엌, 식당이 한 공간에 배치되고 싱크대에서 조리가 가능
해진 것은 전후 전기밥솥과 같은 가전제품의 등장과 수도를 제어할
수 있는 기술 발전에 기인한다. "다이닝 키친이라는 식당과 부엌의
일체화는 지금까지 어두운 장소에 있었던 부엌이 밝은 공간으로 들
어오게"[47]되는 계기가 되었다. 또한 소품으로 등장하는 스탠드, 소파,
스테레오는 가정이 소비생활에 있어서 주체적인 역할을 하게 되었음
을 보여 준다. '3종 신기'라 불리는 세탁기, 냉장고, 텔레비전은 1960
년대 전후 일본 사회에 보급되었는데, "단지는 일반 가정에 비해 세
탁기, 냉장고, 청소기 등의 보급률이 더 높았다."[48] 핵가족화된 가정이
'소비의 주체'로서 주택과 가구, 전자제품, 자동차 등 아메리칸 스타
일의 생활양식을 지향하는 가정 규범과 소비 풍조의 축이 되었다.[49]
　이런 점에서 교외의 단지는 동경의 대상이 되기도 했지만, 획일화
라는 부정적인 특징도 가지고 있었다. 단지의 어느 집에 가더라도
2DK로 비슷한 구조이고, 부모의 수입도 비슷하며 가족 구성도 비슷
했다.[50] 자동차 모빌리티를 기반으로 1950년 전후 조성된 미국의 레
빗타운은 똑같은 모양의 1만 7천 채의 주택으로 이루어졌다. 미국의

46　大岡昇平, 《大岡昇平全集 12》, p. 680.
47　上野千鶴子, 〈高度成長期と生活革命〉, pp. 176-177.
48　原武史・秋山駿, 〈団地と文学〉, p. 142.
49　시마조노 스스무 외, 《역사와 주체를 묻다》, 86~87쪽.
50　박승현, 〈1DK의 마이홈 초고령사회의 가족과 주거 – 도쿄 키리가오카 도영단지의
　　재건축과정 연구 –〉, 232쪽.

대규모 주택단지는 당시 인구의 대이동을 감지한 '혁명의 모범'이라는 평가를 받기도 했지만 반대의 평가도 있었다. "그곳에는 나이, 수입, 자녀 수, 고민, 습관, 대화, 옷차림, 재산, 하다못해 혈액형까지도 똑같은 사람들이 살고 있다"거나 "그곳에 사는 사람들은 똑같은 계급에 속하고, 똑같은 수입을 올리고, 똑같은 냉장고에 보관된 똑같이 맛없는 즉석음식을 먹고, 공동의 거푸집을 외적으로나 내적으로 존경한다"는 혹평이 등장하기도 했다.[51] 이는 요시미 슌야가 단지를 "인공적이고, 밝고 위생적이며 균질한 공간"[52]이라고 했던 것과 같은 맥락으로 이해할 수 있다. 단지의 형성뿐만 아니라 단지의 획일화는 짧은 시간에 대량 수송을 가능하게 하는 철도와 자동차 같은 모빌리티의 보급으로 나타난 현상이다.

아메리칸 스타일의 대명사였지만 획일적인 구조의 상자와 같은 건물로 이루어진 단지는 이웃과의 관계에서 불편함을 초래하기도 했다. 〈머나먼 단지〉에 단지에서는 "이웃을 신경 쓰면서 살아야 한다"는 주간지의 글이 등장할 정도로 각각의 건물이 좁은 간격으로 배치되어 있어 뒷 건물에서 앞 건물의 집 안이 훤히 들여다보인다.

> 요시코: 하지만, 가라사와 씨는 바로 맞은편 동이에요. 여기가 잘 보여요, 전화도 분명이 있을 터. (창문에 다가선다)
> 오호리: 저기에서 엿보고 이쪽 집의 상태를 살피면서 전화를 해 댄 거지.[53]

---

51 이언 게이틀리,《출퇴근의 역사》, 148~149쪽.
52 요시미 슌야,《도쿄 스터디즈》, 169쪽.
53 大岡昇平,《大岡昇平全集 12》, p. 705.

가라사와는 맞은편 자신의 집 창문에서 마에다 집의 상황을 보고 전화를 걸어온다. 마에다의 처제인 스에코가 교제하는 오호리의 방문을 보고, 가라사와는 오호리에게 여자가 있다는 거짓 전화를 걸어 큰 소동이 일어나게 만든다. 테크놀로지의 진보로 발명된 전화는 모습은 보이지 않지만 소리를 전하는 역할을 한다. "인간이 전화로 인해 물체가 된다"는 가라사와의 말은 모빌리티 테크놀로지를 통해 사람, 사물, 정보가 이동되는 현대를 떠올리게 한다. 20세기에는 새로운 범주의 기계들이 등장한다. 4인 가족용 자동차, 전화, 백색 가전, 라디오, 가정용 텔레비전, VCR, PC, 전열 기구, 카메라, 캠코더를 포함한 가정용 기계가 그것이다. 자동차를 제외한 거의 모든 가정용 기계는 전기에 의존한다. 이 기계들은 생산지에서 멀리까지 전기를 운반하는 전선 네트워크의 발달[54]을 통해 널리 보급되고 사용될 수 있었다. 가라사와가 묘사한 "숲처럼 솟아 있는 빌딩, 그 사이를 누비며 뱀처럼 달리는 하이웨이, 공중을 가로지르는 육교의 빨간 건축 자재"의 맘모스 도시는, 이러한 복잡한 연결망 속에 위치한 도쿄를 단적으로 가리키는 말이다.

전후의 키워드로서의 '단지'

오늘날 우리에게는 전철과 지하철, 자동차를 이용해서 직장과 학교로, 다시 집으로 이동하는 것이 당연한 일이다. 그러나 도보, 말타기 등으로 이동하던 생활에 기차가 들어오면서 삶은 굉장한 변화에 맞닥뜨린다. 순식간에 공간을 이동할 수 있는 편리성과 함께 표준화

---

54 존 어리, 《모빌리티》, 180쪽.

된 시간에 맞춰 움직여야 하는 획일성이 강요되는 등 우리의 삶과 의식, 신체에까지 미치는 변화가 그것이다. 발달하는 모빌리티 테크놀로지는 거대한 인구 이동과 인구의 도시 집중을 야기하고, 직장과 주거지가 분리되면서 교외가 발견되기 시작했다.

우에노 치즈코上野千鶴子는 메이지기 처음 집에 전등이 켜지고 기차가 개통되고 아이들이 학교에 다니기 시작했을 때의 놀라움을 지적한다. 그보다 더한 변화가 전후 1960년대 고도성장기에 일어났는데 우에노는 이를 '생활혁명'으로 이름 붙였다.[55] 1960년대에는 모빌리티 테크놀로지의 발달을 바탕으로 농촌에서 도시로 인구가 대이동하면서 도시가 팽창하고, 이로 인해 도시 주변 교외에 집단 주거지인 단지가 개발된다. 이렇게 형성된 교외형 단지의 가정은 전후일본 고도성장기와 맞물려 소비의 주체가 되고 전후를 지탱하는 축의 역할을 담당했다. 단지는 보급률이 높은 세탁기·냉장고와 같은 가전제품의 소비, 여가 활동, 깨끗하고 정돈된 이미지로 특징지어지는 반면에, 대단지의 성격에서 오는 획일화, 균질화, 익명성 또한 그 특징으로 부여된다.

이 글에서는 이러한 전후 교외의 모습을 오오카의 〈머나먼 단지〉를 매개로 살펴보았다. 〈머나먼 단지〉는 고도성장기 단지가 우후죽순 생겨나던 팽창기의 모습을 담고 있다. 도심에서 벗어난 철도 연선에 형성된 교외형 단지는 단지의 노후화, 단지족으로 일컬어지던 단카이 세대의 노령화로 부침을 겪기도 했다. 부흥기가 지나고 쇠퇴기를 맞이한 단지는 초기의 이미지와 달리 접근성이 현저히 떨어지는 고립된 곳으로 전락하기도 한다. 여기에서 분명한 것은 모빌리티

---

55 上野千鶴子, 〈高度成長期と生活革命〉, pp. 165~166.

테크놀로지의 발달로 생성된 단지가 전후 일본을 읽어 내는 하나의
키워드로 작용하고 있다는 점이다.

참고문헌

고시자와 아키라, 《도쿄 도시계획 담론》, 장준호 편역, 구미서관, 2007.

구라카즈 시게루, 《나 자신이고자 하는 충동》, 한태준 옮김, 갈무리, 2015.

나카무라 마사노리, 《일본 전후사 1945-2005》, 유재연 · 이종욱 옮김, 논형, 2006.

로버트 피시만, 《부르주아 유토피아》, 박영한 · 구동회 옮김, 한울, 2000.

박승현, 〈1DK의 마이홈 초고령사회의 가족과 주거 - 도쿄 키리가오카 도영단지의 재건축과정 연구 - 〉, 《차세대인문사회연구》 8, 2011.

볼프강 쉬벨부쉬, 《철도여행의 역사》, 박진희 옮김, 궁리, 2010.

시마조노 스스무 외, 《역사와 주체를 묻다》, 남효진 외 옮김, 소명출판, 2014.

요시미 슌야 외, 《냉전 체제와 자본의 문화》, 허보윤 외 옮김, 소명출판, 2013.

_____, 《도쿄 스터디즈》, 오석철 옮김, 커뮤니케이션북스, 2006.

이언 게이틀리, 《출퇴근의 역사》, 박중서 옮김, 책세상, 2016.

이용상 외, 《일본 철도의 역사와 발전》, 북갤러리, 2017.

이희상, 《존 어리, 모빌리티》, 커뮤니케이션북스, 2016.

존 어리, 《모빌리티》, 강현수 · 이희상 옮김, 아카넷, 2016.

홍지학 · 신은기 · 김광현, 〈근대 교외건축이 재현하는 도시성의 특징〉, 《대한건축학회 논문집: 계획계》 27-8, 2011.

上野千鶴子, 〈高度成長期と生活革命〉, 《戰後日本スタディーズ》, 紀伊國屋書店, 2009.

大岡昇平, 《大岡昇平全集12》, 筑摩書房, 1996.

_____, 《大岡昇平全集16》, 筑摩書房, 1996.

大江健三郎, 〈戰後世界につらぬく批評性〉, 《国文学 解釈と鑑賞》, 至文堂, 1979.

小田光雄, 〈90年代郊外文学の位相〉, 《都市住宅学》 30, 2000.

_____, 《〈郊外〉の誕生と死》, 論創社, 2017.

川本三朗, 《郊外の文学誌》, 岩波書店, 2012.

原武史 · 秋山駿, 〈団地と文学〉, 《群像》 63-11, 2008.

成田龍一, 《戰後史入門》, 河出書房新社, 2015.

〈現代風俗の "笑い" 描く〉, 《朝日新聞》, 1966. 12. 15.

모빌리티 테크놀로지와 텍스트 미학

2020년 2월 28일 초판 1쇄 발행

지은이 | 이진형 · 한의정 · 강수미 · 김순배 · 남수영 · 안경희
        김주영 · 양명심 · 우연희
펴낸이 | 노경인 · 김주영

펴낸곳 | 도서출판 앨피
출판등록 | 2004년 11월 23일 제2011-000087호
주소 | 우)07275 서울시 영등포구 영등포로 5길 19(양평동 2가, 동아프라임밸리) 1202-1호
전화 | 02-336-2776 팩스 | 0505-115-0525
블로그 | bolg.naver.com/lpbook12
전자우편 | lpbook12@naver.com

ISBN 979-11-87430-90-2 94300